大久保優也 ＝著
Yuya OKUBO

統治の法としての憲法

初期アメリカ憲法学における憲法秩序の構想

日本評論社

目　　次

序　章　1

1　目的　1
2　先行研究　6
3　本研究の方法　16
　　(1)　19世紀前半に関するアメリカ法史研究について　16
　　(2)　国制史的観点について　26
　　(3)　本書の構成　27

第1章　コモン・ローと「法の科学」　30

1　イングランドからアメリカにいたる法の「科学的」研究の流れ　32
　　(1)　ブラックストーンの『イングランド法釈義』の意義　32
　　(2)　アメリカにおける初期の「法の科学」―ジョージ・タッカー、
　　　　ジェイムズ・ケント　41
2　ストーリーにおける法の「科学的」研究とコモン・ロー　45
3　小括　55

第2章　憲法と憲法解釈の基礎
　　　　―ストーリーの『アメリカ合衆国憲法釈義』　57

1　植民地時代からのコモン・ロー継受のあり方　58
2　合衆国憲法と社会契約理論―憲法の性質は何か　61
3　憲法的紛争における最終的な判断者、解釈者は誰か　67
4　合衆国憲法の解釈のルールとは？　70
5　ストーリーの憲法解釈論の意義　80
6　ストーリー、ケントの修正第1条解釈と政治秩序　88

（1） アメリカ建国期における政治社会の変容と
政治社会理解の相克　88
（2） Sedition Act の内容とその背景　90
　（i） 政治文化の対立　90
　（ii） Sedition Act とコモン・ロー的基礎による修正第 1 条解釈
100
　（iii） フェデラリストのコモン・ロー継受論と修正第 1 条解釈
103
（3） 新しい政治社会、公共性理解と修正第 1 条解釈の端緒　106
　（i） リパブリカンの Sedition Act に対する反論　106
　（ii） リパブリカンの修正第 1 条解釈とその政治文化　108
（4） Sedition Act に関する裁判例　114
（5） ケント、ストーリーにおける修正第 1 条解釈　116
（6） 小括　123

第 3 章　土地と統治　130

1　ブラックストーン『イングランド法釈義』における
物的財産の中心性　131
2　ケント、ストーリーにおける土地所有と「商業」　133
（1） ケントの『アメリカ法釈義』と人的財産　133
（2） ケント、ストーリーにおける物的財産についての説明―流動
性と所有権　140
　（i） 土地の自由譲渡とコモン・ロー、制定法　140
　（ii） 所有権と「現実の占有」―アメリカ公有地政策と物的財産
142
（3） 小括　150

第4章　金融と統治
——アメリカ合衆国銀行設立論争と二つの憲法像　151

1　ジェファソン、ハミルトンの国立銀行論とその憲法像　154

　（1）　ジェファソンの国立銀行設立反対論の検討　154

　（2）　ジェファソン、タッカーの金融経済に対する立場　158

　（3）　ハミルトンの国立銀行擁護論と憲法思想　162

　（i）　国立銀行反対論に対するハミルトンの反論　162

　（ii）　ハミルトンの国立銀行擁護論から見える憲法像　167

　（iii）　小括　169

2　ストーリーの『合衆国憲法釈義』における国立銀行論　171

　（1）　銀行と法人を巡る論争と法学　171

　（2）　ストーリーの『合衆国憲法釈義』における銀行と金融　172

第5章　商業と統治　176

1　商事法と法人　176

　（1）　ブラックストーンにおける「商業」と「商事法」　176

　（2）　マンスフィールド卿の「商業」と「商事法」　177

　（3）　ケント、ストーリーと商事法　180

　（4）　商業社会における経済主体としての法人の析出　183

　（5）　小括　188

2　Charles River Bridge 事件とストーリー　189

　（1）　事案の概要　190

　（2）　トーニー首席裁判官執筆の法廷意見とストーリー裁判官の
　　　反対意見　191

　（3）　トーニー首席裁判官法廷意見とストーリー裁判官反対意見の
　　　検討　196

　（4）　小括　203

3 Swift v. Tyson 判決の位置づけ—政治経済思想的文脈　204
(1)　背景　204
(2)　Swift v. Tyson 事件の概要・争点　210
(3)　ストーリー裁判官による法廷意見　212
(4)　Swift v. Tyson 判決の再検討—コモン・ロー、商業、憲法
　　　218

4 国際関係と憲法秩序　223
(1)　合衆国憲法制定における「国際的文脈」に関する先行研究
　　　223
(2)　国際通商と憲法　230
　(i)　「より完全な連邦制を形成すること」と合衆国憲法　232
　(ii)　「正義を確立すること」と合衆国憲法　233
　(iii)　その他の文言について　235
　(iv)　検討　236
(3)　商業・主権・民主主義を巡る問題　238

終章　242

1 「最初期アメリカ憲法学」の「憲法秩序」の構想とその意義　242
2 おわりに—共和政を支える憲法的公共性と「統治の科学」の核心
　　　247

あとがき　253
初出一覧　255
事項索引　256

序章

1　目的

　流動化する政治・経済社会の中で、有徳な市民を前提とした統治ではなくモブが多数を占める時代の統治はいかにあるべきか。デモクラシーの時代における法による統治、憲法による統治はどうあるべきか。それを模索したのが、アメリカで最初の包括的な憲法学の著作物を著し、合衆国での憲法運用がスタートした19世紀前半のアメリカ法のキーパーソンであった、ジョゼフ・ストーリー（Joseph Story）であった。アメリカ建国後の政治文化、経済社会の変動は、「共和主義」のような古典古代をモデルとする政治のあり様や、伝統的な名望家支配に基づく統治を困難にした。

　連邦最高裁判事、ハーヴァード・ロースクールの実質的な開祖者、そして、アメリカ最初期の法学者（legal scientist）とも言える彼は、台頭するデモクラシーとの相克の中で、自らの理論を練り上げ、著作として著し、法律家育成における一種のデファクト・スタンダードとして普及を図った。

　本書は、このストーリーの葛藤から生まれたアメリカ最初期の「憲法学」に、近代憲法学のひとつのプロトタイプを見いだし、抽出しようとするものである。そして、アメリカ最初期の「憲法学」を検討対象として、実体的な憲法上の権利を基軸とする憲法学以前の「統治の法」としての憲法学及び、かかる憲法学が目指した憲法秩序の実相を明らかにするものである。

　アメリカ建国期研究の泰斗・ゴードン・ウッドは、今や古典とも言い得る作品群において、アメリカ建国期から19世紀初頭にかけての、急進的なデモクラシーの台頭を明らかにし、これを社会変動として位置づけ、ordinary people を軸とした平等主義的な政治文化、そして、市場志向的な経済社会への変化であるとした[1]。そうしたアメリカの国家形成及び社会構造、国制の転換点にあって、アメリカ法の形成を主導し、新たな時

2   序章

代に対応する統治のあり方を構想したのが、本書が主な検討対象とするストーリーであり、その盟友でもあったジェイムズ・ケント（James Kent）であった。

　彼らは、古典古代を範とする政治思想を踏まえ、イングランドに由来するコモン・ローを基礎にしながら、一方で、スコットランドの啓蒙思想などを踏まえて、新たなデモクラシーの社会における統治のあり方を模索し、統治のヴィジョンを描いた。社会変容とともに、古典古代を範とする政治モデルの経済的、社会的基盤が失われつつある中で、アメリカ初期の法学者たちはどのような統治を模索したのか、これが本書の設定する問いである。

　ストーリーらが示す最初期のアメリカ憲法に関する理論や解釈は、ジェファソニアン・デモクラシー、ジャクソニアン・デモクラシーというデモクラシーとの対峙の中で構築された。有徳な市民を前提とした統治の思想は、その中で変容を迫られた。古典古代以来の政治、統治のモデルとデモクラシーの狭間にあって統治を模索したのが彼らであった。他方で、イングランドより継受されたコモン・ローをアメリカの環境に適応させながら憲法と統治の基礎とした。また、フェデラリストの理論を受け継ぎながら、憲法を政治の文書から法的なものへと「法化」させるのを主導したのも彼らであった。本書は、こうした政治経済思想とコモン・ローが織り成す、アメリカ最初期の憲法学が形作ろうとした、秩序の構想を明らかにする。

　以上の解明のために、本書が主に検討する年代は、19世紀前半、特に政治史的にはフェデラリスト政権からジャクソン政権終焉の前後の間、司法においてはマーシャル・コート期からトーニー・コート期の前半までの時期である。すなわち、1790年代の諸論争を踏まえながら、特に1820年代から Swift v. Tyson 事件（1842）の1840年代までを射程に入れる。後の章で検討するように、この時期において、ストーリーやケントというアメリカ

―――――――――――
1) *See generally*, Gordon S. Wood, *The Radicalism of the American Revolution*, Vintage; reprint version（1993）.

法形成期を代表する法学者、法曹が集中的に数々の法学著作物を発表し、アメリカ法の体系化を図り、アメリカ法をひとつのシステムとして提示し、彼らの著作が19世紀全般を通じて大きな影響力を有した。そして、本書の検討対象は、その時期の主要な法学著作物、ストーリーやケントの法学体系書、及び裁判例であり、特にストーリーを中心にする。かつてアメリカ法研究の泰斗であった田中英夫は、大著『アメリカ法の歴史　上』において、ストーリー、ケントをクローズアップした節を設け、アメリカ法形成期におけるストーリー、ケントの法実務家として、またアカデミシャンとしての業績を詳細に紹介している。田中は、ストーリー、ケントの業績がアメリカ法のスタンダード・ワークを提供し、アメリカの法曹の共通の基盤となり、各州の法がばらばらになるのを防いだと指摘し、特に、ストーリーの業績をひとつの法学上の天才と評価している[2]。このように、19世紀初頭から中葉という、「アメリカ法の形成期」に、法学研究、教育、裁判実務において極めて重要な役割を果たしたのがストーリーであり、ケントであった。特に、ストーリーは、法学研究の分野では、『アメリカ合衆国憲法釈義』をはじめ、アメリカにおけるエクイティ、民事法、商事法の各分野で、初めて包括的で体系的な書を著した人物であり[3]、同時に、マーシャル・コート期からトーニー・コート期には、アメリカの政治、経済、社会の形成に大きなインパクトを与える重要判決において主導的な役割を果たしていた。さらに、先述のように、ストーリーは、19世紀前半におけるアメリカ連邦最高裁裁判官にして、20世紀にいたるまで長い影響力を保持する主要な体系書を著しただけでなく、ハーヴァード大学ロースク

2）田中英夫『アメリカ法の歴史　上』（東京大学出版会　1968）291-297頁。

3）*Commentaries on the Law of Bailments* (1832), *Commentaries on the Constitution of the United States*, Vol. 1-3 (1833), *Commentaries on the Conflict of Laws* (1834), *Commentaries on Equity Jurisprudence*, Vol. 1-2 (1835-1836), *Commentaries on the Equity Pleadings* (1838), *Commentaries on the Law of Agency* (1839), *Commentaries on the Law of Partnership* (1841), *Commentaries on the Law of Bills of Exchange* (1843), *Commentaries on the Law of Promissory Notes* (1845) など。

ール・デイン講座教授として、今日のハーヴァード・ロースクールの実質的な開祖であり、その隆盛の礎ともされる[4]。だが、アメリカの法形成期における法学研究、教育、裁判実務にまたがって、主導的な役割を果たした人物であり、また、彼の法学体系書が後に与えた影響力は大きかったにもかかわらず、我が国では、ストーリーを巡る研究は多いとは言えない。

また、ケントは、実務家としては、ニューヨーク州大法官であり、また法学者としては、後述するように、初めてのアメリカ国産のアメリカ法の体系書を著し、ストーリーとも政治思想、経済思想、社会に対する認識枠組みを共有していた。本書は、ストーリーを中心にしながら、その盟友であったケントの著作を関連させつつ、アメリカ法形成期に主要な法学者、法曹であった2人の法理論、学説、そして裁判例の背景にある政治思想的、経済思想的な認識枠組みを解明し、アメリカ合衆国憲法やアメリカ連邦体制に及ぼした法理論、判例法理への影響、相互関係を解明する。そして、そのような法理論、判例法理がどのような社会観、新しいアメリカ社会や国家の構想の上に立脚していたのかを明らかにする。

具体的な検討の手順としては、18世紀末から19世紀前半にかけて、デモクラティックな「政治社会」への変動、資本主義的な「経済社会」への変容という、「社会」の変動に対して、ストーリーらが1800年以前のフェデラリスト政権の政治思想への共感を有しながら、社会変動に対応すべく、「商業」や「文明社会」という新時代の社会を前提にした「思想」、社会の認識枠組みを有していたことを確認する。そして、かかる認識枠組みに基づく「統治」の思想、憲法思想が存在していたことを、彼らの法学著作物や判例法理を分析することによって確認する。そのような認識枠組みが彼らの法理論、判例法理の形成の枠組みのひとつとなり、アメリカのコモン・ロー継受のあり方や、アメリカにおけるコモン・ローの再編成、すなわち、「法の科学」を通じたコモン・ローの再定位に影響を与えていたこと、そして、かかる「法の科学」が、アメリカ合衆国憲法の基礎となり、

4）田中英夫　前掲註2　278-279頁。

また、上述の政治経済思想が憲法における基礎として存在していたことを明らかにする。

　こうした目的のために、本書は、ストーリー、ケントの「人物研究」を中心にすることはしない。本書が明らかにしようとするのは、ストーリー、ケントらの「憲法秩序」の構想に実際に影響を与えた法的な理論、判例法理、それらの形成過程であって、19世紀全般を通じて大きな影響を及ぼした法学著作物が出現し、「アメリカ法」をひとつのまとまりとして提示することを志向し始めた1820年代後半から40年代前半において、デモクラシーに対応するための「憲法秩序」の構想を支えた法理論、判例法理の思考の枠組み、認識枠組み、パラダイムである。ただし、彼らの生涯という長期のスパンで彼らの人物像を検討することは、彼らの認識枠組みを理解する上で重要であり、テキスト分析に必要な限りで、彼らの人物研究や歴史的コンテクスト、社会経済との相互連関などを踏まえることになる[5]。

　なお、ここで言う「憲法秩序」とは、アメリカの憲法学者のマーク・タシュネットの言を借りれば、一国の根本的な決定（fundamental decision）がなされることになる制度と、そういった決定を導く原理の組み合わせを意味している[6]。したがって、この「憲法秩序」の解明に際しては、成文憲法の文言や裁判規範を越えて、その背景にある政治的な要素や指導原理の考察が必要になる。本書では、19世紀前半のアメリカにおける、成文の憲法典や制度、それに関する裁判規範の背景にあって、それらを形成する基礎となるもの、すなわち、憲法を形作る指導原理、制度の設計思想について、ストーリーらの初期のアメリカ憲法学がどのように考え、「憲法秩

　5）歴史的コンテクストやその発話者の意図を踏まえながらも、そのテキストや言説の遂行過程や他のテキストとの相互連関の分析を通じて、その時代の政治的パラダイムを明らかにし、そうしたパラダイムが実際の政治過程に与えた影響を明らかにしようとするJ. G. A. ポーコックの方法を参考にするところが大きい。J. G. A. Pocock, *Virtue, Commerce, and History*, Cambridge University Press（1985）. J. G. A. ポーコック著、田中秀夫訳『徳・商業・歴史』（みすず書房　1993）。
　6）Mark Tushnet, *The New Constitutional Order*, Princeton University Press（2003）Introduction at 1.

6 　序章 　　　.

序」を構想したのか示すことになる。さらに、「憲法秩序」は、主に政治
的意思決定のあり方に関わる「政治秩序」と、経済活動や所有・取引に関
する「経済秩序」に区別することが可能で、本書は、この両者について、
いかなる構想がなされたのか明らかにする。

2 　先行研究

　ストーリーに関するこれまでの研究では、古くから実に多様なストーリ
ー像が示されている。この多様なストーリー像については、モートン・ホ
ーウィッツによる批判的検討がある[7]。それによれば、まず、ロスコー・
パウンドのストーリー像が挙げられ、パウンドは、フランス革命によって
吹き込まれた危険でデモクラティックな近代の大陸法の侵略を防ぎ、また、
アメリカ法の地域的な断片化、未熟で粗野な法典化からコモン・ローを救
い出した、コモン・ローヤーとしてのストーリーの立場を強調するものと
される[8]。一方、ジェイムズ・マクレランの研究は、ストーリーにおけ
る自然法思想や、教会と国家の関係、キリスト教とコモン・ローの結びつ
き、私有財産に関する見解に注目し、ストーリーの判決の背後に自然法や
キリスト教的基礎を読み解き、また、エドマンド・バーク（Edmund
Burke）に強い影響を受けた保守思想家としてストーリーを位置づけ、ロ
ックの自然権論、個人主義的な自然権思想の継承者たちとは明確に区別さ
れるべき存在とする[9]。さらに、ジェラルド・ダンは、ストーリーの連
邦主義者としての側面や、連邦の確立、商業社会の発展における役割を強
調し、ストーリーを製造業者や起業家、法人といった経済主体のために、

---

[7] Morton Horwitz, The Conservative Tradition in the Writing of American Legal
History, *The American Journal of Legal History* 17 (1973) at 275-294.

[8] Roscoe Pound, The Place of Judge Story in the Making of American Law,
American Law Review 48 (1914) at 676-690.

[9] Horwitz, *supra* note 7, at 284-293. James McClellan, *Joseph Story and the
American Constitution: A Study in Political and Legal Thought*, University of
Oklahoma Press (1971).

憲法や私法の精緻化に取り組んだ者と位置づける[10]。

　ホーウィッツは、以上のストーリー研究の流れを批判的に検討し、19世紀のアメリカ法の変容の中でストーリーの位置づけを行うべきとしたうえで、パウンド、マクレラン、ダンの研究に関する書評において、特に前二者に対して以下のように厳しく批判する。

　ホーウィッツは、上記の研究に対して、その方法論を批判する。それによれば、パウンドには、経済決定論的な法史解釈への反発が背景にあり、法は政治的、経済的な変化から自律的で、法理の歴史的な展開は法律家の純粋な知的働きによってのみなされるものと見なす「法律家による法史研究」の難点が付きまとっているものとされる。「法律家による法史研究」は、「専門化」という内的要求と、政治の要求と法の要求の間にイデオロギー的な緩衝地域を設けるという外的な要求の双方が、自らが立脚している法的伝統それ自体を形作ってしまっていることを認めようとしないと指摘される。そこでは、法的変化は、19世紀以来のアメリカの法専門職のイデオロギーと妥協するようになされ、「法と政治の区別」が法の専門職化の知的前提となってしまう。「法と政治の区別」という前提に立つ方法論に立脚するパウンドにおいては、法的伝統が一貫して持続しているという前提に立って、法的変化は政治的闘争ではなく、あくまでその伝統の枠内での法的思考の変化として把握され、法専門職の外部において生じた法的な変化の政治的な動因は、単なるデマゴーグとして処理されてしまうという。ホーウィッツによれば、「法律家による法史研究」は、法の専門化、法専門職の立場を賛美するという目的のために歴史を利用し、その歴史においては、コモン・ロー的伝統や法秩序における法専門職の支配が賛美されることになる。これに、専門知と素人の知を区別する要因としての技術的、職人的なものの強調が加わり、保守的な性質を帯びるとされる[11]。

　そして、パウンドと同じ「法律家による法史研究」の伝統の枠内にある

---

10) Horwitz, *Id.* at 293-294. Gerald T. Dunne, *Justice Joseph Story and the Rise of the Supreme Court*, Simon & Schuster（1970）.

11) Horwitz, *supra* note 7, at 281-283.

8　序章

とされるマクレランも同じような問題を抱え込んでしまい、ストーリーを法曹の伝統や保守主義の文脈でのみ理解し、従来のコモン・ローヤーとしてのストーリーと相容れない側面である、彼の革新的な側面、すなわち、彼の法実証主義的な側面や、法道具主義的な側面を見落としてしまっているとする。また、ホーウィッツによれば、マクレランのストーリー像は、以下の重大な矛盾を抱えているとされる。すなわち、マクレランは、ストーリーに対するブラックストーン（William Blackstone）の影響を重視すると同時に、彼をバーク的な保守主義に連なるものとし、さらに同時に、ロック的な自然権の伝統と区別される自然法的な伝統の中にあるものとするが、ブラックストーンが国会主権を主張し、それを意思理論に立脚させた点を見落としていることをホーウィッツは指摘する。さらに、ストーリーは、このような自然法的伝統の特色として、アリストテレス、トマス・アクィナス、ブラックストーンに共通する有機的な社会観を有しており、ジャクソニアンたちが主張した社会契約論に対して、社会観の上での相違があったとマクレランは指摘するが、ホーウィッツはこれに対して、それは南部の州権論に対するもので、社会契約論そのものに対しては、ストーリーは曖昧な態度であって、連邦権力を基礎づける際には、アメリカ人民全体という多数派意思の観念によって正当化しているとする。こうして、マクレランの説明では、ストーリーの法実証主義の側面が欠落しているとするのである。

　そして、ホーウィッツは、マクレランがストーリーの中に存在する様々な要素を見落とし、そういった要素の矛盾と葛藤、例えば、共和主義的な徳という古い原理と経済拡大主義という新しい原理の緊張、道徳を具体化したものとしての、より古い法の観念と、予測可能性と無慈悲な効率性に基づく、新たに出現した法実証主義的で道具主義的な法の観念との間の緊張、人間の自律性や共和主義的な徳を保持するための重要な要素としての伝統的な property の観念と、力と支配の道具としてそれを受け入れ、property を崇拝する後の段階との対立、経済成長のために必要なものとして property を保護することと、経済成長のためにより古い property の形が破壊されるのを許容する立場との緊張といったものを見落としている

とする。ホーウィッツによれば、ストーリーは、このような矛盾と葛藤の中で、それを抱えながら、自分やその周囲が変容したことを理解しないまま、18世紀的な法の観念から19世紀的な法の観念に移って行ったことが肝要であるとされる[12]。

　一方、ホーウィッツの大著『アメリカ法の変容 1780-1860』では、19世紀前半のアメリカの法曹が、法と政治を区別したが、経済的権力と結託した法曹が中立的な法を偽装し、政治を封じ込めようとしたことがその要因であるとし、ストーリーもその中心的な位置を占める者として随所に描かれる。『アメリカ法の変容 1780-1860』によれば、18世紀末から19世紀中葉前までは、アメリカの経済社会の進展、商業社会の拡大と共に、法も流動的になり、道具主義的に用いられたが、これは、商人と法律家との同盟（merchant-lawyer alliance）の下で行われた。そして、こういった法の変容の受益者、すなわち商人層は、自分たちの利益に望ましい法の変容がなされた後は、それを越える法の変容は望まず、今度はそういった法が固定されることを求め、形式主義、リーガルフォーマリズムに転じたとする[13]。ホーウィッツによれば、ストーリーもこの流れの中にあったとされ、ストーリーはこうした商人層、商業的利益との結託の下、彼らの要望を満たすべく、19世紀中葉にかけて、私法においては道具主義的な法の観念を推し進め、社会の要請に柔軟に応えようとする。他方で、公法、憲法の領域においては、私法の領域とは対照的にリーガルフォーマリズムに基づき、富の再配分を求めるデモクラティックな立法府の制定法による、既存の商業的利益に対する侵害を防ぐべく、property rights、vested rights を手厚く保護するような法理を推し進めたとされる。こうして、ホーウィッツの著作において描かれるストーリーは、公法の領域においては静的な法形式主義、私法の領域においては動的な法道具主義という立場をとるが、これがともに商業的利益との結託という因果関係によって説明されるのであ

---

12) *Id.* at 284-287.
13) Morton J. Horwitz, *The Transformation of American Law, 1780-1860*, Harvard University Press（1979）at 253-254.

る[14]。

ホーウィッツの『アメリカ法の変容』の大きな狙いは、それまでパウンドの法史研究において描かれてきた、法実務家と法の「自律性」、「中立性」、すなわち、アメリカ法及び法曹は、「教え授けられた法的伝統」（taught legal tradition）の中で、政治や経済の力に対して、根本的な部分では変質することなく連綿とその自律性を維持させてきたという物語に対して、経済的利害の影響というアメリカ法の変容の要因を指摘することにあったと考えられる。そして、「法の中立性」というアメリカの法曹が19世紀以来主張してきた態度の動機として経済的利害、商業的利害との結託があったと指摘し、その背景にあったイデオロギーを暴露する狙いもあったものと考えられる。だが、商業的利益という「階級的利益」と法学、法理論の形成を直接結びつけ、商人層との結託という単一の「原因」によってのみ法学者、法実務家の法理論の営為についての説明がなされてしまうおそれがある。その結果、ストーリーの著作から伺える、法理論、判例法理においてそれを正当化する際に前提とする、政治経済思想的な認識枠組みが全く検討されていないことになる。

こうして、『アメリカ法の変容』では、法学者、法実務家は、彼らの法理論の形成に際して、商業的利益と法理論が無媒介に接合され、ただ商業的利益に奉仕する人物として描かれる。法実務家、法学者たちが政治、経済、社会に直面し、彼らが法理論、判例法理を構築する際に前提となるはずの法思想や政治経済思想、政治文化の存在とその意義が見落とされてしまう。ホーウィッツがマクレランに対する批判として述べたはずの、保守的な立場と商業的利益の推進という矛盾や葛藤の側面が抜け落ちてしまうのである。

これに対して、R. ケント・ニューマイヤーによる浩瀚なストーリーの伝記がある。ニューマイヤーも、ストーリーが市場経済、経済社会の拡大を志向していたとする点ではホーウィッツのストーリー像と一致するが、

---

14) *Id.* at 255-256.

同時に、ストーリーの保守的な側面など、ストーリーに存在する多様な要素にも目配りを行う[15]。そして、ニューマイヤーのストーリー像における新しい側面として、共和主義に関する思想、歴史研究の成果を踏まえた点も挙げることができる。ストーリーが共和主義という古典古代的な政治文化の枠内に存在し[16]、それをベースとしつつ、アメリカの国家的統一や商業の拡大の必要性に直面し、また、新しい経済社会やデモクラティックな社会の出現に戸惑いながら、数々の憲法解釈や憲法理論、判例法理の構築を行っていったとする点である。ニューマイヤーのストーリー像は、ジェントリーを政治主体とし、古典古代の政治社会像を理想とする社会から、デモクラティックで、市場志向的な政治社会への変容の狭間においてコモン・ローを学問的な研究・体系化の対象とする、「法の科学」を主張し、アメリカ法の体系化に多大なる寄与をした人物として描かれている。

このニューマイヤーのストーリー研究については、マーク・タシュネットが論評している[17]。タシュネットは、ニューマイヤーの研究について1960年代以降の歴史学の成果である「共和主義」研究を踏まえた点は評価しつつも、「共和主義」研究が抱える根本的な問題として、「共和主義」という思想の意味内容が曖昧であることを挙げ、そのような矛盾を抱えた観念を有しながら、他方で台頭してくる商業社会、資本主義に対してストーリーが、そのための法整備を行ったことに関して、ストーリー自身の「共和主義」の観念がその状況においてどのように作用し、また変化したのか必ずしも明確ではないと指摘する。

このタシュネットの批判は適切である。ニューマイヤーの著作は、青年期、裁判官としての着任、連邦最高裁裁判官への就任、ハーヴァード・ロ

---

15) R. Kent Newmyer, *Supreme Court Justice Joseph Story: Statesman of the Old Republic*, The University of North Carolina Press（1986）.

16) この点について、ニューマイヤーの著作を評価するものとして、Mark Tushnet, Review Essay: The Republican Synthesis and Judicial Biography: Newmyer's *Supreme Court Justice Joseph Story, America Bar Foundation Research Journal* 10（1985）at 909-910.

17) *See generally, Id.*

ースクール教授への就任、重要判決への関与など、ストーリーの生涯をその節目で区切り、彼の生涯を伝記として描きながら、彼の政治思想などにさかのぼって彼の学説や判例法理を説明しようとしており、その密度はそれまでのストーリー研究と比べて内容的な分厚さで群を抜いている。だが、ニューマイヤーは、その生涯を通してのストーリーの、古典古代を理想とする政治文化、「共和主義」の影響と、他方において「商業」に親和的な思想的側面を指摘するが、そういったストーリーの政治思想が、具体的にいかなる政治経済思想の中に位置づけられるのか分析されておらず、共和主義や商業との関連、ストーリーが基盤にした政治経済思想の具体的な内容についても同様である。さらに、伝記という制約上、ストーリーのテキストの詳細な検討を通じた分析はなされていない。特に、ストーリーが、19世紀前半までに蓄積されていた「共和主義」、スコットランド啓蒙思想などの社会科学的知見を法学にどのように活かしたのか、ヨーロッパのいかなる思想家または法律家のいかなる知見に影響を受けたのかについて、その具体的な分析が乏しいという問題がある。

　またホーウィッツと同じく、ストーリー、ケントを直接、研究対象としたものではないが、19世紀前半のアメリカ法の通史を描く際において、彼らの役割を重視しているのがG. エドワード・ホワイト『マーシャル・コートと文化変容 1815-35』である[18]。ホワイトは、同著において、主にマーシャル・コート期を検討対象とし、また、60年代以降の「共和主義」研究の成果を踏まえ、様々な裁判例や、草創期のアメリカ法研究の中に、「共和主義」とそれを掘り崩す「商業」の相克を見る。そして、その視点からマーシャル・コート期のストーリーやケントが関わった判例や法学著作を網羅的に分析している。だが、ホワイトの著作においても、「共和主義」、「商業」に関する政治経済思想の背景、ヨーロッパの思想との関係についての具体的な分析はなく、商業社会を捉えた認識枠組み、また、そう

---

18) G. Edward White, *The Marshall Court and Cultural Change, 1815-35*, Macmillan（1988）.

いった政治経済思想と個々の法学著作物のテキストとの関係についての具体的分析が十分とは言えない。さらに重要なことに、『マーシャル・コートと文化変容』において検討対象とされたのは、題名の通りマーシャル・コート期であって、それ以後、ジャクソニアン・デモクラシーの影響を受けたトーニー・コート期においてストーリーが関わった判例、特に19世紀のアメリカ法を考察する上で重要な Charles River Bridge 事件、Swift v. Tyson 事件の考察が含まれていないという問題がある。

以上のようなストーリー研究の動向と、歴史研究の成果とを合わせ見るとき、ストーリーの法理論、憲法理論を歴史的文脈の中で考察していくためには、以下の点に注意が必要となる。

まず、「法律家の法史研究」の弊害として指摘された、法や法理論の形成を、政治や経済、社会からまったく隔絶した、自律的なものとする前提に立ってストーリーを描くことには大きな問題がある。法の自律的観点にのみ立脚し、パウンドが描くようなコモン・ローヤー、コモン・ローの宣託者という側面からのみ当時の法学者、法実務家を理解し、彼らの言説、法理論、判例法理を把握するのではその実相を把握し損ねることになりかねない。他方で、ホーウィッツの描いたように、法の理論形成をもっぱら商業的利益のような「階級的利害」と直結させることは、法理論の背景にある経済以外の思想的な要素や政治文化の影響、さらにはそういった思想的な要素もまた社会の変容に直面しつつ様々な相克の中で構築されたことを見落としてしまうだろう。そこで、その時代の様々な変化に目配りをしつつ、それに対してストーリーがどのような立場を取り、自らの憲法理論に反映させていったのかを探る必要があるものと考える。ストーリーを検討対象とするには、古典古代を範とする政治文化からデモクラティックな政治社会、市場志向的な経済社会への変容の中でそれと直面しながら、ストーリーがいかなる認識枠組みの下、法理論を構築したのかを考察していくことが不可欠である。

そして、検討対象とする年代として欠かせないのは、ストーリーやケントの法理論、注釈が提示され、それが明確な形をとり、彼らの体系書が提示され、重要な裁判例に彼らが関係する1820年代から1840年代である。前

述のように、この年代は、アメリカの政治、経済、社会において大きな変動を伴っていた。土地所有を基礎にし「財産と教養」を有する土地所有層、すなわち、ジェントリーを主な政治主体として想定し理想化した政治社会像が終焉を迎え、デモクラティックな政治社会像が受容され、そして、賃労働者が本格的に出現し始め、資本主義的な経済社会への移行期にあった。具体的な事象レベルでは、この年代は、ストーリー、ケントと政治思想、経済思想において相容れないリパブリカン政権、ジェファソニアン・デモクラシーの台頭期であり、その後、さらに急進的なジャクソニアン・デモクラシーが全盛を迎えた時期であり、ジャクソニアン・デモクラシーの下、数々の急進的な政策が採られ、ストーリーはそれに対する対応を迫られた。そして、司法においては、ストーリーやケントと交流関係を保ち、政治思想的にも近い立場にあったジョン・マーシャル（John Marshall）連邦最高裁首席裁判官がリードするマーシャル・コート期が終焉し、ジャクソン大統領によって指名を受け、ジャクソン政権の重要閣僚でありジャクソニアン・デモクラシーの担い手であった、ロジャー・ブルック・トーニー（Roger Brooke Taney）連邦最高裁首席裁判官の主導するトーニー・コート期が始まり、後述するように、連邦権限の拡大、経済的活動に関する連邦レベルでのコントロールを確保しようとしたマーシャル・コート期の判例は次々と変更を被る[19]。こうしたジャクソニアン・デモクラシーのうねりの中で、ストーリーや彼の盟友とも言えるケントは、安定した政治秩序をもたらすため、他方で、州によって相違が生じ、混乱が生じていた経済に関する諸判例を整理し、司法部門が安定した経済秩序をもたらすための法理論や判例法理を模索していた。彼らが法学体系書において提示した注釈は、単なる法の手引書としての意味だけではなく、このような目的、国家構想を含んでおり、同時に、そのような判例法理を法学体系書というテキストの形で普及させる意図も有していたものと考えられる[20]。スト

---

19) マーシャル・コート期とトーニー・コート期の判例の比較については、R. Kent Newmyer, *The Supreme Court under Marshall and Taney*, Harlan Davidson (1968).

ーリーらは商業的権力の単なる代弁者ではなく、ただ、商業への適応から
だけで動いたわけでもなく、明確な政治経済思想に基づいた国家のヴィジョンを有していた。その認識枠組みとして考えられるのが、デイヴィッド・ヒューム（David Hume）、アダム・スミス（Adam Smith）らに代表される、スコットランド啓蒙思想、そして、バークである。彼らのテキストの随所で、スコットランド啓蒙思想の流れにある思想家やバークが引用され、法理論、法の注釈とストレートに接続されていた。彼らは、そういった政治経済思想を社会、国家、時代を見る認識枠組みとし、国家構想を行った。同時に、アメリカに継受されたコモン・ローを通じて、国家的統一性の確保と、新しい商業の時代へのコモン・ローの適用を企図していた。

　そして、ストーリー、その盟友のケントは、憲法に関しても、ヒューム、アダム・スミスらに代表されるスコットランド啓蒙思想を、合衆国憲法の注釈を行う際の前提となる政治思想的、経済思想的フレームワークとした。彼らは、個人としては、党派政治を忌避し、古典古代的な共和主義を理想として認識しながらも、現実に対応するための法理論、憲法理論の構築に際してはスコットランド啓蒙思想に依拠しながら、人民の徳に必ずしも信を置くのではなく、デモクラティックな社会における人々の「情念」を前提にしながらそれを制御するシステムを構想すること、市場社会を文明社会の発展段階の到達点として受け入れ、それを前提とした法制度を構築することを目指したものと考えられる。

　こうして、以上の本書の目的からは、当時の法学者、法実務家の果たした役割、その法理論、憲法理論の背後にある、当時の社会変動、それに対する政治的、経済的立場、その基礎にある認識枠組みとしての政治経済思

20）ケント、ストーリーらフェデラリスト系の法実務家たちが、リパブリカン政権、ジャクソン政権の出現により、国家的な経済活動や政治秩序の安定に資する法の統一化に関して、連邦議会や連邦政府主導で行うのを困難と見てとり、法の体系書というテキストの形でそれをなすことを企図したとの指摘に関しては、Daniel. J. Hulsebosch, *Constituting Empire: New York and the Transformation of Constitutionalism in the Atlantic World, 1664-1830*, The University of North Carolina Press（2008）at 277-295.

想を明らかにする必要がある。だが、特定の政治思想の分析枠組みのみで、ストーリーやケントらを分析することは、彼らの多面性を捉え損なってしまうであろう。それは単一の思想で割り切れるものではない。彼らのテキストには複数の様々な思想が存在している。

　本書の目的のためには、このようなストーリーやケントの多面性を踏まえながらも、ストーリーをはじめとする法学者、法実務家が具体的にどのような課題に直面し、その課題に応えるべく、彼らが法解釈や憲法論を展開していく中で、どのような認識枠組み、フレームワークに立脚していたのかを分析する。それによって、彼らの憲法理論の形成に際して核となり、実際にアメリカの憲法秩序に影響を与えた政治経済思想的なフレームワークに迫れるものと考える。とりわけ、19世紀前半のアメリカにおいては、法実務家、法学者たちは、新生アメリカの憲法体制の定着という課題を緊急のものとしており、そのような社会変動期に対応するための参照物として、政治思想、経済思想は大きな意味を有していた。彼らにとっては、コモン・ローとともに、古典古代以来のヨーロッパの政治思想や経済思想、18世紀に発展を遂げた、スコットランド啓蒙思想などの政治経済思想は、合衆国憲法体制やアメリカ法のグランドデザインを考察する上で、必要不可欠であった。

3　本研究の方法

(1)　19世紀前半に関するアメリカ法史研究について

　本研究の方法を述べる前に、日本における19世紀前半のアメリカ憲法史研究、そして英米法研究を振り返ると、その少なさが目立つ。

　例えば、かつて、日本における憲法学では、19世紀の合衆国憲法史について、18世紀末の合衆国憲法制定から始まり、19世紀初頭の違憲審査制の成立時期か、あるいは、19世紀末のロックナー期[21]以降を中心に記述されるのが常であった[22]。こういった中で例外的に、奥平康弘はアメリカにおける表現の自由の通史を描く際に、19世紀の表現の自由のあり方をコモン・ローとの関係を含めて叙述していた[23]。奥平は、超実定法的な「人

権」と、それらを憲法に適合するように飼い馴らすことによって成立する「憲法が保障する権利」を区別し、その緊張関係の存在と意義を指摘しながら、アメリカにおける「憲法が保障する権利」の形成と展開を論じている。奥平は、アメリカ憲法史を概観する中で、アメリカにおける権利保障の歴史を振り返り、19世紀全般を通じて、アメリカにおいて実体的な「憲法上の権利」が析出されることは稀であったとする。アメリカ憲法は、当初、連邦と州などの統治上の権限配分の問題など、客観法としての側面が強く、憲法典そのものから「憲法上の権利」として主観的権利の要素を導きだすことが前面に出てくるのは20世紀以降とする[24]。また、これに関連する考察として、奥平は、表現の自由において、「憲法上の権利」として主観的権利・自由の確立が全面的に展開してくるのも20世紀に入ってからであり、19世紀全般を通じて、それが「憲法上の権利」としてではなくコモン・ローの枠組みにおいて処理されていたとし、コモン・ロー上の法理の影響の大きさを指摘している[25]。もっとも、それは、19世紀それ自

---

21) Joseph Lochner, Plaintiff in Error v. People of the State of New York（1905）から West Coast Hotel Company v. Ernest Parrish, et ux.（1937）までの連邦最高裁の時期のこと。

22) たとえば、芦部信喜『憲法学Ⅱ―人権総論』（有斐閣　1994）。こうした中で、近年、アメリカ憲法史の労作が出現している。19世紀後半からのアメリカ憲法史に焦点を当てて、憲法とコモン・ローの関係を検討した労作として、清水潤『アメリカ憲法のコモン・ロー的基層』（日本評論社　2023）。さらに、建国期から19世紀半ばまでのアメリカ連邦体制の展開を明らかにするものとして、澤登文治『アメリカ合衆国憲法体制と連邦制―形成と展開』（法律文化社　2024）。

23) 奥平康弘『「表現の自由」を求めて』（岩波書店　1999）。

24) 奥平康弘『憲法 Ⅲ―憲法が保障する権利―アメリカにおける権利獲得の軌跡』（有斐閣　1993）16頁。

25) 奥平康弘、前掲註23　133-134頁。アメリカ憲法学の立場から、これに関連する議論としては、高井裕之、巻美矢紀らによって、憲法とコモン・ローの関係に絡めて論じられている（高井裕之「憲法と医事法との関係についての覚書」『佐藤幸治先生還暦記念　現代立憲主義と司法権』（青林書院　1998）300-301頁、巻美矢紀「日本国憲法60年記念 憲法学の現在・未来(3)「憲法上の権利」の守備範囲―諸法との「協働」に向けて」『法学教室』323（2007）15-24頁）。まず、高井は、権利について、「憲法上の権利」から演繹的に導かれ私法関係に導入されるものではなく、逆に、私法上の権利が熟した段階で「憲法上の権利」として認知されるのがアメリ

18　序章

体を研究対象としている訳ではなく、あくまで、「憲法上の権利」が欠如
している、もしくは乏しい状態から、「憲法上の権利」が立ち現われてく
るまでの「助走」期間として描かれている。それに対して、本書は、19世

カの歴史的な経過であるとする（高井裕之　前掲論文　293頁）。そして、医事法に
おける諸判例を引きながら、憲法典に明示的に列挙されていない権利を憲法上のも
のと認めるかどうかを検討する際には、倫理学・哲学上の抽象的な議論だけでは法
的議論とはなり得ず、コモン・ローに重きを置き、歴史・伝統を不可変のものとし
ないまでも、それに十分な注意を払うのがアメリカの連邦最高裁の一般的な態度で
あるとする（高井裕之　前掲論文）。
　また、巻は、この高井の議論を引きながら、それを「ボトム・アップの発想」と
位置付け、コモン・ローの解釈を法解釈のモデルとするドゥオーキンの「構成的解
釈」との親和性を指摘する。そして、「新しい人権」の承認過程にあたっては、権
利の成熟過程として、法実践の集積が必要であり、生活世界に根ざした民法学など
の法律学における賢慮が参照されるべきであるとし、憲法以外の領域においてそれ
が成熟しないうちに「憲法上の権利」を持ち出すことの「劇薬性」を指摘する（巻
美矢紀　前掲論文　17頁）。他方で、かかる劇薬の使用が積極的になされるべき場
合として、人格に対する平等な尊重と配慮などの、「人間の尊厳」に由来する憲法
上の基底的原理の侵害や、人格の承認が問題となる場合を挙げている。高井、巻と
もに、アメリカにおける様々な「新しい人権」が、コモン・ローから憲法に汲み上
げられ、権利として形作られてきた経緯を述べて、「憲法上の権利」の重要性を述
べながらも、アメリカにおける「憲法上の権利」の前提として、コモン・ローの法
理として成熟したものが「憲法上の権利」の基礎となり生成していく、アメリカ憲
法における権利の生成過程に目を向けることの意義を指摘しているものと考えられ
る。
　また、19世紀後半以降のコモン・ローと憲法の関係を巡る包括的な研究としては、
清水潤　前掲註22がある。
　アメリカにおいて、いわゆる原意主義（originalism）に関する論争の中で、比較
的早く建国期における憲法に対するコモン・ローの影響力を歴史的に検討してきた
のが、ジェファソン・パウエル、ステファン・プレッサーらの一連の研究であり
（*See generally*, Jefferson Powell, The Modern Misunderstanding of Original Intent,
Harvard Law Review 98 (1985) at 885, Stephen B. Presser, *The Original
Misunderstanding: The English, the Americans, and the Dialectic of Federalist
Jurisprudence*, Carolina Academic Press (1991)）、いずれも建国期以来の憲法解釈
に対するコモン・ローの解釈技法の影響力の強さを指摘している。また、スカーリ
ア連邦最高裁判官とローレンス・トライブ、ゴードン・ウッド、ロナルド・ドゥ
オーキンらとの対論形式で組まれた論文集においても、歴史研究を踏まえながら、
コモン・ローの解釈技法の憲法解釈に対する影響の是非などを巡って、様々な議論
が 交 わ さ れ て い る（*See generally*, Antonin Scalia, *A Matter of Interpretation:
Federal Courts and the Law*, Princeton University Press (1997)）。

紀の合衆国憲法の固有の意味、社会経済構造との相互連関の中で、どのような意味が付与されていたのかを明らかにすることを目指している。

憲法学における19世紀合衆国憲法研究のこのような状態は、「憲法上の権利」をもっぱら検討対象とし、「憲法上の権利」の生成により、憲法が確立したとする視点によることから生じる問題であると考えられる。「憲法上の権利」というフレーム、あるいは裁判規範という観点からのみ19世紀前半の合衆国憲法に着目した場合、19世紀前半のアメリカ合衆国憲法解釈の多様な知的背景、知的構成要素を把握できない。後述するように、ようやく合衆国憲法の規定の意味について解釈、注釈がなされ始めたものの、裁判規範としてはまだ未成熟で、同時に、アメリカにおいて法学の学問としての「制度化」が進んでいない中で解釈や理論の対象とされた19世紀前半の合衆国憲法においては、主に裁判規範、裁判規範における法原理、法準則の集合体としての憲法に尽きない側面が多分に存在していた。当時の法学者、法実務家、政治家たちは、この憲法解釈の草創期において、裁判規範としてだけではなく、環大西洋圏の政治経済思想と、憲法の解釈や注釈とを直結させながら、合衆国憲法を国家構想、社会構想の文書として捉え、広い意味を与えていた。この点を見失うことは合衆国憲法形成の実像、その歴史的文脈を見失うことになると考えられる。したがって、後述するように、19世紀前半の合衆国憲法の実像を把握するためにも、裁判規範や法理の展開を追うだけではなく、当時の政治、経済、社会構造の中で、当時の法学者や法実務家たちがどのような政治、経済思想的な認識枠組みを有しながら、法理論や裁判規範を形成したのかを検討していくことが不可欠となろう。

また、これまでの日本のアメリカ法研究において、フランス法やドイツ法研究と較べ[26]、アメリカ社会の形成期にまでさかのぼり、アメリカの憲法が前提とした社会像を探り、そこから我が国に何らかの意義を見出そうとする研究は、管見の限りでは、多くない。だが、日本の戦後の憲法学に対するアメリカ法の影響や、様々な法制度におけるアメリカ法の有形無形の影響が存在する以上、19世紀前半というアメリカ社会の基礎が形成されたと考えられる時期においてアメリカ憲法が形成された背景と、それが

前提とした社会像、その社会を捉えた認識枠組みを探り、19世紀前半から中葉にかけて形成されたアメリカ憲法及び憲法学の原型と、それを生み出した社会構造を踏まえ、日本との比較の視座を提供することは、少なからぬ意義を有するものと考える[27]。

かつて、田中英夫は、『アメリカ法の歴史 上』において、詳細かつ包括的に19世紀のアメリカの法史を叙述していた。田中は、同著において、

「法の実際の運営に当たる legal profession（法律家層）とその教育の問題、法の担い手である法律家がその直面する問題を解決する際の素材としての法の歴史的淵源（特にコモン・ローの継受）および法の形式的淵源（法源）（法典編纂運動その他）の問題、法の発展に対する枠という意味での憲法とその解釈（連邦制をとるアメリカでは、憲法の枠は司法の面でも大きな意味をもっている）並びに法律家の活動の場としての司法制度の問題が、主たる関心事となる。そして、全体を通じて、アメリカの法曹が、各時

26）法と市民社会の関係に関する研究が数多く存在するが、その研究の特徴として、憲法、民法が主な対象となり、これまでの日本法学が継受の前提としてきた西欧法の基礎にある市民社会に対する理解のあり方を分析し、法継受の源となる西欧における「市民社会」の原像を探るものとなっている（例えば、水林彪「近代民法の本源的性格—全法体系の根本法としての Code civil」『民法研究』5（2008）1-75頁、「近代憲法の本源的性格—société civile の基本法としての1789年人権宣言・1791年憲法」戒能通厚・楜澤能生編『企業・市場・市民社会の基礎法的考察』（日本評論社　2008）21-44頁。また、憲法学では、樋口陽一の一連の研究を欠かすことはできないだろう）。とりわけ、民法に関して、法継受の母国となったフランス、ドイツなどの西欧近代民法が前提とした「市民社会」像を明らかにすることによって、西欧法を継受した日本民法の現状、日本の西欧の法継受のあり方についての批判的検討を迫る企図があるものと推測される。

27）「日本法の研究との関連で明確な問題意識を持ち、深く法思想・法制度の根本にさかのぼって試みられた外国法研究」の「過小」という、芦部信喜の指摘を踏まえて、アメリカ憲法理論を法制度・法思想および社会的背景との関連を含めて検討する必要性を強調し、歴史的・政治的背景や思想との関連から分析する日本のアメリカ憲法研究の不十分さを指摘するのが、市川正人「アメリカ憲法研究の50年」樋口陽一・森英樹・高見勝利・辻村みよ子編『憲法理論の50年』（日本評論社　1996）である。この指摘は、19世紀アメリカの憲法史を対象とする我が国の研究状況に関して、依然として当てはまるように思われる。

代において解決を迫られた主要な問題を、いかなる技術といかなる理念を持って解決していったか、という点に焦点を合わせた。」[28)

とし、法制史のみならず、アメリカ政治史、経済史を踏まえながら、そのような政治・経済の構造と法律家層、コモン・ローの継受、法源の相互連関を憲法も射程に入れながら詳述することを意図していた。この著作は、19世紀のアメリカ法史、憲法史の全体像を立体的に把握しようとした試みであると言ってよい。だが、この著作の初版から50年以上が経過し、その間にアメリカ建国期をめぐる歴史研究において、19世紀前半のアメリカの歴史像が大きな変貌を遂げており、また、憲法史、法制史を考察する上で、政治思想、経済思想が当時の法学者たちの認識枠組みをいかに基礎づけていたのかという点についての分析が必要である。また、政治思想、経済思想史の分野では、19世紀前半のアメリカについて、広く環大西洋圏を射程に入れた思想的枠組みの影響下にあることや、国際関係の要因を強調する研究がなされてきており、そのような視点も、アメリカ憲法やアメリカ法の形成期を分析するための重要な手掛かりになる。したがって、『アメリカ法の歴史 上』で述べられている方法論は、19世紀前半のアメリカの「憲法秩序」を把握する上で有益な方法であるが、それに加えて、19世紀前半のアメリカ法史、憲法史を読み直すフレームの再定位が必要となるものと考えられる。

　そこで、以下では、本書の研究と関係する、19世紀前半を対象としたアメリカの歴史研究、憲法史、政治思想史研究について改めて触れておきたい。

28）田中英夫　前掲註2　ⅲ頁。田中は、「アメリカ法研究の進むべき道」として、「間に合わせ的に「役に立つ」研究でない研究」が多数あらわれて来なければならないとし、特に、アメリカ法の「歴史的背景に遡り」、「そのよって立つ思想の特質を探求し」、「その社会的、経済的地盤との関連を究明して、より根本的に把握することを目指す研究」の必要性を力説している（田中英夫「Ⅲ　日本における外国法の摂取 アメリカ法」伊藤正己編『岩波講座　現代法14　外国法と日本法』（岩波書店　1966））。

22　序章

　まず、1960年代から進められ、数多くの政治史、社会史のみならず法学研究にまで大きなインパクトを与えた、いわゆる「共和主義」研究が挙げられる。わが国でも多くの紹介や、それを踏まえた研究がなされているので、そうした研究や[29]、それを主導したウッドの研究に基づき、その最大公約数的な理解を示すとすれば、以下のようになろう。アメリカ独立革命後の経済社会の変容（農本主義的社会から市場志向的な社会への変容、人々の経済観の変容、新興企業家の誕生など）によって、従来の名望家支配による統治が流動化し、被治者はその分をわきまえ、統治者に「恭順」を示すという政治文化から、人民自らが政治への参加を求め始め、さらには自己利益の増進を求める党派が政治を担うという政治文化へと変容した。これに対して、アメリカ建国期の指導層の多くは、このような人民の自己利益的な「私益の隆盛」と積極的な政治参加を求める、新しいデモクラティックな政治勢力の出現と、そういった勢力が前提とする新しい政治社会像に危機感を抱いた。彼らは、「私益の隆盛」とデモクラティックな政治勢力が、自分たちの有していた古典的「共和主義」の理想（「公平無私」な「財産と教養」を有する有徳者達が、「公共善」を求めて政治を行う）を脅かすことを恐れたのである。そして、アメリカ革命の指導層の多くは、植民地有力者としてのジェントリー層であり、彼らが描いた統治の理想像は、「共和主義」研究以前の歴史研究が示したような、平等主義的、個人主義的世界観ではなく、「財産と教養」を備えた「有徳」な市民が「公共善」を目指して政治を主導し、平民がこれに恭順（deference）する政治、つまり、「恭順に基づく政治」であった。そして、合衆国憲法とは、民主政治の台頭に対する防波堤として設計されたもので、古典的な政治社会像である「恭順に基づく政治」の理想が込められていた。だが、このような古典的な共和主義は19世紀前後において、アメリカの社会経済の変容を前にして、

　29）　共和主義研究を含む、19世紀前半のアメリカ史研究を踏まえた、同時代の政治、経済社会の変容については、紀平英作「生成するアメリカ民主主義―独立革命と膨張する共和国がもたらした近代」紀平英作編『アメリカ民主主義の過去と現在』（ミネルヴァ書房　2008）19-65頁。

その社会的前提が次第に失われていったとされる[30]。

　特に、「共和主義研究」の大立者である、ゴードン・ウッドは、主著である *The Creation of the American Republic, 1776-1787*（1969）で検討されたものより後の年代になる1790年代から1820年代を対象とする *The Radicalism of the American Revolution*（1991）において、社会史的視点を取り入れながら、民主化や経済社会の活発化によるアメリカ社会の構造的な変容、政治文化の変容を指摘する。具体的には、平等意識の拡大、共同体の流動化、市場経済的発想の浸透、労働観の変化などを詳細に分析し、19世紀前半における旧来からのジェントリー主導の「恭順に基づく政治」の崩壊過程と 'ordinary people' の台頭を指摘する。

　これに対して、1990年代以降の歴史学において、研究視点の多様化とともに歴史叙述の統合性が急速に失われたとの指摘がある[31]。「共和主義統合」の熱が冷め、グローバルヒストリーや、人種・ジェンダー・エスニシティ研究が多数を占め、政治思想史や憲政史、外交史の研究者などが政治学部や国際関係学部に再編されつつあるという[32]。だが、アメリカ史研究者である肥後本芳男は、こうしたアメリカ建国史研究の動向を振り返って、建国史研究においてパラダイムシフトに相当する根本的に新しい歴史解釈が生じているといえるかは疑問であると指摘している。特に、アメリカ法制史、憲法史、とりわけ、制憲期からアメリカの19世紀前半を対象にした憲法史においては、共和主義研究はもはや前提といえるだろう。1990年代以降も、建国期の歴史研究や政治思想史が憲法史、その他法制史研究において、合衆国憲法や連邦制など様々な法制度における思想的起源のひ

---

30) *See generally*, Wood, *supra* note 1. また、18世紀末からのアメリカの個人主義と市場経済志向の強さを強調するのが、Joyce Appleby, *Liberalism and Republicanism in the Historical Imagination*, Harvard University Press（1992）.

31) 肥後本芳男「二一世紀初頭の「建国の父祖ブーム」とアメリカ革命史研究の軌跡」伊藤詔子・中野博文・肥後本義男『アメリカ研究の現在地―危機と再生』（彩流社　2023）34-35頁。

32) 肥後本芳男　前掲論文　34頁。一方、こうした潮流を「ポスト共和主義パラダイム」と位置づけ、評価するのが、鰐淵秀一「ポスト共和主義パラダイム期のアメリカ革命史研究」『立教アメリカン・スタディーズ』42（2020）101-120頁。

とつとなり、当時の主要な裁判官、法学者なども少なからずrepublicanism
の影響下にあったことなど、共和主義に関する歴史研究や政治思想史研究
の成果を踏まえる研究が出現している[33]。本書では、第5章第4節で、グ
ローバルヒストリーを意識した「合衆国憲法の国際的解釈」の研究の視座
を踏まえ、ストーリーの憲法論が国際関係を意識して構築されたことを明
らかにする。だが、アメリカの政治、社会体制がdemocracyに移行する
中でアメリカ憲法学が構築され、その担い手たちがrepublicanismと
democracyの緊張関係を意識しながら遂行した以上、共和主義研究がも
たらした視座もまた不可欠である。

　他方で、19世紀前半から中葉にかけてのアメリカ法の形成と経済社会発
展の関係を考察する上で、欠かすことができないのが、「市場革命」の概
念である。先に見た「共和主義」研究が、独立戦争後から19世紀初頭を検
討対象として、社会、経済の変動を射程に入れつつも、主に政治文化の変
容を解明したものであるとすれば、「市場革命」研究は、19世紀前半の経
済変動、社会変動について、経済史、特に「土地」、「市場」、「労働」の観
点から検討するものと言えよう。「市場革命」の概念は、主にアメリカ経
済史研究において論じられており[34]、安武秀岳の解説に基づけば、南北
戦争以後の19世紀後半におけるアメリカの産業革命以前に生じた、市場志
向的社会の形成を指しており、農業生産物、土地の商品化に加えて、最初

---

33) 共和主義研究に依拠したモノグラフが、White, *supra* note 18. 他に、共和主義研
　究や1990年代以降の歴史研究に依拠し、アメリカ法制史研究でも引用や書評が多い
　モノグラフや主要論文として、Alison L. LaCroix, *The Ideological Origins of
　American Federalism*, Harvard University Press（2010）. Hulsebosch, *supra* note
　20. 特に私法史分野では、Claire Priest, Creating an American Property Law:
　Alienability and Its Limits in American History, *Harvard Law Review* 120（2006）
　at 385-459や、Currency Policies and Legal Development in Colonial New
　England, *The Yale Law Journal* 110（2001）at 1303-1405などがある。ローレン
　ス・フリードマン（Lawrence M. Friedman）においても、従来の版では、政治思
　想的影響についての知見に乏しかったが、『アメリカ法の歴史　第3版』（*A
　History of American Law*, Touchstone; 3rd edition（2005））以降では、例えば土地
　法の箇所（第2部第5章）などにおいて、政治思想史の成果を踏まえた法制史研究
　を引用するなど、変化が見られる。

の労働力商品の市場への出現が始まった時期の説明概念ということになる[35]。それによれば、土地の商品化に関しては、植民地時代末期から農民間の土地売買が急増する。だが、他方で、窮乏化した農民たちが借金返済や納税のために自分の土地を差し押さえられ、それが「自由」な市場で競売される事態に直面した際に、彼らはしばしばこれに抵抗した。農民たちは、自らの土地が自由な市場で売買される商品として抵当権実行の対象となる際に、それを正当な手続きとして納得する心の準備はまだできておらず、土地の流動化に対する根強い批判も存在した[36]。だが、こうした土地の流動化は西部開拓と共に加速していくという。そして、労働力に関しても、「市場革命」研究は、産業革命における機械化の前段階において、既に市場における労働力の商品化、資本賃労働関係の成立を、19世紀前半に見出すものとされる[37]。こうした「土地」、「労働」、「市場」の変容、すなわち、経済社会の変容の中で、ストーリーらは統治のあり方を模索し、初期のアメリカ憲法学を展開したのである。

34）「市場革命」の概念に関する文献として、Sean Wilentz, Society, Politics, and the Market Revolution 1815-1848, in edited by Eric Foner, *The New American History*, Temple University Press（1997）, Charles Sellers, *The Market Revolution: Jacksonian America 1815-1846*, Oxford University Press（1991）. また、日本での紹介としては、安武秀岳「市場革命の時代」野村達朗編著『アメリカ合衆国の歴史』（ミネルヴァ書房　1998）59-65頁、同「米国市場革命論の再検討」『愛知県立大学大学院国際文化研究科論集』2（2001）23-41頁、同「「市場革命」再考—経済史から学ぶために」『アメリカ経済史研究』創刊号（2002）79-89頁、藤本茂生「Book review: *The Market Revolution: Jacksonian America, 1815-1846*, by Charles Sellers」『同志社アメリカ研究』31（1994）89-92頁。

35）安武秀岳「「市場革命」再考」85-86頁、安武「米国市場革命論の再検討」33頁。

36）安武秀岳　前掲「再考」86頁。

37）安武秀岳　前掲註34「再検討」31-32頁。Sean Wilentz, *Chants Democratic: The New York City and the Rise of the American Working Class 1788-1850*, Oxford University Press（1984）. ショーン・ウィレンツ著、安武秀岳監訳、鵜月裕典・森脇由美子共訳『民衆支配の讃歌—ニューヨーク市とアメリカ労働者階級の形成、1788-1850』（木鐸社　2001）。他方で、こうした「市場革命」論の展開や批判に関する紹介として、橋川健竜「一九世紀前半の通史と経済」佐久間みかよ・橋川健竜・増井志津代・小倉いずみ編著『改革が作ったアメリカ—初期アメリカ研究の展開』（小鳥遊書房　2023）286-288頁。

(2) 国制史的観点について

　本書は、以上の歴史研究の成果に加えて、国制史的観点も踏まえる。ここで言う国制史とは、近年の国制史研究をリードしてきた水林彪の定義を借りれば、「社会（自然概念の対概念としての広義の社会）の全体構造のあり方の変化を問題とする歴史学」ということになる[38]。本書のような近代憲法及び近代憲法学の生成期を検討する場合、憲法学者の林知更も述べるように、近代憲法の制定が国の全体構造を意識的にいかに構想するかという課題と結びついており、また、憲法自体に、その生成当初から全体社会を構成するうえでの青写真ないし指導理念としての性格が与えられているとすれば[39]、同時代の政治社会や経済社会の構造や、その変化を多分に意識したうえで、そうした青写真が描かれていると考えられる。ストーリーらも、憲法秩序を構想する際、アメリカにおける社会の基本構造とその変化を認識しつつ、模索していた。その点からも、ストーリーらの憲法秩序の構想を内在的に理解するために、国制史的観点が必要になる。また、ストーリーやケントらは、アカデミシャンであると同時に、実務家であり、同時代の社会の変化に敏感にならざるを得ない位置にあった。そして、19世紀前半のアメリカは、国家形成期であると同時に、市民社会形成期であったとも言え、国家や社会の基本構造に注視する国制史的観点を採ることによって、社会の基本構造及びその変化を捉え、あるべき統治のヴィジョンを示した最初期のアメリカ憲法学の実相がより明らかになるものと考える。特に、フランス法の国制史的分析を通じて、水林彪が抽出した civil と commerce を区分する、すなわち、公法・私法を貫く市民社会の法として共和国を基礎づける civil の法と、「売りのための買い」を本質とする資本主義法としての commerce の法を区別するという観点は[40]、法思想や法的な観念における「政治」に対する「経済」の観念の浸透の影響を測

---

38) 鈴木正幸・水林彪・渡辺信一郎・小路田泰直共編『比較国制史研究序説』（柏書房　1992）。

39) 林知更「憲法・国制・土壌」蟻川恒正・木庭顕・樋口陽一編著『憲法の土壌を培養する』（日本評論社　2022）97頁。

定することができるという点で、ストーリーらの憲法学にとって枢要な位置を占める、憲法と、経済的なものの相互関係についての理解が必要となる本書の考察にとって、重要な補助線となる。

(3)　本書の構成

　以上を前提とし、本書は、三つの観点から検討を進める。まず、一つ目の観点は、法の継受、すなわち、コモン・ローの継受である。建国期から19世紀にかけては、コモン・ローの法理がストレートに憲法に汲み上げられた時代であり、19世紀の合衆国憲法を考察する上で建国期アメリカにおけるコモン・ローのあり方を考察することは不可欠である。アメリカはイングランドのコモン・ローを継受したが、アメリカの植民地時代からの固有の事情、建国期アメリカの特殊事情、イングランドとの政治体制の相違などから、アメリカ初期の法実務家や法学者はイングランドのコモン・ローをそのまま継受しようとしたわけではない。イングランドのコモン・ローをいかに「アメリカ的」に継受しようとしたのかを踏まえることによって、アメリカの統治のあり方の特性を示すことが可能になる。

　二つ目の観点は、法学書（legal treatise）の伝統と「法の科学」である。18世紀より、コモン・ロー法域において、注釈書が多く現れ始める。それまで、インズ・オブ・コート（法曹学院）において口頭的な伝授が行われていたコモン・ローの知識が、体系化されたテキストブックを通じて、広がることが可能となった。とりわけ、インズ・オブ・コートのような、高度な法曹養成システムを持たないアメリカにおいては、法学書が主要な知識の伝達手段となり、イングランドからもたらされたブラックストーンの『イングランド法釈義』や、アメリカ国産のケントの『アメリカ法釈義』、ストーリーの『アメリカ合衆国憲法釈義』は、法律家の主要な法学のリソースとなった。特に、ニューヨーク州大法官であったケントや、連邦最高

　40）水林彪「西欧近現代法史論の再構成」『法の科学』26（1997）84-96頁、同　前掲
　　註26「近代民法の本源的性格」。同「共和国型憲法の神髄─公私一元・民商二元」
　　『法律時報』95（2023）97-102頁。

裁裁判官であったストーリーは、法書としても主要な役割を果たしており、実務上の影響力も絶大であった。また、19世紀前半には、彼らに近い立場にあったフェデラリスト系の政治勢力が、政治部門において力を失っていたこともあり、司法部での活動や、法学書を通じて、法運用の統一化を目指し、国家的統一を確保しようとする意図も存在しており、単なる法律書のみならず、「国家構想」の文書としても読解することが必要になる。法学書を通じて、法学を体系化し、原理に基づかせる「法の科学」の試みがなされ、これがアメリカ法や、アメリカの憲法学の形成に影響を与えることになったと考えられる。

　そして、コモン・ローの継受と法学体系書の伝統という二つの観点は、アメリカが法継受国であり、連邦制国家であるという点で重要な意味を有し、相互に関連しているものと考えられる。すなわち、かつて植民地であったアメリカでは、イングランドのコモン・ローを継受し、それがアメリカにおける法的知識の基礎とならざるを得なかったが、建国期のアメリカでは、イングランドと異なり、素人にも理解可能な形でテキスト、法学書によって体系的にコモン・ローの教授を行っていく必要があった。それは、諸州における法の分断に対して、権威のある法学体系書を通じて、法の統一化を模索するという側面もあった。

　最後に、政治思想、経済思想的フレームワークの観点である。これまでも述べたように、建国期のアメリカでは、ケント、ストーリーなど主要な法律家の議論においても、「共和主義」や、「商業社会」としての「文明社会」の言語が用いられていた。人々が有する「徳」に対する期待よりも「情念」によって政治が突き動かされる現実を見つめ、「文明社会」において人々が洗練されていくのを望む、デイヴィッド・ヒューム、アダム・スミスらの「スコットランド啓蒙思想」や、エドマンド・バークの著作などが引用されていた。こういった政治思想や経済思想がコモン・ローや合衆国憲法の注釈書に、法的説明の前提として引用され、法学とストレートに接続された時代であり、同時代の法学研究を解明するには、政治経済思想的な認識枠組みを踏まえることが不可欠となる。そうした思想に基づきながら、あるべき社会像が設定され、法学者たちは、その社会像を前提に憲

法やコモン・ローに関する法理を整理し、注釈を行っていた。

本書は、この三つの観点に基づき、「政治秩序」と「経済秩序」に関わるものを検討する。

第1章では、ストーリー、ケントがコモン・ローを、「科学」としてひとつのまとまりをもったものに再構成しようとしたのかを明らかにし、その背景について検討する。第2章では、ストーリーの『合衆国憲法釈義』の検討を通じて、いかにコモン・ローを軸に憲法論や「政治秩序」の構想が構築されたのか、また、それがいかなる政治経済思想に基づいていたのかを検討する。

「経済秩序」に関しては、19世紀前半に、経済と統治のあり方を巡って鋭い対立が存在し、大きな論争となっていた土地所有、商事法、金融に関する学説、判例を検討する。

具体的には、第3章、第4章、第5章では、土地所有、商事法、金融に関するストーリー、ケントの著作、判例法理を検討し、その政治経済思想的な基礎を明らかにする。古典的な「共和主義」に基づく「政治社会」の経済的基盤が変容を迫られる中で、彼らは「経済秩序」をどのように構想していたのかを解明する。

第1章

コモン・ローと「法の科学」

　本章は、当時のアメリカの主要な法実務家、法学者たちが課題としていた「法の科学」（science of law, legal science）という概念の展開を中心に検討を進める。この「法の科学」という概念を通じて、政治思想的、経済思想的な認識枠組みと憲法論、法解釈が結節しており、さらには、それは、アメリカにおいてコモン・ローを継受する際の鍵となる概念として存在していた。すなわち、アメリカにおいてイングランのコモン・ローを継受するためには、イングランドとアメリカの建国の原理の相違、法の適用、それを運用する法曹の能力、法曹養成、商業的世界の拡大への対応などの観点から体系化、抽象化が必要であった。この体系化、抽象化のために用いられたのが「法の科学」という言葉である。「法の科学」の構築が目標にされながら、コモン・ローは、アメリカ社会に適合するように継受され、また、アメリカの政治・経済社会の進展に伴って改変され[1]、とりわけ、ストーリーやケントによって、コモン・ローは「法の科学」を通じて、学問的な分析・体系化をなすべきものとされた。19世紀前半にかけて、当時の法学の著作物においては、コモン・ローという言葉が、裁判管轄権（jurisdiction）や準則（rules）、判例法理（jurisprudence）など極めて多義的な意味を含んでいたとされるが[2]、これは、コモン・ローという概念が、アメリカで抽象化したことも意味しているものと考えられる。ストーリー

1）19世紀を通じてのこのようなコモン・ローの変容に関する代表的な著作として、 *See generally*, William E. Nelson, *Americanization of the Common Law: The Impact of Legal Change on Massachusetts Society, 1760-1830*, University of Georgia Press（1975）, Horwitz, *supra* Introduction note 13.

2）19世紀前半に始まる、このコモン・ローの多義性に関する指摘については、 White, *supra* Introduction note 18, at 136.

やケントは、抽象化され、多義性を帯びた「コモン・ロー」を通じて、変容する政治社会の中で、その緊張関係の下で、アメリカ社会におけるあるべき憲法理論、憲法解釈を導く方法を模索していた。

　以下では、ストーリー、ケントらによって「科学的」(scientific) と題された、法、コモン・ローの革新がどのように企図されたのか、さらに、コモン・ローと憲法はどのような関係にあるものとされたのか、19世紀前半のアメリカの歴史的文脈の中で、ストーリーの憲法解釈、憲法理論はもとより、法史や法解釈の前提となった「法の科学」の関係、その背後にある社会認識及び政治経済思想的な認識枠組みを分析する。

　まず、イングランドから建国期アメリカにおける法の「科学的」研究の流れを踏まえ、「科学的」という言葉の下で、いかにコモン・ローの体系化が企図され、また、学問研究の対象とされるようになったのかを確認する。

　アメリカにおける憲法理論や解釈、私法に関する様々な注釈書、体系書の形成、さらには、法曹を養成する際の基礎となる注釈書、テキストブックの作成には、コモン・ローの「科学的」研究が不可欠であった。高度な法曹養成システムは未整備で、コモン・ローの習得の点で未熟であったアメリカの法曹、法学徒にとっては、テキストの形において体系性を持った法学が教授されることが必要不可欠であった[3]。また、アメリカとイングランドの国制の相違などを巡り、イングランドのコモン・ローのアメリカへの継受に関する様々な議論があったことや、アメリカの経済社会の急激な変容の中で、法を新時代に適応させるための理論や、アメリカにおける法曹ないし法学徒のための新しい教育システムが必要とされた。そのような中で、法を「法学」として学問的に把握する試み、法の「科学的」研

　3）独立達成時に、法律家階層全体として、独立反対派の忠誠派 (Loyalists) が多く、何百もの法律家が本国に逃亡し、実務から引退したことなどが、アメリカにおける法曹の質の低下に拍車をかけた。また、建国期における法曹への不信、アリストクラティックなものへの反発から、divisional bar（二元的法曹制度）、すなわち、イングランドにおけるような、エリート法曹としてのバリスタ層を構築することは不可能であったとされる。田中英夫　前掲序章註2　271-274頁。

究、「法の科学」が模索されることになった。だが、このような「法の科学」は、アメリカにおいて独自に模索されたものではなく、18世紀のイングランドにおいても模索されてきたもので、コモン・ローに関する注釈書や法学著作物（legal treatise）を通じて、アメリカに受け継がれたものであった[4]。そこで、以下では、18世紀イングランドにおける「法の科学」から、アメリカにおける「法の科学」の流れについて、それが背景とした政治・経済社会との関係において比較検討する。

1 イングランドからアメリカにいたる法の「科学的」研究の流れ

(1) ブラックストーンの『イングランド法釈義』の意義

　イングランドにおいては、法曹養成、法の専門的知識の伝授は長くインズ・オブ・コートにおいて、閉鎖的な関係の中で行われていた。しかし、18世紀以降、このような従来のコモン・ロー教育を見直そうとする新しい動きが出てくる。その画期となる人物が、オックスフォード大学ヴァイナー講座を担当したウィリアム・ブラックストーン（William Blackstone）である。彼は、その著書『イングランド法釈義』において、法の「科学的」研究、「法の科学」という考えを提示し、それまでの個々の判例の集積、複雑な訴訟方式の集合として主に実務においてのみ伝承されていたコモン・ローを、「法曹の法」[5]からジェントルマンにも開かれた法とすべく体系的な注釈を試みた。ブラックストーンは、後に『釈義』の下敷きとなった、1753年におけるイギリスの大学での初めてコモン・ローの講義に際して、「法律は実務の問題であるだけでなく、体系的な法の科学（legal

---

4）18世紀イングランドから19世紀アメリカにおけるイギリス法を総体として、体系的に叙述しようとする legal treatise の伝統、流れについては、A. W. B. Simpson, The Rise and Fall of the Legal Treatise: Legal Principles and the Forms of Legal Literature, *The University of Chicago Law Review* 48 (1981) at 632-679.

5）Calvin Woodward, Is the United States a Common Law Country?, in edited by Elisabeth A. Cawthon and David E. Narrett, *Essays on English Law and the American Experience*, Texas A&M University Press (1994) at 125.

science）の問題」であるとし、その際には、社会の「実定的な国制（positive constitutions）の基礎」（現に存在している国制）を探究せざるを得ないとした[6]。さらに、コモン・ローに内在する「一般的な法原理」（general principles）[7] の探究を法学者がなすべきであり、特に大陸法と比較した場合、従来のコモン・ローの注釈書や実務教育が、体系性を欠く点において著しく劣るとし、法実務が依拠すべき要素や、第一原理（the first principle）に基づいてコモン・ローのあり方が研究され、教授される必要性を力説した[8]。その上で、ブラックストーンは、コモン・ローの研究、教授については、「しっかりした、科学的方法」に基づいてなすべきであることを強調した[9]。

　では、ブラックストーンが、『釈義』において、「科学」（science）、「科学的」（scientific）と述べる際の意味はいかなるものであったのか。また、この時代に現れた法学著作物において、「科学」、「科学的」といわれる際にはどのような意味を含んでいたのだろうか。この点について、17世紀から18世紀にいたるヨーロッパ大陸とイングランドの法思想全体を射程に入れ、それらを新しい科学観や宗教改革との関係から考察したハロルド・バーマンによれば、ヨーロッパ大陸では、science という言葉は、現代の英語圏で意味するような自然科学のみを指すのではなく、より広い意味を帯びたものであったという[10]。すなわち、「個別の事実と一般的な原理を結合した一貫した知の体系」であり、それは自然科学のみならず、法学（legal science）を含む、社会科学や人文科学にも当てはまるものであったとする[11]。ただ、「法の科学」という場合には、法学者が作り出した法に

6）William Blackstone, *Commentaries on the Laws of England*, Vol. 2, The University of Chicago Press（1979）at 2.

7）Blackstone, *Commentaries*, Vol. 4, The University of Chicago Press（1979）at 5.

8）Blackstone, *Commentaries*, Vol. 1, The University of Chicago Press（1979）at 32-33.

9）*Id.* また、Harold J. Berman, *Law and Revolution, II: The Impact of the Protestant Reformations on the Western Legal Tradition*, Belknap Press of Harvard University Press; new edition（2006）at 272.

10）Berman, *Id.* at 271.

34 第 1 章 コモン・ローと「法の科学」

「関する」知の体系だけではなく、法が作動する機能や方法を規定する、法それ自体によって作り出された知の体系を意味し、特定の法の体系が、それ自体に一つの科学を含み得ると述べることは、法の適用において、それが技芸（art）であることを否定することにならないという。すなわち、「法の科学」とは、立法者、裁判官、行政官など、実務家によって置かれた原理がその性格を定位し、そのような原理が法に「関する」陳述のみならず、法そのものの陳述となることを言うのであって、西洋法の伝統において、特定のルールや判決、特定の作動の様式を一般理論に関連させる一貫した知の体系を構成するものと理解されていたとされる[12]。

　そして、このような「法の科学」の流れの中にあるのが、ブラックストーンの『釈義』であると考えられる。とりわけ、ローマ法を意識し、従来のコモン・ロー研究、教育の体系性の欠如を課題としていたブラックストーンにとっては、「法の科学」に基づくコモン・ローの叙述は極めて重要な意味を有していた。イングランドにおけるこのような「法の科学」という潮流は、ブラックストーンがサー・マシュー・ヘイル（Sir Matthew Hale）に大きく依拠したと言われる『イングランド法分析』や『釈義』にも表れており[13]、そうした流れにおいては、それまで法実務の中で伝えられていたコモン・ローを、「科学的」に体系化していくことが大きな目標であったと言える[14]。

　それでは、具体的にブラックストーンは、どのように「法の科学」を進めたのだろうか。また、その背景には、どのような従来のイングランドの

---

11) *Ibid.*

12) *Ibid.*

13) *Id.* at 296-297. 他に、ブラックストーンに対するマシュー・ヘイルの影響については、*See generally,* Alan Watson, The Structure of Blackstone's Commentaries, *Yale Law Journal* 97（1988）at 795-821.

14) シンプソンは、コモン・ローに関する注釈書と法学論文（legal treatise）を区別し、legal treatise の条件として、何らかの統一的な性質を持った、単一の分野のみを扱うモノグラフであることと、実体的な原理を含むものであることという二つを示し、その観点から、ブラックストーンの『釈義』は、最初の条件に反するものとしてこれに含めていない。Simpson, *supra* note 4, at 632.

コモン・ローのあり方が存在していたのか。以下では、伝統的なコモン・ローヤーの法的思考様式や、クック、ヘイル、ブラックストーンといったイングランドの法思想の流れを分析した、マイケル・ロバーンの説明を踏まえながら確認する。イングランドのコモン・ローおよび、それを担った法実務家たちは、従来から、18世紀においてでさえ、法があくまで救済方法（remedies）の中で機能し、また、その思考方法は類推の形式によるものと見ていたため、法的なテキストは、原理や準則に基づく体系としてではなく、あくまで救済のためのリストとして描かれていた[15]。そして、コモン・ローは、実体的な法や権利とは異なる、個々の救済方法に対応した令状（writ）による訴訟方式の集成とされ、様々な訴訟方式のアウトラインを描くことが、コモン・ローの文献の重要な役割であるとされた。そのため、法を体系化、組織化していこうとする志向に乏しかったとされる[16]。また、コモン・ローの法実務家たちは、法的思考様式として、体系的で、明示された準則を個々の事例に適用するというのではなく、個々の判例の類似性を考察し、法律家の技巧的理性（artificial reason）に基づく類推によって法的判断を行っていくということに重点を置いていた[17]。さらに、成文の法準則ではなく、格言（maxims）、権威書（book of authority）、『令状登記簿』における訴訟開始令状など複数の法源に基づき、法的判断がなされていた[18]。

　このようなコモン・ローおよびその実務の性質は、その著作に「提要」（Institute）と名付け、体系的なローマ法を意識しながらイングランド法を

---

15) Michael Lobban, *The Common Law and English Jurisprudence 1760-1850*, Oxford Clarendon Press (1991) at 9-10. また、ロバーンのこの著作に依拠しつつ、類推、原理、準則それぞれに基づくイングランド法思想の流れを検討したものとして、戒能通弘「近代英米法思想の展開（一）、（二）」『同志社法学』61(1)(2009) 55-126頁、61(7)(2010) 33-117頁がある。

16) *Ibid.*

17) *Id.* at 8-9.

18) *Id.* at 6-7. Edited by Francis Hargrave and Charles Batler, *The First Part of the Institutes of the Laws of England, Or, A Commentary Upon Littleton*, Vol. 2, W. Clarke, C. Hunter, and S. Brooks; 17th edition (1817) at 11a.

叙述したはずのサー・エドワード・クック（Sir Edward Coke）においても見られるものであった。ロバーンによれば、クックは、準則の適用によって法的解決を図るという法の観念とは異質な、類推に基づく法的な観念を有しており、コモン・ローとは、法的な定義を超えたもので、無数の法源を有し、それらの法源は、準則や法的な基準ではなく、類推のための形式であったという[19]。例えば、クックの『イングランド法提要』においては、コモン・ローは、実体的、一貫的、体系的、自己充足的なものとされておらず、法的問題に対する解答をそれ自体の中に含むような明確な準則を有する体系としてではなく、あくまで、類推の体系とされていたのであって、法源は法適用の基になる準則ではなく、思考様式、判断の方法として存在していたとされる[20]。このように、クックや、当時のコモン・ローヤー、さらに18，19世紀の法実務家たちにいたるまで、コモン・ローは、準則の体系として存在したのではなく、救済の体系として存在し、法的問題に対する答えを法準則という形でそれ自体の中に含むのではなく、複数の法源に依拠したものであった。

　このようなコモン・ローの支配的な性質を背景にしながら、ブラックストーンは、それとは異なる、より体系化された、「法の科学」に基づくコモン・ローの叙述を行うことを模索した。そのために、彼は、前述のように、従来の深遠で、混沌としたコモン・ローの性質についての適切な「一般的な地図」[21]を作り上げること、個々の事例における判断を導くような法の基礎にある原理を説明することを試みた[22]。だが、ロバーンによれば、この試みは、大きな課題に直面することになったという。その課題とは、コモン・ローにおいては、体系化によって必要な要素を引き出すのが困難であるということ、すなわち、コモン・ローにおいては、原理を抽出することが困難であること、また、ブラックストーン自身が述べたように、

19）*Id*. at 6. Coke upon Littleton, at 97b.
20）*Id*. at 7.
21）Blackstone, *supra* note 8, at 35.
22）Lobban, *supra* note 15, at 17.

「コモン・ローは伝統、その実践、経験によってのみ伝えられてきた」[23]
ために、成文の準則がほとんど存在しないということであった[24]。ブラックストーンの『釈義』の時代は、制定法によってコモン・ローの修正がなされ、断片化が進んでいた時代であり、また判例集は体系化されていない状態であった。18世紀におけるコモン・ローは口頭の文化の中にあり、また、法実務における裁判官の慣行の一部として存在していたのであり、裁判は、不文の形において法的な問題が論じられ、その中で、法的な観念が発達していたのであった[25]。それに対して、ブラックストーンは、テキストの形でコモン・ローについての「一般的な地図」を描き、コモン・ローを組織立てること、概念化することによって、以前には見られなかった一貫性と一体性を構築することを試みたのであったが、その際に彼が取った方法とは、コモン・ローに秩序と方法をもたらし、準則の体系としてコモン・ローを描き出し、分析することによって、単に遵守されるべき技術としての観点のみならず、法律家が分析可能な「科学」として、法の特定の領域を扱うことであった[26]。だが、ロバーンによればブラックストーンは、個々の判例のレベルで、法がどのように機能するのか、裁判所がどのように機能するのかについて説明することには成功せず、結局のところ、明確な法準則が存在するような場合には、準則の観点からコモン・ローを論じることができたが、救済の体系を準則の体系に収斂させていくことには失敗したという[27]。その結果、実体的な法準則よりも、格言や、「古来からの慣行」の理論に依拠しつつ、救済の体系としてのコモン・ローの性質は依然として存在することになったのである。こうして『釈義』には、ブラックストーンが追求しようとした原理と伝統的な裁判官の見解との間にギャップが存在することになったのである。他方で、ブラックス

---

23) Blackstone, *supra* note 8, at 17.
24) Lobban, *supra* note 15, at 13.
25) *Id*. at 17.
26) *Ibid*.
27) *Id*. at 38-39.

38 第1章 コモン・ローと「法の科学」

トーンは、このギャップを埋めるべく自然法の観念を用いたが、自然法の原理に依拠するコモン・ローの見方は、超歴史的な慣行の論理に依拠するコモン・ローの見方とは根本的に異なるものであり、それらを同居させるべく用いられたのが、「人」（persons）・「物」（things）・「訴権」（actions）というローマ法における『法学提要』の枠組みに法を分類していくことであった。『法学提要』の構造は、コモン・ローの概念化を進めるだけではなく、合理的で、限定された法源を持った準則に基づく法の理論を可能にし、それによって、コモン・ローが雑多な慣行と格言の集合ではなく、一貫性を持った全体であることを可能にすると考えられており、ブラックストーンは、『釈義』において『提要』の構造を借り、それに体系性を持たせるために、自然法の観念を用いた。だが、ロバーンによれば、自然法と個々の判例のレベルにおける法的推論を関連させようとしなかったために、個々の判例のレベルにおけるコモン・ローを説明するにあたって、自然法の観念は大きな役割を果たさず、実体的な法源とならず、reason によって従来の慣行の法的拘束力を確認する程度の役割を与えられたに過ぎなかったとされる[28]。

　前述のように、ブラックストーンは、彼が大きな影響を受けていたとされる、サー・マシュー・ヘイルの著作と同様に、『釈義』においても、人・物・訴権というローマ法における『法学提要』の枠組みを踏まえながらコモン・ローの分類を試みていたが（『釈義』第1巻の The Rights of Persons、第2巻の The Rights of Things、第3巻の Private Wrongs or Civil Injuries）[29]、コモン・ローヤーたちのローマ法の参照は17世紀以後、ひと

---

28) *Id.* at 19.

29) ヘイル、ブラックストーンの著作への『法学提要』の影響については、*See generally*, John W. Cairns, Blackstone, an English Institutist: Legal Literature and the Rise of the Nation State, *Oxford Journal of Legal Studies* 4 （1984) at 318-360. また、ヘイル、ブラックストーンの著作が、『法学提要』の構造を踏まえている点は認めながら、『法学提要』には存在していない公法の要素が存在し、法律と権利の区別が存在するなど、その相違を指摘し、実質的なつながりに疑問を呈するのが、Berman, *supra* note 9, at 298-299.

つの流れが存在し、それには大きな特徴があった[30]。ロバーンによれば、イングランド法の著述家たちのローマ法への関心は、実務的な体系としてではなく、あくまで知的な体系としてのそれであり、そこでは、ローマ法学は原理の科学とみなされていたという。コモン・ローヤーたちは、ローマ法学に対して、法的な論拠や法理の源として役に立つような原理の一貫性を持った科学、実体的な準則の配置のためのモデルとして役立つ、法の構造的な体系を求めたが、ローマ法の構造は、コモン・ローのそれと異なった固有の法の観念を含む準則や原理に基づいていたために、『法学提要』のモデルをそのまま採用することは、法源や法の観念に関するコモン・ロー的な見方を放棄するという代償を払うことになるおそれがあった。そこで、コモン・ローヤーたちは、そのような代償を払う代わりに、法の働きを説明するものとしてではなく、単なる「備忘録」として『法学提要』のモデルを用いざるを得なかった。その結果、コモン・ローをローマ法の枠組みに埋め込もうとする試みは、法の働きについてのローマ法的な見解を採用することなく、単なる骨組みとして用いたに過ぎなかったのである。ロバーンによれば、このような流れの中で、ブラックストーンも『法学提要』の構造を用いたわけであり、自然法の観念を多様な法源のひとつとしてではなく、中心的な法源とし、自然法と『法学提要』の構造を結びつけ、コモン・ローを単に組織立てて説明するのみならず、概念の分析化を行おうとした点で、それ以前に『法学提要』の構造を用いた者たちと異なるが[31]、ブラックストーンのこのようなローマ法学や自然法学を用いた、コモン・ローの体系化、分析化の試みも、成功したとは言い難かった。ブラックストーンは、結局、コモン・ローにおける主要な法源は何かという問題を軽く扱い、それに実体法を説明する役割をほとんど与えることができず、『釈義』では、すべての法を権利に関連させようとしたものの、権利の観点から法を説明することができなかったのである[32]。こ

---

30) ブラックストーンにいたるまでの、イングランド法の著作者たちに対する『法学提要』の構造の影響とその系譜については、Lobban, *supra* note 15, at 19-26.

31) *Id.* at 26.

うして、ブラックストーンの『釈義』は、コモン・ローにおいて伝統的に存在していた救済の体系、複雑な訴訟方式の体系と、自然法に基づく実体的な権利概念との齟齬の問題を解くことができず、自然法における法の観念を、訴訟方式、違法行為に対する救済についてのコモン・ローの観念に合わせることができなかったとロバーンは指摘する[33]。

　以上のブラックストーンの『釈義』における「法の科学」の内実を、公法学的、憲法学的な観点から見た場合、以下の指摘をすることができるだろう。ブラックストーンが、自然法思想を、『釈義』における理論的基礎として冒頭に提示しながら、そこから導き出した実体的な権利概念と、コモン・ローというイングランド国制における法の説明との不整合と同様な問題を、公法領域においても見出すことができる。すなわち、『釈義』において、自然法思想、自然権思想に立脚しながらも、イングランド国制を描く際に、実体的な権利の主体としての個人と、かかる個人から構成される社会という形で、政治社会の構成原理を構築することができなかったということである。これは、実体的で抽象的な権利及びその主体から社会が構成され、それを基に法が構成されるという考えを『釈義』全体において貫くことができなかったという彼の理論の構造上の問題に端を発するものであると考えられる。また、自然法を理論的な基礎として用いながらも、政治原理として、人民主権としてそれを貫徹できなかったことは、ブラックストーンが、『釈義』の読者をジェントリーとして想定していたように、あくまで、名誉革命以後の土地貴族による支配体制とそれを背景とした「国会主権」を前提とした中での法の説明に限界があったと言えよう。

　しかしながら、アカデミックな方法で、イングランド法を科学的に分析し、法曹以外の者たちを対象にしたテキストである『イングランド法釈義』のスタイルは、同書のアメリカにおける流通に伴い、アメリカでも受け継がれていくこととなった。

---

32) *Id.* at 27.
33) *Id.* at 40.

(2) アメリカにおける初期の「法の科学」
―ジョージ・タッカー、ジェイムズ・ケント

　ブラックストーンの『イングランド法釈義』は、アメリカにも普及し[34]、広く読まれたが、それに批判的検討を加え、イングランドのコモン・ローとアメリカのそれとの相違、適合性についての最初の本格的な検討を行ったのが、ジョージ・タッカー（St. George Tucker）であり、彼の手になる『ブラックストーンの釈義』である[35]。ブラックストーンの『釈義』に対して、タッカーは、アメリカ社会には適さない部分に批判、注釈を加え、アメリカ社会に適合した形の法を模索した。『ブラックストーンの釈義』においては、イングランドとアメリカの国制の相違が明確に意識され、独立革命後のアメリカにおけるコモン・ローの継受の問題、コモン・ローのあり方について、ブラックストーンの釈義に対する補記（appendix）という形で論じられた。

　タッカーは、『ブラックストーンの釈義』において、アメリカにおけるコモン・ローの継受、アメリカ法のあり方を論じるにあたって、その冒頭で、アメリカ革命が統治の原理における革命のみならず、法における革命であることを述べ、『イングランド法釈義』は過去のコモン・ローがいかなるものであったのかを知るのには適しているが、現在のアメリカ法がいかなるものであるのかを知るのには適さないとする。だが、イングランドとアメリカの断絶、新しい憲法の誕生にもかかわらず、依然として『イングランド法釈義』がアメリカの法学徒に対してコモン・ローの手引書として通用している現状に危惧を表明する[36]。そして、アメリカにおける連

---

34) ブラックストーンの『釈義』のアメリカでの普及、影響を認めつつ、他方で、判例形成へのその影響については、過大視を戒めるものとして、*See generally,* Dennis R. Nolan, Sir William Blackstone and the New American Republic: A Study of Intellectual Impact, *N.Y.U. Law Review* 51 (1976) at 731-768. また、かかる Nolan の分析を踏まえ、それに批判的検討を加えつつ、アメリカにおける『釈義』の意義を探るものとして、大内孝「「ブラックストンとアメリカ法形成期」考―序」『法学』72 (2008) 390-430頁がある。

35) St. George Tucker, *Blackstone's Commentaries with Notes of Reference,* Vol. 1-5 (1803).

邦制の特色、人民主権の意義、イングランドの封建制との相違を強調し、法学徒たちがアメリカの各州の憲法や連邦憲法の原理（principles）を知る必要があることを示唆する[37]。タッカーは、そのための前提として、文明化が進んだ複雑な社会において「科学」（science）が果たす重要性を強調し、市民が自由を保持するには科学が重要であることを指摘する。すなわち、科学によって、政府を運営する者は、その権力に知悉し、その枠組みのわずかの変更によって、統治の行動原理に関して完全な革命を作り出すことが可能で、その構造の原理、その原理が適用される目的を知ることができるのみならず、何よりも、複雑な機構が解明され、その機構が作動する原理、その力の源泉が明らかになり、人民は政府に対する監視の目を向けることができるとし、人民の無知こそが専制の土台となるものであるとする。そして、このような科学としての法の研究の意義を強調し、アメリカでは特に、法（コモン・ロー）の研究を通じて、憲法の研究と結びつくことになるとする[38]。

　「恣意的な政府では、憲法の問題がめったに生じることはなく、また論じられることもない。専門職としての法の研究は私人間の関係に限定され、そこに統治権力の問題が含まれることはなく、統治権力の問題は、私人にとっては、高遠過ぎる。」

これに対して、

　「アメリカでは、あらゆる実定法の効力と政府の行為は、人民によって、それを運営する者に対して委ねられた統治権力それ自体と密接に入り混じっており、憲法を知らない者が、その国の法を知っているふりをする

---

36) St. George Tucker, *Blackstone's Commentaries with Notes of Reference*, Vol. 1 (1803) at iv-ⅴ.
37) *Id.* at xiv.
38) *Id.* at xvi.

ことなどはできない。」

「憲法の研究が実定法の効力や義務の理解に必要ではないというのは、科学としての法の研究が憲法の十全で完全な理解にとって必要ではないとするに等しい。」（というのは）「法（the law）の諸準則（こそ）が、憲法に含まれている原理を説明するために参照されることがよくあるからである。したがって、それらは、相互の適切な調査と理解に貢献するのである。」[39]

　このように、タッカーにおいては、科学としての法の研究は、共和政体のアメリカにおけるコモン・ローの継受にとって重要な鍵とされながら、同時に、アメリカにおける憲法の研究にとって不可欠のものとされていた。タッカーにおいては、実定法としての憲法がその検討の射程に入ってきていた。法の科学的研究によって、私法のみならず、公法領域においても有益な効果をもたらし、主権者たる市民は、アメリカの政治システムを明らかにし、その監視と操縦が可能となる。このように、共和政体を維持するのに不可欠の要素として法の科学が位置づけられていたと読み取ることができるだろう[40]。タッカーの『ブラックストーンの釈義』は、ブラックストーンの「法の科学」の目的であった、体系化により法曹以外のジェントルマンに対して法を説明するという、法曹以外への法知識の普及という方向性は共有していたものの、土地貴族の支配と共和政体という国制の相違から、その対象は「市民」へとさらに広げられたのである。

　後にも検討するが、タッカーの『ブラックストーンの釈義』は、以上のような「法の科学」の構想に基づきながら、主に自然権思想や、社会契約理論を理論的バックボーンとして憲法の性質や解釈論を展開し、そこから州権論の立場を導いている。もっとも、ブラックストーンの『釈義』にお

---

39) *Id.* at xvi-xvii.
40) White, *supra* Introduction note 18, at 83.

44 第1章 コモン・ローと「法の科学」

けるコモン・ローの説明のうち、アメリカの共和政体にふさわしくないものを批判的に検討していくスタイルを取っているが、アメリカ法を総体的に描くには至っていなかった。

アメリカ法を総体的に描いた最初の注釈書と言ってよいのが、ジェイムズ・ケントによる『アメリカ法釈義』[41] である。ケントにおいても、コモン・ローにおける「法の科学」は枢要な位置を占めていた[42]。ケントは、まず、タッカーとは対照的に、イングランドのコモン・ローの継受を積極的に肯定する。

「革命は、アメリカにおけるいかなるコモン・ローの廃棄も含むものではない。それは、我々の社会の状態や法理に適合し得る、すべての正当な法の原理を強化し、活気づけるのである。」[43]

また、ケントは、「アメリカ合衆国の憲法と法は、コモン・ローの存在への参照においてなされる――憲法や法の文言は、コモン・ローへの言及なしに、説明不可能である」[44] とし、憲法解釈においてコモン・ローの存在が不可欠であることも明示していた。ケントは、とりわけ、確固たる財産権保護を念頭に、コモン・ローを通じて、「法の科学」の推進を模索する。ケントは、コモン・ローにおける「法の科学」、体系化を模索し、普遍的な原理の探究を行ったが、そのためにコモン・ローを、「超記憶的な慣行」（immemorial usage）をベースとしたものから、自然法をベースとしたものへと徐々に再編しようとした[45]。その一方で、コモン・ローの個々

---

41) James Kent, *Commentaries on American Law,* Vol. 1-5, O. Halsted （1826）.
42) ケントにおけるコモン・ローの重要性、コモン・ローを基礎にした「法の科学」の展開の背景、意図を分析したものとして、Carl F. Stychin, The Commentaries of Chancellor James Kent and the Development of an American Common Law, *The American Journal of Legal History* 37 （1993） at 440-463.
43) James Kent, *Commentaries on American Law,* Vol. 2, O. Halsted （1827） at 23.
44) James Kent, *Commentaries on American Law,* Vol. 1, O. Halsted （1826） at 336.
45) Stychin, *supra* note 42, at 452-455.

の準則が、自然法に根拠づけるのに普遍的な性格を欠くと判断し、普遍的な原理、準則によって、体系化を行うべく、コモン・ローの準則を安定的で、体系的なものとするために、特に、契約、財産の分野において、ローマ法の原理、準則も参照していた[46]。

2　ストーリーにおける法の「科学的」研究とコモン・ロー

　以上のような「法の科学」の流れを受けて、アメリカ法の各分野における注釈を著し、アメリカの経済、社会の変革を踏まえつつ、本格的に「法の科学」を探究したのがジョゼフ・ストーリーである。ストーリーは、連邦最高裁判事でありながら、1829年にハーヴァード・ロースクールのデイン講座教授に就任したが、彼の「法の科学」は、このような環境を反映し、法学研究、法実務のみならず、法曹養成の観点からも構想されたものであった。すなわち、ストーリーがハーヴァード・ロースクールに招聘された当時、諸州や地域において法専門家を分断し、アメリカ法を断片化させるおそれのある法学教育がなされていた。その原因として、ロースクールの出現、大学における法学講座の存在にもかかわらず、徒弟修業的な法曹養成システムが依然として法曹養成の支配的な様式であったことが挙げられる[47]。アメリカ建国前後において、法曹教育機関としては、リッチフィールド・ロースクールのような法実務家の寄り合いによって設立された学校や、リベラルアーツの一環として法学の講座が大学に置かれはじめ、一定の成功を収めたものもあるものの、より高度な法曹養成を行うためには、大学のロースクールの設置が必要であった[48]。そして、高度な法曹養成を求めて、イングランドのインズ・オブ・コートの門をくぐることはごく少数の特権層に限られていたために、個別の法律事務所における徒弟修業的な訓練によるものがもっぱらであった。このような徒弟修業的な法曹養

---

46) *Id.* at 454.

47) Newmyer, *supra* Introduction note 15, at 239.

48) 田中英夫　前掲序章註2　275-277頁。

46　第1章　コモン・ローと「法の科学」

成では、主に地域の法が習得され、それは、ほとんどの経済活動が主に地域的、地方的な構造に限定され、司法業務も単純で、学識の高い法曹もさほど必要とされていなかった18世紀の間は、機能していた。しかし、19世紀に入り、「市場革命」が進展し、国家規模、国際的規模に市場が拡大していくと、ほとんどの法律事務所の徒弟修業では満たし得ない法知識や判例が増大するようになった。ストーリーは、アメリカで「科学としての法」の進歩が遅れた原因として、植民地時代以来の、人口の拡散による司法業務の細分化、学識の高い法曹の少なさ、植民地の司法業務の単純さを挙げ、独立後も、コモン・ローというアメリカ全体の共通の基礎はあるが、判例の増大、司法解釈、地域の慣行の多様性により、より細分化が進んでいると指摘していた。このようなアメリカ法の分裂状態と、「科学としての法」の停滞、そして法を取り巻く環境の変容が、ハーヴァード・ロースクールの興隆を担うことになったストーリーをして、「法の科学」の推進に向かわせることになったのである[49]。

　また、ストーリーが「法の科学」を進めた背景には、ジャクソニアン・デモクラシーの台頭の中で進む、法の民主化運動、法典化に対する危機感があった[50]。ジャクソニアン・デモクラシーの動きは、法のあり方にも向けられ、立法主導の法典化の推進の動きが強まっていた。ストーリーは、ニューイングランドの政治文化の中で育ち[51]、新しいデモクラシーの流れに警戒を抱き、また、立法部の中立、公平さへの疑問から、一貫して立法府に対する不信を持ち続けていた。一方で、民主化の中での法律家への不信、当時の裁判官の法創造的な判決に対する恣意性の批判にもストーリーは応えねばならず、法の体系化を通じて、広域化し、変容する経済社会

---

49) Joseph Story, *Progress of Jurisprudence* (1821), in edited by William Wetmore Story, *The Miscellaneous Writings* (1852) at 211-213. また、Newmyer, *supra* Introduction note 15, at 240.

50) Michael H. Hoeflich, *Roman and Civil Law and the Development of Anglo-American Jurisprudence in the Nineteenth Century*, University of Georgia Press (1997) at 34.

51) Newmyer, *supra* Introduction note 15, at 156, 162.

における予測可能性を担保する必要もあった。ストーリーは、自らが「法の科学」を構築し、ハーヴァード・ロースクールにおいて、「法の科学」によって教育し、そこで育成された法専門職を通じて、アメリカ法を改革し、また、「法の科学」を学んだ法曹が各界にて枢要な地位を占めることで、ひいては主に連邦や州の立法府に跋扈する政治的党派やデマゴーグによる民主化の過剰を抑制する意図も有していたと考えられる[52]。

では、ストーリーは、「法の科学」を具体的にどのように構想したのだろうか。彼が「法の科学」を構築する際の主たる基盤となったのも、コモン・ローであった。彼は、1817年から1826年の間に、*North American Review* 誌上において、アメリカ法を、新しい時代状況に対して、より「適応的に」し、「一般化」し、「科学的に」する努力を称揚していた[53]。ストーリーは、「過去2世紀における道徳科学、政治科学、そして司法の科学（judicial science）の進歩は実にすばらしいもの」で、アメリカ法の領域にもこのような「科学的探究の精神」が、「コモン・ローの諸部門にまで拡散し」、その結果、「コモン・ローに体系的な性格を与え、規則的な分析によってその諸原理に到達し、良き総合によってその要素と相違を教育すべき」としていた[54]。アメリカ法を改革し、指導する位置にコモン・ローが位置づけられ、ここでのコモン・ローは、時代の変化に対する柔軟性、適応性、そして進歩に重点が置かれていた。コモン・ローとは、「時代ごとに形成され形作られ」、「時代の改良と共に拡大し、継続的に自らを成長させるという利点を有している」[55]。

また、ストーリーは、ハーヴァード・ロースクールのデイン講座教授就任演説において、以下のようにコモン・ローの内容を説明し、法学教育の中心に位置付けられるべきことを述べた。コモン・ローのひとつの意味と

---

52) *Id.* at 169, 239, 271.

53) White, *supra* Introduction note 18, at 92.

54) Joseph Story, *Course of Legal Study*（1817）, in W. Story, *supra* note 49, at 66-70. White, *Ibid.*

55) Story, *Ibid.*

48　第 1 章　コモン・ローと「法の科学」

しては、「諸原理の集合であり、イングランドにおける司法運営の基礎を
構成するものであり、ローマ法の法典の格率とは対立するものである」と
いうことが挙げられる。別の意味では、「コモン・ローは、制定法あるい
は、立法府の実定的な制定行為と区別されるもの」で、「この意味では、
コモン・ローは」、「いかなる実定的なテキストにも遡ることができないが、
しかし、慣習や慣行、そして、格言から構成され、古来からの慣行、そし
て、司法のその承認に権威を由来させるものである」としている。他方で、
「司法の判断でさえも、先行して存在する準則の形式的な公布とされ、（コ
モン・ローは）そういった準則との想定上の一致から全ての価値を得る」
とする。そして、このようなコモン・ローが「イギリス植民地の法
（jurisprudence）の基礎に存在していたのであり、我々の地域の立法によ
って廃止され、修正されたものを除き、この時代にいたるまで、この共和
国内部のあらゆる州の手引であり、指導者であり保護者であり、装身具な
のである」。さらに、「大学における法の研究機関において、その学説や多
様性を説明するのは、大部分が、このコモン・ローに関するものであり、
こういうわけで、学者、ジェントルマンとしてその一般原理を学びたいと
思う者たちだけでなく、専門職になる予定の者たちに対しても、より良い
司法の教育の手段を提供するのはコモン・ローなのである」[56]。その上で、
ストーリーは、ここでも「法の科学」、「コモン・ローの科学」の重要性を
指摘し、そこに新しい時代への適応力を見出す。

　「法とは科学である。多くの時代の多くの精神の継続的な努力によって
　段階的に形成されたに違いないもので、その基礎は遠く離れた古代まで
　深く潜っている。そして、その枝はあらゆる世代にひろく広がっている。
　それは、過去の経験にのみ由来する、確実性の目安によって将来を測る
　のである。または、永久に進歩の状態にあるか、急迫した社会の事情や

---

56) Joseph Story, *The Value and Importance of Legal Studies* (1829), in W. Story,
　supra note 49, at 505-506.

変化に自らを適用させる。さらに、その古い土台はしっかりと根付いたままであるが、ビジネスの変わりゆく流れは、いつもの寝床を捨てさせ、新しい利益に適応しそれを支える、新しいより広い基礎を必要とするのである。」[57]

　以上のように、ストーリーのコモン・ローにおいては、「古来からの慣習と慣行」、「原理の集合」、さらに、「準則に対する想定上の一致」、すなわち、慣習、原理、準則という三つの源が併存し、その相互の矛盾が意識されることなく存在していたが[58]、ストーリーは、それらを組み合わせながら、「法の科学」とコモン・ローの社会への適応性、社会に合わせた進歩の要素を重視していたのである。

　ストーリーにおけるコモン・ローの進歩の要素の重視は、コモン・ローの進歩について論じた、「法理の進歩」（Progress of Jurisprudence）と題された演説においても確認できる[59]。ストーリーは、コモン・ローの歴史を、ウィリアム1世の征服から宗教改革まで、次に、エリザベス1世から名誉革命まで、そして、ハノーバー朝の成立から現代まで、と三期に分け、自らのコモン・ロー史像を示す。まず、第一期を封建制の完成期とし、コモン・ローに関する知の宝庫の時代とし、それを尊重する姿勢を示しながらも、今やその時代の法の大部分は時代遅れと評価する。第二期は、判例集の整備が進み、マシュー・ヘイル、ベーコンらを挙げつつ、断片的であったコモン・ローやエクイティが徐々に科学化、体系化に向かった時期とする。そして、第三期は、「法の黄金時代」と名付けられうる発展を遂げた時代とし、その要因として、新しい商業社会に適合する普遍的な商事法の原理をコモン・ローに導入しようとしたこと、哲学的精神によって、専門家たちに、技術的な準則や古来からの慣行を徐々に脱ぎ捨てさせ、より包括的な論拠や、より完全な一般化に向かわせたことを挙げる。この時期に

---

57) *Id.* at 507-508.
58) Newmyer, *supra* Introduction note 15, at 244.
59) W. Story, *supra* note 49, at 200-207.

50 第1章 コモン・ローと「法の科学」

おける法律家として、ストーリーがとりわけ高く評価したのがマンスフィールド（William Murray, 1st Earl of Mansfield）であった[60]。マンスフィールドは1756年から1788年まで王座裁判所の首席裁判官を務め、従来のコモン・ローの法理では処理が困難となっていた商事法の近代化を積極的に進め、また、コモン・ローにおいても革新的な裁判官であったとされるが、とりわけ、彼の革新的な点は、判決を原理に基礎づかせ、明確なルールと原理を規定しようとしたところにあるとされている[61]。

　ストーリーもマンスフィールドのこの側面を評価する。ストーリーは、マンスフィールドが、「例外を除去し、一般的な推論のテストによって法の適用を洗練、限定し、それによって、法についての多くの学説を、体系的正確さを持ったものへと収斂させ」たことを評価し[62]、マンスフィールドによって、「法は（単なる）商売（trade）からひとつの科学（a science）へと上昇した」とし[63]、法を個々の準則がバラバラに存在した状態から体系的なものへと向かわせようとしたマンスフィールドによる努力を評価する。そして、ストーリーは、マンスフィールドが社会の変化、経済社会の変化に対応するように、法の原理を導き、変化に適応可能な「法の科学」を構築したことを高く評価する。特に、イングランド法以外のローマ法を参照しつつ、商事法の「啓蒙的で、自由な準則」をコモン・ローに導入したことを評価した。また、ストーリーの、ローマ法それ自体に対する評価も高いものであった[64]。ストーリーは、原理に基礎づけられた科学としてローマ法の完成度を評価し、それに比べて、イングランドの法

---

60) Newmyer, *supra* Introduction note 15, at 246. また、イングランド法におけるマンスフィールドの貢献、意義については、*See generally*, James Oldham, *English Common Law in the Age of Mansfield*, The University of North Carolina Press（2004）.

61) このような、マンスフィールドにおける「原理」の志向と、その意義と限界について、数々の先行研究を踏まえつつ分析したものとして、戒能通弘、前掲註15「近代英米法思想の展開（二）」54-67頁。

62) J. Story, *supra* note 49, at 207. Newmyer, *supra* Introduction note 15, at 247.

63) Story to Asa Aldis, 15 February 1832, cited in Newmyer *supra* Introduction note 15, at 246.

律書は、2,3の例外を除き、実践的な書であり、判例に据えられた原理の収集などは、ほとんど存在していないと認めていた[65]。

　こうした、ストーリーのマンスフィールド受容、コモン・ロー法史に関する「進歩」の像は、ひとつの重要な意味を持つ。それは、ストーリーの述べるコモン・ロー史において、いわゆる「古来の国制」論からの離脱を見ることができるという点である。当時、アメリカにおいても受容されていた、アングロサクソンの「古来の国制」の存在を理想化する「古来の国制」論とは、政治思想史家のポーコックの説明を踏まえれば、イングランドの「島国的確信」に基づきながら、「超記憶的な慣行」(immemorial usage) の優越性を主張する言説であり、ポーコックはこれを「コモン・ロー・マインド」(common law mind) として説明している[66]。アメリカにおいてもこの言説の系譜を確認することが可能で、特に、トマス・ジェファソンは、イングランドのホイッグは古来の権利、サクソン人の自由の回復を求めて戦い、これに対して、ノルマンに依拠したのがトーリーであるとし、イギリスの腐敗の原因は、トーリー主義の蔓延にあるとする[67]。ジェファソンは、アメリカ人の権利に関しては、後ほど詳述するように、サクソン人の自由だけではなく、独立革命後は「人間の権利」、「自然権」に依拠するところが多く、必ずしもアメリカにおいて「古来の国制」論をそのまま受け継いだわけではなかったが、イングランドの歴史観としては、

---

64) J. Story, *supra* note 49, at 205-208. ストーリーが商事法分野などにおいてマンスフィールドや、彼を通じてローマ法の影響を受けたことについては、Newmyer, *supra* Introduction note 15, at 316-332. ストーリーへのローマ法の影響について、Hoeflich, *supra* note 50, at 26-43.

65) Joseph Story, *Commentaries on the Law of Bailments* (1832) at xi .

66) イングランドの「古来の国制」論の政治言説の系譜を辿ったものとして、J. G. A. Pocock, *Ancient Constitution and Feudal Law: A Study of English Historical Thought in the Seventeenth Century*, Cambridge University Press; 2nd edition (1987).

67) ジェファソンのホイッグ史観に基づく、ヒューム、マンスフィールド、ブラックストーン批判については、Julius S. Waterman, Thomas Jefferson and Blackstone's Commentaries, in edited by David H. Flaherty, *Essay in the History of Early American Law*, The University of North Carolina Press (1969) at 464-465.

52　第1章　コモン・ローと「法の科学」

この「古来の国制」論に依拠することも多かった。そして、ジェファソン
は、早くから、現代におけるトーリー主義の思想的首魁をヒュームとし、
法学者としてはマンスフィールドを挙げていた[68]。ジェファソンのヒュ
ーム批判の中心は、ヒュームが著した『イングランド史』が、サクソン人
の自由、「古来の国制」論を掘り崩す、誤った「歴史観」に基づくもので
あるということだった。ヒュームの『イングランド史』においては、イン
グランドにおけるサクソン人の法がいかに不完全であったか、イングラン
ドと較べ大陸のローマ法がいかに整備されたもので、ローマ法の再発見が
ヨーロッパ世界における文明の進歩をいかに促したかが強調されていた。
そして、イングランドの自由の歴史については、絶対王政期より前の貴族
が実力支配する社会から、チューダー王政期に政治的支配・法規範が一元
的に貫徹された「文明化された君主制」が確立され、さらにそれを基盤に
したうえで、名誉革命期に政治権力そのものが制度化され制限されたとい
う三段階の発展図式が描かれていた。これは、「古来の国制」論とは真っ
向から対立する歴史像であり、「古来の国制」論に対する論駁を行ってい
た[69]。そして、一度絶対君主制を経たことにより、法に規則性（regular）
がもたらされ、「サクソン人の自由」には存在していなかった安定性・画
一性がもたらされたとし、ヒュームはブリテンの国制の現状について、統
治の規則性と政治社会の安定性を重視し、国制論的な自由に対して君主制

---

68)　Waterman, *Id.* at 466-470. ジェファソンのヒュームに対する警戒の背景について
は、Douglas L. Wilson, Jefferson vs. Hume, *The William and Mary Quarterly* 46
（1989）at 49-70.

69)　David Hume, *The History of England*, Vol. 1-6（1778）, edition used: *The
History of England from the Invasion of Julius Caesar to the Revolution in 1688*,
Vol. 1-6, Liberty Fund（1983）. また、ヒュームの『イングランド史』の概説とし
ては、池田和央・犬塚元・壽里竜訳「ヒューム『イングランド史』抄訳(1)第23章
末尾小括」『関西大学経済論集』54（2004）293-314頁。ヒュームの『イングランド
史』における目的は、「古来の国制」論を打破することにあったとする分析につい
ては、ダンカン・フォーブズ著、田中秀夫監訳『ヒュームの哲学的政治学』（昭和
堂　2011）319-420頁、Duncan Forbes, *Hume's Philosophical Politics*, Cambridge
University Press（1975）Chapter 8.

的な権力下での「法学的自由」を評価する[70]。すなわち、ヒュームの『イングランド史』の目的とは、名誉革命が確立した自由の核心は、「古来の国制」論が描くような、歴史を貫いて成長してきた自由の理念一般ではなく、regular government が担い、これによって近代的な自由と、法の支配が確立したことを論証することにあったとされる[71]。これは、法が、封建制の時代から進歩を遂げ、原理や論拠に基づき、一般性を獲得し、商業が発展する文明社会に適応できるようになったとする、進歩を重視するストーリーのコモン・ロー史像と一致していた。

　また、ローマ法を高く評価する法史像は、ストーリーが合衆国憲法の注釈を行う際にその理論的な基礎として負うところの大きかったエドマンド・バークにも共有されており[72]、ヒュームの描く「イングランド史」とその点においても親和的であった。

　また、ストーリーは、大統領であったジョン・クインジー・アダムズ（John Quincy Adams）との書簡のやり取りにおいて、アダムズから、ストーリーがマンスフィールドを称賛することについて質問を受けている。アダムズは、マンスフィールドがスコットランドのジャコバイトの流れにある者で、ロバート・フィルマーのような専制主義者と親和的な関係にあることを指摘する。さらに、アダムズは、マンスフィールドがもたらしたコモン・ローの革新、特に、ローマ法の導入による商事法の革新を認め、確かにローマ法は商業帝国の法であり、商事法においてすぐれた側面を有しているが、ローマ法はヘイビアス・コーパスや陪審などの原理を有するコモン・ローと異なり、「法の拘束から自由な元首」（imperator augustus legibus solutus）という原理を含んでおり、そのようなローマ法をコモン・

70）森直人『ヒュームにおける正義と統治─文明社会の両義性』（創文社　2010）第2部第6章　「自由から権力へ─国内政治に関する統治の論理の展開」参照。

71）森直人　前掲書　267頁。

72）ポーコックが描くような「古来の国制」論者としての側面のみならず、バークがコモン・ローにおけるローマ法の導入を評価するなど、コモン・ローの改革を志向していた点を指摘したものとして、角田俊男「コモン・ローと東インド会社総督ヘースティングズ弾劾」『成城大學經濟研究』159（2003）311-348頁。

ローに導入することは危険であり、ローマ法を基礎にするマンスフィールドを警戒すべきとの指摘をする。これに対して、ストーリーは、アダムズのマンスフィールド評価と異なり、自分はマンスフィールドの法的な業績を高く評価する旨の応答を簡単に行うのみであった[73]。

　以上のように、ストーリーの法史像も、ヒュームの『イングランド史』と軌を一にするように、「古来の国制」論の図式と異なり、コモン・ローがローマ法や商事法の影響を受け、「進歩」を遂げているものとしている点において、「古来の国制」論との距離が明確に存在し、法的な正当化のロジックが、超記憶的な「過去」から「新しい社会」への適応に移っていく契機を見ることができる。

　そして、ここで注意を要するのが、ストーリーが「法の科学」において、「科学」と述べる時、原理や一般性が重視されながらも、それが実践科学的な「適応の科学」であったということである。ストーリーは、「法の科学」に基づく体系化を進めるにあたって、それが抽象的な哲学となることを厳しく戒める。コモン・ローは、「その性質、対象から、最も厳しく、厳格な論理を用い、技巧的で道徳的で、なしうる限り演繹に近い論証方法の精緻さを持った、精密でシンプルな推論を用いて原理を徹底させる」が、コモン・ローの力やその本質は、「常識」に基づくことであり、「過度の形而上学へと向かう傾向に力強く抵抗し」、「その傾向への信奉者たちを真の論理、人間生活の現実的な関心に原理を適切に適用させるように引き戻すのである」。こうして、コモン・ローは、「人々のビジネスや権利、相続を扱うのであって、抽象的存在や観念を扱うのではない」[74]。

　そして、このような「法の科学」が戒める理論の過剰は、法典化との関係でも考察される。法に関する様々な資料が増大する時代では、法の正確な原理をテキストに収斂させることにより、実定的で権威的なテキストにおいて、法律家や政治家、個々の市民を導くために最も重要なルールを提

---

73) William Wetmore Story, *Life and Letters of Joseph Story*, Vol. 2 (1851) at 9-23.
74) J. Story, *supra* note 56, at 508-510.

示することが可能になるとして、一般的な法典が有用であることを認めつつも、法典によってあらゆる将来の人間の問題が規定されうると信じるような「哲学的法学者」（philosophical jurists）が陥る理論過剰となることを戒める。法典化は、あくまで、これまでの過去を秩序化し、安定性をもたらすことをもって足りるとするのである[75]。

　以上のように、ストーリーの「法の科学」においては、理論過剰を戒めつつ、他方でコモン・ローのカオスから合理的な秩序を引き出し、実践的な科学であるべきとしたのであった[76]。だが、アメリカ法、アメリカのコモン・ローの形成にとってより重要な要素として、ストーリーの「法の科学」は、「古来の国制」論との距離など、アメリカのコモン・ローが、古くからのイングランド・コモン・ローの正当化のロジックから離脱していく契機も有していた。そして、この「法の科学」の確立と教授こそ、ローカルで徒弟的な法曹養成に代わって、アメリカの「国家的」な法曹養成機関として、ハーヴァード・ロースクールが担うべきものとしたのであった。

3　小括

　ストーリーは、「法の科学」を構築しようとしたが、そこでは、アメリカ法における地域性は、一般原理の「科学的」な探究を通じて緩和され、科学的な探究は、正確さや恒久性を達成する諸原理の消化、吸収によってなされるものと想定されていた[77]。そして、コモン・ローに基づく方法論が「科学的」と理解されたのであった[78]。また、ブラックストーンの「法の科学」が、土地貴族の支配を前提としたコモン・ローの枠組み、訴訟方式を超えることができなかったとすれば、ストーリーの「法の科学」

75）J. Story, *supra* note 49, at 237-238.

76）*Id.* at 285.

77）White, *supra* Introduction note 18, at 150.

78）*Ibid.*

は、商事法を吸収し、新しい商業社会に適応することが企図されていた。さらに、「法の科学」を通じて、コモン・ローは、連邦全体をカヴァーするアメリカ法そのもの、あるいは、一般法理の位置まで高められ[79]、まだ草創期にあった憲法解釈そのものを基礎づける位置にあった。そこでは、土地をベースにした法から、領域を超えた、商業の法への志向を見ることができる。そして、そのような中で、ストーリー及び彼の『アメリカ合衆国憲法釈義』においても、憲法解釈の方法とコモン・ロー解釈の方法の概念的な区別はつけられず、憲法とコモン・ローがブレンドされることになったのである[80]。以上を前提に、ストーリーの憲法論において、コモン・ロー、そして彼の「法の科学」が、いかに影響していたのか、そして、そうした「法の科学」と合衆国憲法解釈の背景にいかなる政治経済思想的なフレームワークが存在していたのかを検討し、ストーリーの憲法論の核心に迫ることにする。

---

79) *Id.* at 154-155.
80) *Id.* at 118.

第2章

憲法と憲法解釈の基礎
—ストーリーの『アメリカ合衆国憲法釈義』

　ストーリーの連邦憲法に対する注釈書として名高く、19世紀全般を通じて、『ザ・フェデラリスト』と並んで強い影響力を有したのが『アメリカ合衆国憲法釈義』である。同書は、1833年の出版から1860年までの間に記録されているだけで、連邦裁判所全体では42回引用され、原告側、被告側の主張においてはその数を遥かに超える回数で引用されていた[1]。同書は、ケントの『アメリカ法釈義』と並び、司法実務においても法曹養成のテキストとしても、1891年まで版を変えて出版され続けるなど、19世紀を通じて大きな影響力を有していた。

　『合衆国憲法釈義』は、植民地時代のコモン・ロー継受のあり方が論じられた第1巻（Book Ⅰ）、アメリカ独立革命から合衆国憲法制定までの連合政府の起源と性質が論じられた第2巻（Book Ⅱ）、そして合衆国憲法の制定の経緯、憲法解釈権、憲法解釈の方法、憲法の各規定の注釈がなされる第3巻（Book Ⅲ）から成り立っている。そのうち、ストーリーにおいて、コモン・ロー継受の考えがいかなるもので、また、それが、どのように合衆国憲法及び憲法一般に影響しているのかを示すのは、第1巻第16章及び第17章の「植民地についての概観」（General Review of Colonies）、第3巻第3章の「憲法の性質—それは契約かどうか」（Nature of the Constitution）、第4章の「憲法的紛争における最終的な判断者、解釈者は誰か」（Who is the Final Judge or Interpreter in Constitutional Controversies）、第5章の「憲

1）ストーリーの『合衆国憲法釈義』のアメリカ法への影響については、Elizabeth Kelley Bauer, *Commentaries on the Constitution 1790-1860*, Russell and Russell (1965) at 352-353.

法解釈のルール」（Rules of Interpretation of the Constitution）である。以下では、まず、上記の各章を検討し、コモン・ロー継受と憲法解釈の相互連関、そして、ストーリーの憲法解釈や理論の背景にある政治経済思想について分析する。

ストーリーの『合衆国憲法釈義』は、憲法起草者たちが執筆した『ザ・フェデラリスト』や、マーシャル・コート期の重要判例、ブラックストーンのようなイングランドの法律家、さらに、バークやヒュームのような思想家の引用があり、それらを用いて、その記述や憲法論の枠組みを構成している。以下では、ストーリーの憲法理論や憲法解釈との関係などを検討する。

1　植民地時代からのコモン・ロー継受のあり方

ストーリーは、まず、第1巻第16章及び第17章の「植民地についての概観」（General Review of Colonies）において、植民地時代での法運用、コモン・ローの継受のあり方を論じる。ここで、ストーリーは、ブラックストーンが植民地におけるコモン・ロー継受を論じた箇所を検討している。

ブラックストーンは、『イングランド法釈義』において、英国の臣民によって、誰も住んでいない国が発見され、移住された際には、イギリスの法がすぐにその地で効力を有すると指摘する。なぜならば、イギリスの法が、英国の臣民の生まれながらの権利であり、それが、その臣民と共に、新天地にもたらされるからである[2]。ストーリーは、これに留保をつける。植民地の事情、状況により、そのままイギリス法を適用すると現地の発展を妨げる場合があり、植民地の政治その他の状況に矛盾しないことが必要であるとする。

さらに、ブラックストーンは、征服地、割譲地については、国王によっ

2）Joseph Story, *Commentaries on the Constitution of the United States*, Vol. 1, Hilliard, Gray, and Company（1833）§ 147, 148.

て植民地の古い法が廃棄され、新しい法が作られるまで植民地の法が存続するとし、その際にも国王の権力は無制限ではなく、国王が植民地で作る法も国会の権威に従属し、かつ、宗教や原理に反することも許されないとする[3]。

そのうえで、ブラックストーンは、アメリカ植民地は、既に原住民が存在していたことから、割譲地、征服地として位置付ける[4]。これに対して、ストーリーは、アメリカ植民地の原住民（Indians）をブラックストーンの言う被征服者にあたらないとする。イングランドはアメリカを征服したのではなく、「発見」したのであり、また仮に征服であるとしても、原住民たちは、独自の法、組織された政府を持たないため、被征服者とは見なされないとするのである。その結果、植民地アメリカでは、イギリス人の入植以前に法が存在していないことになり、たとえアメリカ植民地の成立が征服によるものであっても、英国の法が適用されると論じる[5]。こうして、ストーリーは、イギリス人が入植する前の原住民（Indians）を不可視化することによって、植民地におけるイングランドのコモン・ロー継受の論理を構築する。植民地に存在していた様々なチャーターにおいても、植民地人たちが生来的な英国王の臣民として、イギリス人としての権利を有していると宣言していることも、コモン・ロー継受の証拠として説明される[6]。

さらに、ストーリーは、これを述べる脚注部分で、こういった植民地時代以来のイングランドのコモン・ローの権利と、抽象的な「人間の権利」の区別の必要性を力説する。彼は、1774年の大陸会議での決議や、司法での実務慣行を参照しつつ、植民地人の権利とは、トマス・ジェファソンが主張するような、抽象的な「人間の権利」ではなく、「イングランドの領域内で生まれた臣民の権利、自由、免除」であるとする。そして、このよ

3）*Id.* §150.
4）*Id.* §151.
5）*Id.* §152-155.
6）*Id.* §156.

うな植民地時代以来のコモン・ロー継受を総括し、

「我々は、コモン・ローが最初に植民地に導入された態様をはっきり見てきた。また、植民地の慣行や法の中に見出されるコモン・ローに対する例外[7] の真の理由も見てきた。そういったコモン・ローに対する例外は、最大限の領域において、本来的で普遍的な義務（obligation）の性質を有するものとして導入されたわけではなく、コモン・ローそれ自体の中にある限界であり、また諸国民の法を形成しながら、植民地での定住の際の個々のチャーターにおいてしっかりと定着し、承認されてきたものである。」[8]

とし、植民地でのコモン・ローの例外となる規定も、コモン・ローそのものを前提としたものであることを確認する。そして、

「こうして限定され、範囲を区切られながらも、それ（コモン・ロー）は、我々の政治的、市民的権利の守り手となり、我々の幼い自由を守る。それは、我々の成熟を見守り、我々の欲求と共に拡大し、独立の精神を育て、恣意的な権力の最初の一手を抑制する。それは、政治的存在を脅かす困難や危険の真っただ中において、我々が勝利するのを可能にする。」

とし、市民的権利、自由といった憲法原理もコモン・ローを基礎にすることが確認される。さらに、その脚注部分で、その後の合衆国憲法の基礎としてコモン・ローが存在するという論点を先取りするように、そういったコモン・ローが州の基礎なのか、それとも合衆国レベルで適用可能かどうかに関する問題を論じ、「（もし合衆国レベルにおいてコモン・ローが適用されないならば）その結果として、合衆国の裁判所や政府のためのいかなる

7）植民地においてコモン・ローが適応されない例外的な場合のことを指している。
8）Story, *supra* note 2, §156.

導き、ルールも存在しないことになるだろう」とし、アメリカ法の基礎として コモン・ローが存在し、それ故に合衆国憲法の基礎になることを示唆する。

2 合衆国憲法と社会契約理論—憲法の性質は何か

　第3巻第3章の「憲法の性質—それは契約かどうか」（Nature of the Constitution）では、合衆国憲法の性質が何であるか、それが社会契約であるのか、その内容はいかなるものであるのかが論じられている。

　ここで、ストーリーが主要な論敵とするのがジョージ・タッカーである。まず彼は、タッカーによる合衆国憲法の定義である、

> 「合衆国憲法とは、原始契約（original compact）であり、成文の契約であり、連邦契約であり、自由で自発的にかつ厳粛に諸州によって締結され、その後、それぞれの人民によって批准された社会契約（social compact）である。」

という言葉を取り上げ、それに対する批判を加える。原始契約、成文契約、連邦契約、そして、社会契約というタッカーの合衆国憲法論を分析した後、ストーリーは、タッカーの合衆国憲法論の核には、合衆国憲法を州による契約（compact）とする発想があり、その発想に基づけば、個々の州が、連邦政府や他州の解釈によって全く拘束されずに、合衆国憲法の性質、範囲、義務に関して、独力で判断する権利を有することになり、連邦は解体に向かう帰結になるとする[9]。そして、ストーリーは、ヒュームの社会契約論批判を参照しながら、社会契約理論そのものに批判を加えつつ、このような合衆国憲法論は、制憲者の意図するものではないとし、合衆国憲法を社会契約とする見解、また、社会契約論そのものを批判する。

---

9) Story, *supra* note 2, §321.

ストーリーは、社会契約を現実に適用するには、多くの限定を付する必要があるとする。例えば、州憲法の制定でさえも、その領域内のすべての人民の同意によってなされたわけではなく、その同意すら、選挙権という形で制限されたものであったとする。また、社会契約の原理では、マジョリティがマイノリティを統治する権利を有し、前者の意思に後者を服属させるおそれが生じる。さらに、ヒュームの社会契約論批判を引用しつつ、人民全体が社会契約を行ったという事実は存在しておらず、暗黙であれ、明白であれ、同意なしに政府が形成されたのが事実であるとする。社会契約理論の下では、いったん設立された政府は、投票権者のシンプルな多数意思に権威と存在を負うことになり、この多数派が少数者の権利を侵害することがしばしば起こるとされる[10]。

ストーリーによれば、社会契約を通常の契約などのアナロジーであると考え、その理論と個人間の契約、国家間の条約を結びつけるのは誤りで、仮に合衆国憲法が契約であるとすれば、契約当事者の意図、目的に従ってそれらを解釈することが必要になるが、それらが形成された明白な目的を覆さないように、あるいは、それらを作った人々の明白な意図から外れないように解釈されなければならない[11]。さらに、政府の設立が個々の市民や共同体全体の原始契約（original compact）、契約（contract）であると認めながら、それが成立した後も、その文書に対して（変更の）資格や権利を有する当事者が存在するように契約が継続するものとして解釈することはできるのか、社会契約の主体が人民であるとしても、人民は憲法制定後に自由に政府を解体することができると、憲法制定時の人民が考えていたのか疑問であるとし、憲法制定後にそれを社会契約と読み込むことは不可能であると論じる[12]。

もし、政府によって人民に対する抑圧や侵害行為がなされた場合、合衆国憲法においては、武力によるのではなく、苦痛の是正、憲法上の義務の

---

10) *Id.* § 327–328.
11) *Id.* § 331.
12) *Id.* § 332–331.

履行を求める訴訟によって救済されることが想定されているのであり、権利侵害に対する憲法の保護は、社会契約の観念に基づく団体（body politic）への反抗ではなく、訴訟によることが強調される[13]。

では、ストーリーは、憲法をどのような性質のものとするのか。ストーリーは、ブラックストーンを引用しつつ、憲法を「根本法」（fundamental law）と位置づけ、統治の基礎となるものであるとし、州憲法、合衆国憲法ともに、以下のような法の定義の枠内に収まるものであるとする。

「それ（憲法）とは、国家の最高権力によって規定された行為の準則であり、共同体全体の権利や義務を整えるものである。それは、一時的あるいは突発的な命令と対比される「ルール」（rule）であり、恒久的、画一的、普遍的なものである。それはまた、compact あるいは agreement と区別される、ルールと呼ばれるものである。というのは、契約とは我々より生じ進行していく約束であるのに対し、法は我々に対して向けられる命令だからである。「契約においては、我々は、ある行動をすることを強いられる前に、自らなすべきことを決定し、約束する。法においては、決定や約束がまったくなくとも、我々は行動するように強いられる」（ブラックストーン）。すなわち、それ（憲法）は、規定され、公布され、制定されたものである。それは、国家の最高権力、すなわち、とりわけ、人民によって、あるいは、独自の主権的権力における人民の多数派によって規定されている。通常の国内法（municipal law）と同様に、それは、我々あるいは我々の代表者の同意に基づいているかもしれないが、契約ではなく、法として、究極的な強制力を導いているのである。」[14]

さらに、1688年の名誉革命を社会契約のモデルとして合衆国憲法制定を

---

13) *Id.* § 334.
14) *Id.* § 339.

64 第2章 憲法と憲法解釈の基礎─ストーリーの『アメリカ合衆国憲法釈義』

社会契約とする考えを批判の対象とする。ストーリーは、名誉革命におい
ては、社会の解体など主張されておらず、それは、国王ジェームズ2世に
対する忠誠を放棄したに過ぎないものであるとする[15]。そして、「憲法と
は、それが憲法となった瞬間から、契約ではなくなり」、最高権力によっ
て変更されるまで、「絶対的で、恒久的な義務を課す性質を帯びた根本法
となる」とされる。

　続いて、合衆国憲法の性質に関して、confederation と constitution を区
別する重要性を指摘し、合衆国憲法の前文は、明確に constitution という
用語を採用しているのであって、これは、Martin v. Hunter's Lessee 事
件[16] など、法実務においても既に定着しているものと論じる。こうして、
理論の上でも、実務の上でも、合衆国憲法が契約ではなく、根本「法」と
して、司法解釈の対象となるものとされるのである[17]。

　次に、ストーリーは、合衆国憲法の制定主体を州とする考え方を批判の
対象として、"We the people" という文言が示すように、個々の州や州民
が合衆国憲法を制定したのではなく、合衆国人民全体が憲法を創出したも
のとし、それは、合衆国憲法の起草者の意図を示す『ザ・フェデラリス
ト』においても確認されるものとし、さらに、主要な起草者の一人であっ
た、ジェイムズ・マディソン（James Madison）においてもその意図は一
貫していた。ジェイムズ・マディソンは、1798年前後を境に、一見すると、
合衆国憲法について連邦の権限を広く考える立場から、州主権的な立場に
変化したと考えられ、その証拠が、1798年の Sedition Act（治安法、扇動
法）に反対して提出された、「ヴァージニア決議」[18] とされている。スト

15）*Id.* § 346.

16）Martin v. Hunter's Lessee, 14 U.S. 304（1816）. この事件では、連邦最高裁の法
　廷意見においてストーリー裁判官は、合衆国憲法第6編の最高法規条項の規定、合
　衆国憲法が州の偏見や利害によって通常の司法運営が阻害される可能性を意識して
　制定されていること、諸州の裁判所で連邦法に対して異なる解釈を施す可能性があ
　ることから、このような場合には、合衆国全体で連邦法の解釈を統一する必要性が
　あるとし、裁判所法第25条を合憲とした。

17）Story, *supra* note 2, § 352-353.

ーリーによれば、確かに、ヴァージニア決議においては、合衆国憲法の契約主体は州であったが、それはヴァージニア州の立法府で決議されたものであって、マディソン本人の書いたヴァージニア・レポート[19]では、州（state）という用語が様々な意味で使われているのを見てとることが可能である。マディソンは、その用語を、最も高次の主権的な権能を有し、政治社会を構成する people を意味するために用いていることを認めており、people の意味において憲法は"states"に服従し、かかる意味において"states"が憲法を批准しているのであって、マディソンは、その意味の限りで state を合衆国憲法の契約主体と考えているものとする[20]。

　もっとも、ストーリーは、急進的な州権論と較べ、穏健なマディソンの合衆国憲法論についても、憲法の文言に根拠があるものではないとする。その上で、ジョン・マーシャル（John Marshall）首席裁判官の下で判決が下された、マッカラック対メリーランド事件[21]を引用しつつ、機関に過ぎない、いかなる州も新しい政府を設立する契約主体となる権限を有しておらず、そのような権限は州憲法のどこにも規定されておらず、人民のみが政府の形式を変え、契約に入り、主権を国家的政府に移す権利を有するとする。こうして、合衆国憲法は人民の多数派や州によってではなく、「人民全体」によって作られたものであるとの論理を憲法の文言解釈から主張する。そして、ここでも繰り返し、憲法は人民の自発的な同意、あるいは契約であるかもしれないとしても、憲法は制定後、根本法となるので

---

18) Virginia Resolutions against Alien and Sedition Act（1798）in edited by Jack N. Rakove, *James Madison: Writings*, Library of America（1999）at 598-599.

19) James Madison, Report on Alien and Sedition Act（1800）*Id.* at 608-662.

20) Story, *supra* note 2, § 361.

21) McCulloch v. Maryland, 17 U.S. 316（1819）. この事件では、合衆国銀行の設立の根拠となった合衆国銀行設置法を連邦議会が制定する権限があるのか、その権限があるとして、メリーランド州は第二合衆国銀行に課税できるのかが争点となった。ジョン・マーシャル首席裁判官による法廷意見は、合衆国憲法第1編第8節第18項の、いわゆる「必要かつ適切」条項に基づき、第二合衆国銀行の設立を認め、同条項に基づく連邦政府の裁量を広く認めた。そして、合衆国憲法の最高法規条項（第6編第2節）により、かかるメリーランド州法を違憲とした。

あって、それ以後は、憲法の条文解釈から出発せねばならず、平明で、人々に共有されている意味に基づいた、司法による文言解釈こそが重要であると力説する[22]。そこで、"We the people" という合衆国憲法の文言から、州が契約主体とはなりえないとの論拠が示されることになる。

　続けて、ストーリーは、憲法の文言に照らして、合衆国憲法を社会契約と捉えて、契約主体を州とすることはできないとの指摘に加えて、具体的な弊害として、憲法で定められた権限や、目的を損ない、破壊するおそれがあること、個々の州が契約主体となることによって、単一の州が思うままに合衆国憲法を覆すおそれがあることを指摘する。この結果、合衆国憲法を解釈する際に、統一的な解釈を提示し、合衆国憲法を維持していく共通の判断権者（umpire）、共通の仲裁者（arbiter）が存在しなくなり、連邦体制そのものが危機に瀕すると指摘する[23]。

　最後に、ストーリーは、この第3章を終えるにあたって、憲法に規定された権限や義務を解釈する際には、理論（theory）に基づく「人工的な理由づけ」（artificial reasoning）ではなく、憲法それ自体の文言に深い注意を払い、調査することが必要で、「統治の憲法」（a constitution of government）として、合衆国憲法を扱わねばならないとし、憲法を契約（compact）として用いることは、誤った解釈を導くものとする[24]。

　このように、ストーリーは、憲法解釈を「理論」に基づかせることを否定し、憲法の文言に忠実であることを主張し、そこから、「我ら人民」（We the people）という文言を手掛かりに、合衆国の人民全体が合衆国憲法を創出したものとし、州主権を否定するロジックを構築したのであった。このようなロジックは、第3巻第4章において展開される、憲法の最終解釈権の所在についても影響を及ぼすことになる。

---

22) Story, *supra* note 2, § 365.
23) *Id.* § 370.
24) *Id.* § 372.

3 憲法的紛争における最終的な判断者、解釈者は誰か

この第3巻第4章「憲法的紛争における最終的な判断者、解釈者は誰か」（Who is the Final Judge or Interpreter in Constitutional Controversies）では、憲法問題に関して、合衆国憲法の最終解釈権の所在はどこにあるのかが論じられる。まず、ストーリーは、この問題を考える上で、合衆国憲法の条文上、司法に憲法解釈権が存在することは当然であるとして、問題は、その解釈が政府の他の部門や諸州を拘束するかどうかであるとする。

ストーリーは、まず、司法部が有する性質から、前章で位置づけたように、「法」たる憲法を解釈する権限を裁判所に帰属させるのが適しているとのロジックを展開する。

「我々の統治（government）は、人の統治ではなく、法の統治であって、コモン・ローにおいてよく知られた手段による、最高位の裁判所の判断は、法の解釈を確立するものと考えられており、その裁判所の前に紛争が持って来られる。裁判は、単独で考慮され、解決されるものではなく、その判断の原理は、先例や権威として維持され、同じ性質を持った将来の事件を拘束する。これが、我々の法理（jurisprudence）の全体的な体系の下での継続的な実践（practice）である。我々の祖先は、最初に移住した際に、それを持ってきたのであって、それは、我々の権利、自由、財産の偉大な防御として現在考えられており、これまでもそうであった。我々の法が適切に安定し、恒久的な原理に依拠し、特定の裁判官のきまぐれや意思に依拠しなかったのは、この理由のためである。既に存在している定着した原理を参照することなく、あらゆる以前のルールや判断を無視する自由があるとするものほど、アメリカの裁判所によって広められる不安な教説（doctrine）は存在しない。」[25]

---

25) *Id.* § 377.

「このよく知られた手続き、この定着した思考の習慣、司法的裁定の決定的な効果は、憲法の起草者たちの視界に完全に入っていたものである。それは、連邦（Union）のあらゆる州において要求され、実行されている。そして、それから離れることは、圧政や恣意的な権力に近付くこととなり、（司法は）単なる恣意の行使となり、司法的権威へのあらゆる正当なチェックの放棄となる。そして、人民が、連邦最高裁の判断に関して、新しいルールを導入することを意図し、コモン・ローにおいてまったく知られていない様式で、また、我々の既存の法理にもまったく知られていない様式で、連邦最高裁の判断の性質や作用を限定しようとすることを意図するならば、その意図の兆候が憲法の表面に一見して明らかではないことを想定することは不可能なように思われる。（合衆国憲法第4編において）合衆国憲法は、個々の州の司法手続きを個々の州に与えている。しかし、合衆国裁判所の判断に関しては、同様な規定は無い。その理由は、合衆国裁判所は、すべての州を通じて、恒久的で、絶対的な義務を課する性質を有していると明らかに想定されているからである。憲法問題に関する連邦最高裁の判断は、市民全体に決定的で、拘束的であるが、等しく州に対しても決定的であってはいけないのか？　もし、州がその文書（合衆国憲法）の当事者であるとすれば、州の人民はその当事者ではないのか？」[26]

　ストーリーは、この部分で、第3巻第2章から展開してきた、植民地以来のコモン・ローの定着を根拠に、アメリカの司法の実践には、連邦と州のいずれにおいてもコモン・ローが存在しており、それ抜きに司法の営みは考えられないということを述べ、コモン・ローにおける原理や先例の尊重こそが、司法が恣意的な判断に陥ることを防いでいると述べる。そして、そういった司法の運営、法の解釈、憲法判断の際のルールに関しては、人民、すなわち政治的な力によって主導され、コモン・ローとは異なる原理

---

26) *Id.* § 378.

が導入されるのは想定し難いと主張するのである。こうして、コモン・ローと法的な営為そのものを結びつけ、社会契約という政治理論から憲法解釈を隔離し、憲法解釈を法解釈の範囲内に置こうとする。

　続けて、連邦最高裁の憲法解釈が、「政府の他の部門との関係で強制力を有し、最終的である」ことは、連邦政府の他の部門との関係のみに限られるのか、それとも州に対しても拘束力を有するのか、という問いに答えようとする[27]。ストーリーは、もし、連邦最高裁の判断が、連邦政府の他の部門のみを拘束するのに限られるとすると、州間で合衆国憲法の解釈が分かれた場合、それを統一する判断権者の存在を欠くことになるという弊害を指摘する。さらに、ここでも、合衆国人民が憲法を創設したという論拠から、人民全体の一部である、個々の州を拘束していくものであって、その拘束力が個々の州の意見に依拠するものではないとの結論を導き、合衆国憲法の最高法としての性質からも、憲法の拘束力が人民のみならず、州にも及ぶものであるとする[28]。また、合衆国憲法が、最高法、根本法であるという性質を有することから、解釈の画一性、安定性が求められ、この画一性を達成するためにも、連邦の諸部門のみならず、州をも拘束すべきとの論拠が導き出される[29]。

　さらに、ストーリーは、以上のような司法のあり方は、州レベルにおいて、州の司法部が州憲法に関する最終解釈権を有しており、州の人民は、州における権利や自由の束として、司法への訴えに依拠している現状があるとする。そして、これは、コモン・ローの全体的な構造と完全に一致しており、この状況の下では、同じルールが合衆国憲法に適用されることが意図されていたと想定すること、合衆国の司法部門は実際に同種の権限を有しており、また、同じような目的を有し、同じような普遍的で決定的な効果を持つと考えるのは自然なことではないのか、と主張する[30]。

---

27) *Id.* § 381.
28) *Id.* § 382-383.
29) *Id.* § 384.
30) *Id.* § 386.

こうして、憲法の文言や、アメリカにおいて知られている（コモン・ローの）法理から推論し、適切な結論として、憲法に関する司法的な性質を有するすべての問題については、連邦最高裁が最終的な解釈者であり、この推論は、過去の歴史、現在の実務のあり方からも根拠づけられ、また、この見解は、制憲者の意図にも合致しているとする[31]。

4　合衆国憲法の解釈のルールとは？

第3巻第5章「憲法解釈のルール」（Rules of Interpretation of the Constitution）において、具体的な憲法解釈の方法が論じられる。ここでは、これまでのコモン・ロー継受論、憲法論が具体的にいかなる憲法解釈を導くことになるのか展開されている。

ストーリーは現状の問題点として、憲法解釈が画一的なルールを欠き、その結果、

「その時代の情念（passions）、偏見（prejudice）、あるいは、特定の好み（favor）や憎しみ（odium）が頻繁に議論の様式を提供し、憲法を無力にし、その生命を奪っている」[32]

とする。

この情念（passions）という言葉は、単なる修辞ではなく、18世紀から19世紀のヨーロッパ及びアメリカの政治思想において、重要な意味を有している。

例えば、合衆国憲法起草者の一人であるマディソンは、合衆国憲法制定の意義を説いたパンフレットである『ザ・フェデラリスト』[33]の主要執筆者でもあったが、特に、その第51篇「抑制均衡の理論」によって明らかに

---

31) *Id.* § 387.
32) *Id.* § 398.

したように、政府が人民に依存することになる政体においては、野心、利害心といった「情念」によって支配され、共和国が破壊される危険を指摘していた。こういった危険に対して、政府の諸部門を均衡させるだけでなく、連邦制によって抑制と均衡を保ち、利害や野心といった「情念」を穏当な形で相互に均衡させることにより、共和国の維持を図ることを目指したとされる。こういったシステムにうってつけであったのがアメリカ合衆国の連邦制である。そして、共和政体が野心、利害といった情念によって滅亡するという、共和主義思想に絶えずつきまとっていた危機感を払拭し、共和国の崩壊を回避できる可能性がアメリカ合衆国には存在するとマディソンが思い至るヒントとなったのが、ヒュームの『完全な共和国について』であったとされる[34]。政治を「理性」ではなく「情念」の支配する領域と捉え、それをどのように制御するかという課題は、アルバート・ハーシュマンが明らかにしたように[35]、ヒューム、スコットランド啓蒙思想からモンテスキューへと遡る、社会契約論の系譜とは別の重要な政治思想的流れであった。この政治思想の流れについては、マディソンの統治の思想に関して、『ザ・フェデラリスト』第10篇の解釈をめぐり、利益多元主義政治学の起源として、あるいは、共和主義との関係、さらに、スコットランド啓蒙思想の反映としてなど、様々な角度から研究されており、公平無私の有徳者の「徳」に代わり、制度を重視し、公平無私の「制度化」を図ったという指摘がある[36]。そして、ヒュームにおいても、共和主義的な側面と、スコットランド啓蒙思想家としての側面が入り組んでいるとする見解もある[37]。また、共和主義においても、政体によって腐敗を防

---

33) *The Federalist*, Wesleyan University Press（1982）. アレグザンダ・ハミルトン・ジョン・ジェイ・ジェイムズ・マディソン著、齋藤眞・武則忠見訳『ザ・フェデラリスト（新装版）』（福村出版　1998）.

34) David Hume, *Idea of Perfect Commonwealth, Essays, Moral, Political, and Literary*（1752）.

35) Albert O. Hirschman, *The Passions and the Interest: Political Argumens for Capitalism before Its Triumph*, Princeton University Press（1977）. アルバート・O. ハーシュマン著、佐々木毅・旦祐介訳『情念の政治経済学』（法政大学出版局　1985）。

ごうとする「法の支配」の側面と、財産と教養を有する市民の「徳」を重視する側面があり[38]、それぞれが複雑に入り組んでいるとされるが、ヒュームは、近代社会、近代的な市場経済において、市民の「徳」によって統治や政治的安定性が得られることには悲観的であったとされている[39]。一方、『ザ・フェデラリスト』においても、利益や情念をコントロールするスコットランド啓蒙思想または、政体論としての共和主義に近い位置にあったと考えられよう。

　ストーリーの見解もこのような多面性を有し、彼の様々な言説からは、政治主体の「有徳さ」（virtuous）の重要性を評価する共和主義の側面を有することが窺える。例えば、『合衆国憲法釈義』の結論部分において、「共

---

36) 利益多元主義としてのマディソンに焦点を当てた古典的研究として、Robert Dahl, *A Preface to Democratic Theory*, The Chicago University of Chicago Press (1956). また、マディソンの共和主義的な側面を強調したものとして、ゴードン・ウッド著、中野勝郎訳「徳の喪失と私益の台頭」小川晃一・片山厚編『アメリカ憲法の神話と現実』（木鐸社　1989）。マディソンのスコットランド啓蒙思想との関係を強調するものとして、Douglass Adair, *Fame and the Founding Fathers: Essays by Douglass Adair*, edited by Trevor Collbourn, W. W. Norton & Co (1974).『ザ・フェデラリスト』を含む、アメリカ建国から憲法制定までの思想的影響について、自由主義、共和主義、スコットランド啓蒙思想それぞれを強調する研究を紹介するものとして、Alan Gibson, *Interpreting the Founding: Guide to the Enduring Debates over the Origins and Foundations of The American Republic*, University Press of Kansas (2010). また、『ザ・フェデラリスト』第10篇におけるマディソンの構想を公平無私の制度化と見る見解については、Alan Gibson, Madion's Republican Remedy: The Tenth Federalist and Creation of a Impartial Republic, in edited by Jack N. Rakove and Colleen A. Sheehan, *The Cambridge Companion to The Federalist*, Cambridge University Press (2020).

37) ヒュームを、政体による自由の保障、「法の支配」を重視する共和主義の系譜にある者と捉えるのが、犬塚元『デイヴィッド・ヒュームの政治学』（東京大学出版会　2004）。また、ヒュームの共和主義の側面を重視しながらも、アダム・スミスらスコットランド啓蒙思想家らとともに、近代的な市場経済社会、民主主義社会に直面し、その課題に答えようとした、「文明社会」の思想家として捉えるのが、坂本達哉『ヒュームの文明社会─勤労・知識・自由』（創文社　1995）、同『ヒューム　希望の懐疑主義』（慶應義塾大学出版会　2011）。

38) 参照　坂本達哉『ヒューム　希望の懐疑主義』第7章「共和主義パラダイムにおける古代と近代」。

39) 坂本達哉　前掲書　299頁。

和国は市民の徳、公共精神、知性によって創設される」とし、合衆国の人民が、合衆国と合衆国憲法のために、かかる徳を維持することの重要性を述べている[40]。また、他の論考においても、共和政体を維持するためには市民の徳が重要であることや、党派（parties）の危険性、古代ローマの分析を通じた共和政体における腐敗の危険性は強調されていた[41]。

　だが、憲法論としては、政体論を重視するタイプの共和主義や、利益や情念のコントロールに軸足を置いていた。とりわけ、社会の変動に伴い、デモクラティックな政治社会を迎え、「情念」（passions）、「党派」の政治に直面したアメリカにおける、有効な統治のメカニズムの考察において、バークや、スコットランド啓蒙思想に負うところが大きかった。マディソンは、「情念」と「情念」の抑制均衡を可能とする政治制度の構築を目指したが、ストーリーは、憲法を「根本法」、「法」とし、そのテキストを確固たるものとし、画一的で規則性を持った解釈を通じて、政治的な「情念」に基づく紛争を法的な紛争に変えるように穏和化しようとしたと言える。

　ストーリーは、以上のような政治経済思想を背景にしながら、具体的な憲法解釈のルールを提示する。まず、文書の解釈における第一の、そして、基本的なルールは、文言の意味、当事者の意図に従って解釈することであるとする。ここで、ストーリーは、「法の意図は文言、主題、趣旨、意義、理性、法の精神（spirits）から集められる」、「文言は一般的に、通常の最もよく知られた意味において、文法の適正さの観点からというよりも、一般的でポピュラーな用法の観点から理解されなければならない」という、ブラックストーンの『イングランド法釈義』を引用し、それに賛意を示しながら、文言を文字通り解釈するのが、明らかに愚かで、それを採用すべきではない場合には、特定の解釈の効果、結果が調査されねばならず、そ

---

40) Joseph Story, *Commentaries on the Constitution of United States,* Vol. 3, Hilliard, Gray, and Company（1833）§ 1907.

41) Joseph Story, The Science of Government（1834）, in W. Story, *supra* Chapter 1 note 49, at 627-629.

の法の理由、精神、その法の制定を導くことになった原因が、その文言の最も良い構成要素であり、その適用を限定することになるとして、文言解釈を補足する方法を提示する[42]。

　文言解釈をベースにしながら、「合衆国憲法を解釈する際には、第一に、その性質（nature）、目的（object）、範囲（scope）、設計（design）を、その文書の構造から明白なものとして考え、全体から、そして、その構成要素において展望する必要がある」とする。こうして、文言に二つの意味が認められるとき、それぞれが通常の慣用と合致する場合には、文言の文字通りの意味から離れることなく、その文書の性質、目的、範囲、設計と最もよく調和する解釈方法が採用されるべきとする[43]。

　また、ブラックストーンに依拠しつつ、コモン・ローの制定法解釈の方法に憲法解釈を基礎づける一方で、合衆国憲法創出の起源からも、テキストをベースにした憲法解釈を正当化する。合衆国憲法を創出した人民は、いまあるテキストの形で憲法を採用したのであって、テキスト以外の理論は採用されていないというロジックである。このロジックは、とりわけ、ストーリーが対抗しようとした、リパブリカン派のトマス・ジェファソンの憲法解釈方法論に対して発揮される。

　ストーリーによれば、ジェファソンの憲法解釈方法論は、憲法の主な目的に着目するものである。ジェファソンによれば、その目的とは、州内の市民に関する事柄については州の権限に委ね、外国や他州が関係してくることに関しては、合衆国に権限を委ねているという。だが、ストーリーは、これは憲法の文言自体に反するものとして否定する。また、ジェファソンは、憲法解釈の問題は、憲法採択時に遡り、その議論において表明されていた精神を集めることであり、テキストから絞り出された意味を集めようとすることではないとし、憲法が採択された際にそうであったであろうと考えられる意味に従うべきとする。これに対しても、採択時に考えられて

---

42) Story, *supra* note 2, § 400.
43) *Id.* § 405.

いた憲法の条文の意味を、どのようにして知ることができるのかと、ストーリーは疑問を呈する。さらに、ジェファソンの言う、憲法採択時の「おそらくの意味」（the probable meaning）について、一致をみない場合、従うべき基準とは何になるのか不明であるとし、もし、テキストの文言の公平な意味に基づき憲法解釈ができないならば、「統治の憲法」において、人民に対する、いかなるセキュリティも無くなり、恣意的な解釈がまかり通ってしまうと批判する。

その上で、憲法のテキストの性質から導き出すことができる最初のルールとして提起されるのが、ストーリーが前章でも述べた、「合衆国憲法が、合衆国の人民によって彼らの思うままに、主権的意思に従って作られたもので、（それは）統治の枠組み（frame）、根本法（fundamental law）として、解釈されるべき」ということである。そして、この点で、合衆国憲法は、州憲法と何ら異なることはないとし、それが州間の契約、条約として解釈されるのではなく、あくまで「根本法」、「法」として、解釈されるべきものとする[44]。

ストーリーは、憲法解釈のルールを論じる部分でも、ジェファソンと同じくリパブリカン派である、前述のジョージ・タッカーの合衆国憲法解釈の方法について批判を加える。

タッカーは、前述のように、州権を重視する立場に位置し、合衆国憲法の性質を連合的なものとして提示していた。合衆国憲法のその性質から、州の権利が問題となっているすべての事例においては、憲法を厳格に解釈し、州権を尊重することが異論の余地もないものとしていた。そして、タッカーは、合衆国憲法は社会契約であり、人身の自由（personal liberty）、安全の権利（personal security）、私有財産（personal property）が論争の対象となっている場合には、常に厳格な解釈がなされるべきとする。なぜならば、自由と財産が新しい政府によって規制されることになる人は、それ以前の、その人が自ら規制に服する既存の市民社会のメンバーであったの

---

44) *Id.* § 409.

であり、明示的に服することになっていない事柄については、依然として州の権限と保護下にあるからであるとし、州権が、個人の様々な自由の基礎であるともされていた。

　ストーリーは、こういったタッカーの憲法解釈論を、「人民の権利に関する観念ではなく、州の権利に関係する観念に依拠するもの」とし、さらに、それが国際法学者のヴァッテル（Emmerich de Vattel）の所説を基礎にしたものであると喝破する。その上で、ストーリーは、ヴァッテルが、「現在の状態」を変化させる傾向にあるものは不吉なもの（odious things）であり、無秩序を招くおそれがあるとした点を取り上げ、それに依拠しながら、タッカーが新しい政府（連邦政府）の樹立を否定的に扱う点について批判し、合衆国の創設とは秩序の創設であるとして、タッカーを批判する[45]。ここでもストーリーは、合衆国憲法が人民によって創設されたものであるという、合衆国憲法の起源を反論の論拠とする。すなわち、合衆国憲法は、人民によって君主に委譲された権力の譲渡の産物ではなく、人民自体によって作られた憲法であって、支配者ではなく、人民の利益のみを目的とし、厳格解釈にしろ、拡張解釈にしろ、その文言の範囲内にあるものは憲法を創設した人民の意図に適うものであるとする[46]。

　そして、ストーリーは、合衆国憲法が統治の枠組み（frame）、根本法（fundamental law）であるとして、権限が付与された対象、目的を視野に入れながら、その文言、権限の合理的解釈を行い、憲法の明白な目的や意図に最も一致するように、厳格解釈、あるいは拡張解釈がなされるべきとする。ここで彼は、厳格解釈が奨励されることになる、目的が限定された譲与（grant）や特許状（charter）とは異なり、憲法は根本法たる性質を有し、人民とその繁栄、恒久的な連邦、正義の確立、一般福祉、自由の繁栄の永続化などを目的としており、その目的を損なう解釈は許されず、権限についての解釈はこの目的に沿うことが奨励され、憲法の規定を狭く解釈

---

45) *Id.* § 411.
46) *Id.* § 413.

することは、憲法の精神を損なってしまうと警告する。とりわけ、憲法の規定を、権限の細かな明確化や、権限が実行される手段を宣言するものとすることは、憲法が制定された際の人民の目的に合致せず、憲法システムそのものに危機をもたらすとし、合衆国憲法においても、これが念頭に置かれていたために、権限は一般的な文言で表現されたのであって、立法府は、その目的を実現すべく、そのための手段を採用することができるとする[47]。

　そのため、政府の権限には、必然的に裁量的なものが伴うことになり、また、緊急なものを予測することは不可能であって、権限内で認められた目的を実現する手段は、永続的に修正していくことを要し、変化することになる。すなわち、「決して静止することのない、慣習、マナー、社会の制度」に合わせていかなければならないとする[48]。こうした時代の変化への適応の必要性は、ストーリーの憲法論の核の一つであって、統治というものは実践的なものであり、したがって憲法も実践的なものであり、憲法の文言上規定された範囲内で、人々の必要、時代の変化に対応する「適応の科学」という観念の反映と見られる。このような、現実の必要性に対処しなければならない、「適応の科学」としての統治のあり方からも、社会契約理論に依拠した厳格解釈は否定されることになるのである。

　もっとも、ストーリーは、厳格解釈を否定するからといって、政府の権限行使を無制約に認めるわけではなく、憲法で定められた枠を重視する。連邦政府は憲法に限定的に列挙された権限しか持たないとし、その権限について規定された真の意味から離れてしまうと、その限りで新しい憲法の創設となってしまい、そうしないことによって不便や拙策が生じるとしても許されないとする[49]。そして、人間が相互に異なり、同じ人間であっても時期によって異なるように、「一時的な幻想、偏見、興奮、異論が政策問題について、抗えないような影響を及ぼし」、政策が変動していく政

---

47) *Id.* § 422.
48) *Id.* § 425.
49) *Id.* § 426.

78　第2章　憲法と憲法解釈の基礎—ストーリーの『アメリカ合衆国憲法釈義』

治のありようを見つめ、政策や便利さは、憲法解釈の安定した指針たりえないとする[50]。ストーリーによれば、憲法解釈はこういった変動を被ってはならないのであって、固定された、恒久的な解釈を持たねばならないとされる。ストーリーは、人間の弱さを認め、憲法解釈が、特定の時代の情念（passions）や党派（parties）に依拠しないようにし、昨日、今日、そして未来へと続くものにしなければならないとする。ここでも、前述のように、「情念」、「党派」という概念が顔を出し、裁判官による、憲法のテキストをベースとした憲法解釈は、こういった「情念」、「党派」による政治から憲法を保守する役割が与えられることになる。

　ストーリーは、憲法解釈の基礎は、憲法の文言解釈であるという原則を繰り返し重視するため、憲法の文言と同様に重視されるべき、憲法の「精神」（spirit）の確定にあたっても、それは文言解釈から確定されるべきとする[51]。そして、例外的に、全人類が一致してためらいもなく文言通りの適用に反対するなど、ある規定を適用することの害が、そうでない場合よりも、計り知れないほど大きい場合は、制憲者がその適用を意図しないであろうと信じ、その規定は無視されるべきとする。

　もっとも、そのような例外的な場合でなくとも、言葉の限界から、憲法上規定された連邦政府の権限が不明確な場合がある。その場合でも、ストーリーは、社会契約論に基づく州権論のように、明示的に与えられた権限以外は認められないとする立場を採らない。ここで、マーシャル首席裁判官の下、ストーリー自らも裁判官として加わった、州際通商条項における連邦政府の権限の範囲が問題となったギボンズ判決を引用する[52]。

　「もし人間の言語が不完全であるがゆえに、特定の権限の範囲について深刻な疑問が生じる場合、それが与えられた目的、特にその目的が憲法の文言自体に表明されている際には、その解釈に大きな影響を及ぼす。」

50）*Ibid.*
51）*Id.* § 427.
52）*Id.* § 427.

こうして、理論ではなく、あくまで憲法の文言解釈をベースとした、憲法の規定の目的解釈によって、文言の不明確性を補おうとする[53]。

そして、このような目的達成のために政府が採用する手段に関しては、憲法が付与した政府の個々の権限内にあるとし、手段自体が政府の裁量として認められるとする[54]。すなわち、政府は、実務において、人民が憲法によって信託した権限を自由に行使できなければならず、目的達成の手段の選択について広い裁量を有し、裁量が限定されるのは、目的に対する手段の適切さの観点からであって、これにはかなりの幅が許される。もし、目的が合法的で、憲法の範囲にあるのであれば、目的に一見したところ適い、禁じられていない全ての手段は、その目的の実行として合憲的となる。このような政府の裁量の理由として、合衆国が建国される前の連合規約（Articles of Confederation）では、付随的な黙示権限が排除され、付与される権限が明白かつ、細かく規定されることが求められていたのに対して、合衆国憲法では、手段については黙示権限に対する明確な反対の規定は無く、さらに、あることを行う一般的権限があれば、それをなすのに必要な個別の権限は当然にそこに含まれ、一般的権限の目的達成の手段である個別の権限は、目的と共に常に変わるもので、目的が同一であっても手段は変わり続けるとする[55]。

こうして、ストーリーは、テキストをベースとした憲法解釈によって、経済発展など、変化の激しい社会に対して統治を適応させていくというあり方である「統治の科学」、「適応の科学」と、規則性、画一性を有する解釈のルールを通じて、政治部門につきまとう「情念」が統治の根本を揺るがすのを防ぎ、それをコントロールすることを模索するのである。

53）*Id.* § 428.
54）*Id.* § 431.
55）*Id.* § 432-434.

5 ストーリーの憲法解釈論の意義

　ストーリーの『合衆国憲法釈義』における憲法解釈論をまとめると以下
のようになる。まず、憲法の性質として、それが恒久性と画一性をもった
ものであり、一時的な条約や契約とは異なる「法」であるという点が強調
される。そして、「法」である以上、コモン・ロー継受国であるアメリカ
では、憲法はコモン・ローに基づくことになる。すなわち、植民地時代の
歴史を踏まえ、コモン・ロー継受のあり方から議論を展開し、イングラン
ドのコモン・ローが植民地での修正を被ることがありながら、アメリカに
継受されていたことが確認され、コモン・ロー継受の結果、アメリカでの
法的な営為はコモン・ローに基づく法実務であって、憲法制定後は、社会
契約ではなく、「根本法」として「法」となった憲法の解釈においても、
コモン・ローに基づくことになる。こうして、合衆国憲法の最終解釈権の
所在の問題についても、最上級裁判所の判断が最終的な判断となり、法の
真の解釈と見なされるのが「よく知られたコモン・ローの過程」であり、
「事件（case）は、ただそれだけで決せられ、解決されるのではなく、先
例や権威として判決の原理が、同じ性質の将来の事件を拘束するのである。
これこそが我々の法理（jurisprudence）の全体構造の下での継続的な実践
なのである。そして、我々の祖先は、この国への最初の移住とともにそれ
を持ってきたのである」とし、憲法の解釈に際しても、コモン・ローが基
礎とされた。また、コモン・ローはアメリカ全体で継受されたがゆえに、
連邦全体を統合する法として機能するように考えられ、それを司る合衆国
最高裁もそのように位置づけられることになる。このように、コモン・ロ
ーを憲法解釈の基礎にすることは、州権論に対する理論的かつ根本的な批
判となる。憲法を創設した人民の意図は憲法の文言に尽きるとされ、文言
解釈が基本とされる。そして、その文言解釈は司法の領分とされる。すな
わち、ストーリーの憲法論では、憲法を「法」として位置づけ、その解釈
はコモン・ローに従いながら、憲法の基礎理論における抽象的な政治理論
として社会契約理論が憲法解釈に登場することが封じられる。また、憲法
を法として位置づけ、その解釈をコモン・ローの営為とすることによって、

連邦全体の人民による合衆国憲法というロジックに立ちながらも、その最終解釈権は連邦最高裁判事が有するというように、連邦レベルにおける人民主権と憲法の解釈権を切断するのである。

　他方で、コモン・ローに知悉した専門家が法の解釈権を有することによって、共和国につきまとうデマゴーグの解釈や空想的な理論に幻惑されるのを防ぐことも目指されていた。

　第1章で確認したように、ストーリーは、「法の科学」を論じるにあたって、一貫して抽象的な哲学的思考及び抽象的な理論を否定していたが、憲法においても同様で、自然権、社会契約といった抽象理論に依拠することを戒めていた[56]。これは、彼が、あるべき統治の学を論じ、後の編集によって「統治の科学」（The Science of Government）と題された論考においても繰り返し述べられている。ストーリーは、「統治の科学」においては、政治社会と対立するものとして幾人かの者が自然社会と呼ぶものを擁護したり、野蛮な生活を賛美したりすることなどが批判され、これはルソー（Jean-Jacques Rousseau）を念頭に置いていると推測されるが、こうした思弁的な空想を扱うものではないとする。様々な国の様々な習慣、制度、気候、仕事、特性、情念、偏見、性向の違いによって、原理の普遍的な適用や統一的なシステムの構築は困難である[57]。そして、エドマンド・バークを引用しつつ、

　「統治とは、ある意味において、適応の（adaptive）科学である。それは、その要素において移ろいやすく、状況に依存し、厳格な数学的な論証は不可能である。」[58]

---

56) Joseph Story, The Value and Importance of Legal Study (1829), in W. Story, *supra* Chapter 1 note 49, at 513-514.

57) W. Story, *supra* Chapter 1 note 49, at 615-616.

58) *Id.* at 616-617. エドマンド・バーク著、半澤孝麿訳『フランス革命の省察』（みすず書房　1997）77-79頁。Edmund Burke, *Reflections on the Revolution in France* (1790).

82 第2章 憲法と憲法解釈の基礎—ストーリーの『アメリカ合衆国憲法釈義』

とする。静かではあるが不可逆的に進行する社会の変化、産業における多様化した職業、商業、製造業、農業、文芸の相対的な進歩、衰退。習慣、マナーや趣向の段階的な変化、ある時代において、向こう見ずな事業、軍事的な野心から生じる危険があり、別の時代には、人民の熱狂、抑圧的な貧困から生じる危険がある。また別の時代には、富の腐敗的な影響や贅沢の悪しき影響から生じる危険があり、これらすべては、偉大な精神と最も成熟した経験が備えているべき包括的な知恵をもって調査され、警戒されなければならないとする[59]。ストーリーによれば、統治においては、社会の変化や国や地域の特性を踏まえることが不可欠とされ、そこには比較法学的な思考や法社会学的な思考の萌芽を見出すことができる。また、統治は単純な問題である、原理が明確であれば失敗はない、精密な原理に基づけば統治は持続する、という発想を、人民の政府につきまとう幻想であるとし、こうした人民の幻想につけ込んで、人民の賛意を得るための最も容易な方法としてデマゴーグや一般的な偏見を掻き立て、邪悪な企みを可能にしようとする危険性があることを指摘する[60]。統治は、社会の多様性を踏まえた複雑なものであり、この複雑さを理解することが不可欠であるとし、特に、アメリカにおいては、共和政体の中でも連邦制という複雑なシステムを採用し、地域的な多様性が大きいことから、統治のこの複雑さを理解することが肝要とされる[61]。

　こうした論考と軌を一にするように、『合衆国憲法釈義』でも、繰り返し、憲法とは、形而上学的な曖昧なものではなく、「統治とは、人類の幸福のための実践的なもので、空想的な政治家の計画を満たすための画一性を持った見世物（spectacle）ではな」く、統治の法である憲法は、あくまで、実践的な性質をもった文書であることを強調していた[62]。さらに、憲法が政治的ドグマの集合ではなく、現在の制度の輪郭を描いた文書である

59）*Id.* at 617.

60）*Id.* 619.

61）*Id.* 621-623.

62）Story, *supra* note 2, §451, *supra* note 40, §1129.

ように読むことを推奨する[63]。『合衆国憲法釈義』におけるバークの引用部分は、フランス革命の原理となった社会契約理論に対する批判として提起されたもので、フェデラリストと異なり、ジェファソンやタッカーといったフランス革命に共感を有していたリパブリカン派の憲法理論は、州権論を基礎づける側面だけではなく、政治思想的にも、社会契約理論と親近性を有していた。これに対して、ストーリーは、リパブリカン派の憲法論の核心部分に批判を加え、彼が論敵としたジェファソンやタッカーとの基礎理論レベルでの相違を示していたと言えよう。すなわち、「法の科学」という概念によって、コモン・ローをアメリカ社会に対応できるように改編、修正する。そして、かかるコモン・ローを合衆国憲法の基礎に置き、解釈のルールに導入する。他方で、憲法の解釈においてあくまで文言をベースにしながら、「適応の科学」としてその解釈に幅を持たせ、社会の変容に司法が対応することを許容する。このように、ストーリーの憲法論では、「法の科学」を通じて、憲法の基礎理論における抽象的な政治理論としての社会契約理論が封じられ、デモクラティックな論理が巧みに棚上げされながらも、「適応の科学」として、新しい状況に対応できるようにその規定を裁判官が解釈すべく、連邦最高裁の解釈権の強化および、法専門職による憲法解釈の優位が図られているものと言えよう[64]。

　そして、ストーリーの憲法論の背景には、連邦の一体性を志向しながら、新しいデモクラティックな社会、また、商業社会を捉え、それを意味づける政治経済思想的な認識枠組みと、それを基にしながら、かかる社会において憲法が果たすべき役割についての構想が存在していた。こういった構想の下に、憲法とコモン・ローのあるべき相互関係と、それを基礎にした合衆国憲法解釈が正当化されていた。

　ストーリーの「法の科学」においては、従来は、雑多な訴訟方式の集まりであり、救済の体系に過ぎなかったコモン・ローがより抽象化され、そこに裁判管轄権、一般的な法理、私法一般、憲法解釈の基準、司法実務そ

---

63) *Id.* §404, 456.

のものなど多様な意味を持たせる。そして、こういった多様な意味を持ったコモン・ローが随所でストーリーの憲法解釈を正当化した。ストーリーの憲法解釈は、コモン・ローの制定法解釈の方法を用い、憲法解釈の安定性、恒久性を確保し、特定の時代の情動による解釈、裁判官の恣意に基づく解釈を防ぐべく、憲法の文言をベースとし、立法時の歴史的資料から集められる「意図」ではなく、憲法の文言からその規定の「意図」[65]を探ることが肝要とされ、文言を解釈の基礎とすることにより、時代の状況に応じた柔軟な解釈も可能にした。このような形で、憲法を法解釈の営為とし、司法の領分を確立させる論理にもなったものと考えられる。ストーリーは、ニューイングランドの法曹として、古典古代の政治や教養のあり方を理想とする政治文化の中で育ち、一方で、アメリカの経済社会の変容や、デモクラティックな動きの台頭に直面していた。そのような社会の変容に対して、ストーリーは、国家的なレベルで法曹が適応する必要性を認識し、ま

---

64) H. Jefferson Powell, Joseph Story's *Commentaries on the Constitution*: A Belated Review, *The Yale Law Journal* 94（1985）at 1299. また、ラリー・クレイマーは、その著書『人民それ自身』（*The People Themselves*）において、違憲審査制の起源を追い、その中で、法的な専門性を有する裁判所が憲法を法的なテキストとして解釈し、裁判所の排他的な領分とする考え方は、建国から19世紀初頭までは必ずしも自明であったわけではないとする。人民とは、憲法制定などごく稀な瞬間においてのみ作動するか、そうでなければ、それは存在しないか、あるいは、ただ抽象的にのみ存在するという現在の憲法が想定するその立場は自明なのではなく、むしろ、憲法は人民自身の意志を体現したものであり、憲法解釈や憲法における規範創造において人民が主導的な役割を果たすべきであるという考え方が存在したことを指摘する。だが、19世紀中葉までに、裁判所および法律家が徐々に憲法解釈者として、その権威を高め、司法部による憲法解釈の独占、「専門家の大勝利」を導いたとする。*See generally*, Lary D. Kramer, *The People Themselves: Popular Constitutionalism and Judicial Review*, Oxford University Press（2004）. そして、この「専門家の大勝利」において、法専門職の権威を守り、その専門性を担保したものとして、コモン・ローの存在を指摘している（*Id.* at 161-164）。

65) ストーリーの憲法解釈が、コモン・ローの制定法解釈の方法を用い、テキストを通じた立法者意思、「原意」の読解であり、そこに解釈の画一性、安定性の重視があるとするのが、Gary L. McDowell, *The Language of Law and the Foundations of American Constitutionalism*, Cambridge University Press（2010）at 339-364. Story, *supra* note 2, §419.

た、「デモクラシーの過剰」に対抗しようとしていた。そういった中で、それまで近代公法学的なバックボーンを持たなかったコモン・ローの解釈方法を近代的な憲法の解釈に適用し、憲法解釈を「法の科学」の枠組みの中に置くことにより、それを司法の領分としたのであった。ここに、憲法を政治理論の枠組みから法的文書へと変容させる端緒を見ることができる。

　この点について、建国期から19世紀前半にかけて、アメリカ憲法においては、コモン・ローを基礎とした憲法解釈がなされ、アメリカ憲法の「コモン・ロー化」が行われ、その結果、憲法が「通常法化」（もともと近代国家の根本法としてそれ以外の通常の法とは区別されていたものが、通常の法と同じ方法によって解釈され、根本法的性格を喪失していくこと）され、それがアメリカ憲法を特徴づける大きな要素となったとの見解がある[66]。その

66）ゴードン・ウッドは、建国期における憲法の「通常法化」について、特に複数の論考を著している。彼によれば、司法審査制の淵源とは、根本法（fundamental law）の観念や成文憲法それ自体にあるのではなく、成文憲法が通常裁判所において解釈される法へと変容したことにある。彼は、とりわけ、憲法に対する司法解釈での、コモン・ローの働きの重要性を指摘する（Gordon S. Wood, Judicial Review at the Founding, in edited by Robert A. Licht, *Is the Supreme Court the Guardian of the Constitution?*, AEI Press (1993) at 163）。すなわち、コモン・ローとの関係で通常の制定法の解釈を行っていたコモン・ロー裁判官の解釈の方法が、憲法に適用されたと指摘する。その結果、現在、憲法（constitutional law）と呼ばれるようになっているテキストの解釈や法的説明、先例についての特別な集合体ができたとしている。そして、この憲法の通常法化、つまり、根本法、成文憲法が通常法と同視される過程の中で、重要な役割を果たしたのがマーシャル・コートであるとする一方、アメリカにおける成文憲法の通常法化は、マーシャルたった一人の意図やその設計によるものとして彼ひとりに帰することはできず、アメリカ独立革命から徐々に、しかし、断続的に変容が生じていったものであるとする。それは、根本法と成文憲法が同視された後、成文憲法と他の法を比較する必要が生じ、それから、どの法が優越するのか決定する権限を司法部に与え、その結果、憲法と通常法の境界があいまいになるという、この過程の中で生じてきたものであると述べている。

　さらに、英米、特にアメリカの憲法学において、19世紀初頭から、アメリカの憲法がコモン・ローによって「通常法化」（legalization of the constitution）されたと問題提起する論者がいる。ここで述べる憲法の「通常法化」とは、憲法が通常の法（ordinary law）と同じ方法において解釈され、その解釈技法や法理によって憲法解釈が確定されることを言う。これは、裁判所によって、憲法が通常の法と同じように解釈される結果、憲法という政治的な意味あいを持ち、また、通常法とは異な

るべき高次法が通常法の内に置かれてしまい、それが通常法の法的な説明や解釈の
ルールの下に置かれることを意味している。

　この憲法の「通常法化」に関して、活発な問題提起をしたのが、人民立憲主義
（popular constitutionalism）の見解である。人民立憲主義とは、憲法解釈ないし憲
法規範の創造に際しての裁判所や法律家の排他的な支配のあり方を批判し、憲法は
人民の自己決定として創出され、制定されたものであり、人民の意志にしたがって
解釈・運用されるべきであるとする立場だと要約できる（*See generally*, Doni
Gerwitzman, Glory days: Popular Constitutionalism, Nostalgia and the True
Nature of Constitutional Culture, *The Georgetown Law Journal* 93（2005）at 897,
899）。これに近い立場から、スティーブン・グリフィンは、ゴードン・ウッドやモ
ートン・ホーウィッツの歴史研究に依拠しつつ、アメリカ違憲審査制の成立過程を
振り返る。1790年代から19世紀初頭にかけて、アメリカ建国後の政治をリードし、
アリストクラティックな政治思想を持っていたフェデラリストたちは、党派対立に
直面する。その結果、彼らは、モブによる暴政が財産権をはじめとした様々な権
利・利益の侵害を惹き起こすこと、また、党派対立による法の蹂躙を恐れ、それを
避けるべく、司法部がその保護に資する砦として機能するようになることを企図し
た。そして、その保護の鍵となる、司法部が解釈するアメリカ連邦憲法に関して、
法律問題と政治問題を区別し、憲法解釈を法律問題として、裁判所の専属的な権限
の下に取り込むことに成功した。グリフィンによれば、この法と政治の分離、憲法
解釈を法律問題として裁判所の専属的な権限内に取り込むことは、憲法と政治の違
いを法と政治の問題として定義することになり、このときに憲法がある種の法とし
て意識されるようになったとする。こうして、憲法とそれ以外の通常法の相違が否
定されることによって、法として認識された憲法としての意味が中心となり、通常
法を解釈するための方法や枠組みを用いて解釈されることになった。その結果、裁
判所は、最も強い法的専門性を有し、憲法解釈に特別の責任を持つことになったが、
その際に、大きな役割を果たしたのがコモン・ローである。建国期の法律家たちは、
当時、コモン・ローに関する法律知識をベースとしており、憲法もその法律知識の
中で解釈され、その枠内に置かれることになった（Stephen M. Griffin, *American
Constitutionalism from Theory to Politics*, Princeton University Press（1996）at
16-17）。以上を踏まえた上で、グリフィンは、この通常法化された憲法（legalized
constitution）に以下の評価を下す。

　グリフィンによれば、この憲法の通常法化は、一見すると、法としての憲法の重
要性を強調するものであるので、現在広く受け入れられている立憲主義の観念と矛
盾は無いようにも思われるが、憲法の通常法化は、憲法と通常の法との相違の重要
性を否定することに立脚している。憲法と通常の法は、現実には相違があるのであ
って、その区別を消去することは、立憲主義が本来有する、政治の領域も含む、射
程の広い観念を歪めるおそれがある。裁判所は、憲法全体を強行することにコミッ
トするものの、その際に、憲法はあくまで裁判所、法律家たちにとって認識可能な
法的原理に縮減されてしまう。通常の法に適した手段を通じて紛争を解決するのに
適さない憲法問題が裁判所によって無視され、拒否される結果、憲法の射程が著し
く限定されてしまう。また、憲法の通常法化によって、公衆が憲法を意味づけ、発
達させることを妨げ、憲法の民主的な潜在力を縮減させる。一方で、裁判官や法律

見解に沿えば、本書が考察してきたストーリーの合衆国憲法の解釈論は、「通常法化」の営為の画期をなすものと見ることもできよう。

　だが、ストーリーのコモン・ローに基づく憲法解釈の意義は、法専門職として憲法をコモン・ローに基礎づかせ、司法の領分に組み入れようとしたことに尽きるわけではない。ストーリーの憲法解釈論には、統合と秩序の形成という意義が存在していた。

　ストーリーは、憲法を「根本法」として定義し、それを法として扱うこ

家たちは、法と政治を区別し、憲法を法の領域に取り込み、それを守ろうとし、通常法化された憲法を拡張させようとし、政治によって引き起こされた変化に対して抵抗しようとする。その結果、政治と通常法化された憲法は、恒常的な緊張関係を強いられるとする（*Id.* at 17-18）。

　また、グリフィンは、憲法の通常法化の結果、憲法を捉えるレンズ、すなわち、憲法学自体にも大きな問題が生じることを指摘する。通常法化された憲法をベースに憲法を見るレンズが組み立てられた結果、形式的な修正条項の変容、判例変更といった法的な変容の外部にある、政治的な次元を含む憲法の変容（constitutional change）を把握するのが困難になると指摘する（Steffen M. Griffin, Constituent Power and Constitutional Change in American Constitutionalism, in edited by Martin Loughlin and Neil Walker, *The Paradox of Constitutionalism*, Oxford University Press（2007）at 56-58）。

　他方で、イギリスにおいて公法（public law）の観念が欠如していることの起源、その経緯を辿りながら、イギリスのみならず公法の観念一般の明確化と公法の一般理論の構築へと向かい、前述のグリフィンと論文集を編んでいるマーティン・ラフリンは、公法の観念の明確化を妨げる要因として、憲法の通常法化（legalization of the constitution）を挙げている。彼によれば、18世紀後半の、アメリカとイギリスでの大革命以後、近代的な憲法の諸制度（constitutions）が法的なテキストとして制定され、確立されたことで、今や多くの人が、他の法的なテキストを解釈するのと同じような方法で、憲法に関する文書を解釈することができると考えるようになってしまったとする。その上で、本来の憲法の解釈には通常の法とは異なる、政治的なデリカシーを踏まえた特別のアプローチが必要であることを指摘する（Martin Loughlin, *Foundations of Public Law*, Oxford University Press（2010）at 296）。こうした見解は、憲法、公法、さらにはそれを把握するディシプリンの射程を、法解釈、裁判規範の分析にとらわれない、もっと広いものとして捉えようとしているものと考えられる。そして、彼らは、憲法、公法が本来持っている広い射程が排斥されてしまい、政治的なものを憲法学、公法学の中で捉えるのを妨げてしまう要因として、憲法の通常法化を挙げている。憲法、公法にとって、その通常法化は、自明なものではなく、あくまで歴史の中で生じ、それが憲法学、公法学のレンズを曇らせる何らかの問題を孕むものであるとしていると言えよう。

とで、法解釈によって社会契約理論を封じ、憲法解釈を法解釈として明確なルールに基づかせ、法解釈に画一性をもたせようとした。そして、国家の設立に関する社会契約論と、既に存在している憲法の解釈を峻別する。その上で、憲法を「統治」の「根本法」として、その解釈に「画一性」、「安定性」をもたらし、政治につきまとう「情念」によってそれが解釈されることを防ぐ一方、法的安定性を維持することを目指していた。こうした「画一性」、「安定性」は、デモクラティックな社会における「情念」の制御という目的と共に、コモン・ローを「法の科学」として再編成する必要性の前提として論じられていた商業社会の認識から、商業社会において重要となる、法的安定性の確保も目指されていた。すなわち、粗野な社会の段階から、高度な文明社会に発展しているという社会認識が存在し、そういった社会を支え、それに適応するための法として憲法もコモン・ローも位置づけられていたのである。

　さらには、州権論も根強く、「主権」という概念を基に統合するのが困難であった当時のアメリカでは、コモン・ローという連邦レベルの法のネットワークが憲法解釈を支えることにより、法による国家統合も企図されていたと言えよう。

　次節では、ストーリーやケントらが、以上のような憲法論を基礎に、「政治秩序」に関わる憲法解釈に関して、具体的にどのように憲法解釈を行ったのか、近代的な政治社会の重要な構成要素である「出版の自由」を検討対象とし、考察を進める。

6　ストーリー、ケントの修正第1条解釈と政治秩序

(1)　アメリカ建国期における政治社会の変容と政治社会理解の相克

　本節が検討対象とするのは、ストーリーやケントの合衆国憲法修正第1条解釈であるが、そこでは、コモン・ローのlibelの法理との関係が論点となり、1798年のAlien and Sedition Acts（Sedition Act）に関する論争が大きく関係していた。ストーリーやケントの修正第1条解釈論の文脈を理解するためには、「1800年の革命」とされたジェファソン政権誕生前後の、

フェデラリストとリパブリカンの「出版の自由」に関する論争を理解することが不可欠である。

　この論争は、アメリカ最初の党派対立である、フェデラリストとリパブリカンの対立の中で生じてきたものであり、19世紀初頭前後の政治文化、社会、経済の変容を背景にした論争でもあった。それと同時に、合衆国憲法の修正第1条の解釈をめぐって、活発な議論がなされた最初期の憲法解釈論争でもある。

　Sedition Act をめぐる論争は、前述のように、「言論・出版の自由」を規定した連邦憲法の修正第1条の解釈をめぐって、コモン・ローに基づく修正条項解釈と、この時期に高揚してくるデモクラティックな政治思想や、「自由」の実体的な概念に依拠した解釈が相克した論争である。また、この修正第1条解釈をめぐる相克の背景としては、コモン・ローの継受のあり方をめぐる対立、さらにその前提として、植民地時代からのジェントリー的な政治文化に基づく公共性や政治社会理解と、新たに台頭してきたデモクラティックなそれの対立が存在し、その対立が、イングランドのコモン・ローの評価の差異に反映し、修正第1条解釈をめぐる対立を支えたものと考えられる。

　建国期に関する歴史研究が示すように、アメリカ独立革命から1800年代初頭にかけて、政治的な変化のみならず社会的な変化、政治・経済社会の変容による平等化の進展によって、旧来のジェントリー的な政治文化からデモクラティックな政治文化への変容が生じた[67]。このようなデモクラティックな政治社会の形成を背景としながら、フェデラリストとリパブリカンの政治文化、政治思想の相克が生じ、それがコモン・ローと憲法の関係をめぐる対立に反映し、1798年の Sedition Act をめぐる修正第1条解釈の対立の基礎にあったと考えられる。以下、そうした政治文化の相克と、修正第1条に対するコモン・ローの法理、解釈方法が修正第1条の憲法解釈に対して強い影響を及ぼした背景を明らかにし、そこから確かめられる

---

67) Wood, *supra* Introduction note 1, at 7.

ストーリーの「政治秩序」の構想を明らかにする。

(2)　Sedition Act の内容とその背景

(i)　政治文化の対立

　アメリカ建国当初、政権を担っていたフェデラリストの側の政治文化において描かれた理想とは、前述のように、有徳なものが公共善を目指して行う政治であり、財産、特に土地を有し、教養を備えた、18世紀初めから成長した植民地有力者としてのジェントリー層が主な担い手と想定されていた。そこでは、なお品位と家柄が伝統的価値として重い価値を有し、家柄を背負うものは平民に対して「恩顧＝パトロニッジ」を施し、平民はジェントルマンに敬愛の礼を払う「恭順に基づく政治」（deferential politics）が基本とされていたという[68]。そして、アメリカ建国以後においてもこのようなジェントリー層が「代表者」として政治を行うことが想定され、それは、「恭順に基づく政治」の観念の基礎にあるものであり、イングランドの土地所有層、とりわけ、ジェントリーによる支配における代表観念の流れを汲むものであったと言える[69]。このような「恭順に基づく政治」における公共性、市民社会のイメージを分析したJ. L. ブルックによれば、公共領域における主たるアクターは、上記のジェントリー層であり、彼らが熟議によって政治を統治し、それ以外の平民は「暗黙の同意」によってこれを承認するというもので、代表者を人民の「代理人」と考えて、その行動に法的な拘束を加える「明白な同意」とは異なるものであったとされる[70]。

68）紀平英作　前掲序章註29　31頁、See, Wood, *supra* Introduction note 1, at 288-292.

69）*See*, J. R. Pole, *Political Representation in England and the Origins of the American Republic*, University of California Press（1966）.

70）*See*, John L. Brook, Consent, Civil Society, and the Public Sphere in the Age of Revolution and the Early American Republic, in edited by Jefferey L. Pasley, Andrew W. Robertson, and David Waldstreicher, *Beyond the Fouders: New Approaches to the Political History of the Early American Republic*, The University of North Carolina Press（2004）at 207-250.

このような「代表」観念、政治主体の「有徳者」への限定、彼らの熟議による統治は、デモクラティックな社会へと変容を遂げる中でも、他者に依存しなくてよい財産を有し、また労働に煩わされることもない市民に政治を限るべきである、という古典的な政治社会のイメージを重視するものであったと言えよう[71]。そして、彼らフェデラリストは、デモクラシーと共和主義を明確に区別し、デモクラシーは、人々を腐敗させ、社会を圧制へと導くものであるとした[72]。また、フランス革命の進展の中でも、ジャコバン主義の急進的な平等主義に警戒の目を向け、とくにアメリカへのその波及を恐れた[73]。

　1790年代に入り、このフェデラリストの統治の思想と、フェデラリスト政権を「貴族主義的」なものとして対抗するリパブリカン（共和派）の、平等主義的な政治を求める思想とは、ますます激しく対立した。とりわけ、1789年のフランス革命の勃発とその急進化の影響はアメリカにも及び、フランス革命の急進主義がアメリカに波及するのを恐れるフェデラリストと、リパブリカンを中心とするフランス革命に共感を持つ勢力との党派対立は、当時爆発的に発刊数が増加していた新聞を通じて激しい論争の形をとった。さらに、フランス革命の精神に共感するリパブリカンは、各地に自発的結社である民主共和協会（democratic-republicans-societies）を設立し始め、フェデラリスト政権の監視、各地域の協会との情報交換を行った[74]。そ

71）Brook, *Id.* at 213.

72）Wood, *supra* Introduction note 1, at 231.

73）*Id.*

74）肥後本芳男「フランス革命とアメリカ建国初期におけるフェデラリスト」『アメリカ研究』27（1993）76-78頁。民主共和協会は、各地に40以上存在し、相互に連絡を取り合い、地域性を越えた活動を示していた。また、フランス革命への共感を示すSocieties が多く、とりわけ、ペンシルヴェニアのSocieties は、自らの原理がフランス革命の原理を共有していることを誇ったとされる。Albrecht Koschnik, The Democratic Societies of Philadelphia and the Limits of the American Public Sphere, circa 1793-1795, *William and Mary Quarterly* 58（2001）at 619. 他に、1790年代の民主共和協会の説明として、*See generally,* Eugene Perry Link, *Democratic-Republican-Societies 1790-1800*, Columbia University Press（1942）.

して、ジョン・アダムズ大統領をはじめとして、フェデラリストの主要人物たちに容赦ない批判を加えていた。彼らは、自らの協会にdemocraticという言葉を用いたように、ジェントリー的な政治文化に容赦ない攻撃を加え、革命以後の平等主義の拡大を称揚し、さらに推し進めようとした[75]。新聞やパンフレットの出版を通じての彼らの政治活動は、前述のフェデラリストの政治文化と対立するものであった。リパブリカンの公共性、政治社会理解においては、政治主体は平民層にまで拡大され、代表者は彼らの代理人として様々な利害を反映すべきものとされていた[76]。

　フェデラリスト政権は、以上のような自発的結社や新聞を通じてなされる批判に対して、危機感を抱き、様々な策を講じたが、その代表的なものが1798年のいわゆる Sedition Act であった。

　Sedition Act とは、正式名称を「「合衆国に対する特定の犯罪を罰するための制定法」と題される、前3法に付加される法」（An act in addition to the act, entitled "An act for the punishment of certain crimes against the United States"）（以下 Sedition Act とする）といい、フェデラリストのジョン・アダムズ政権の主導の下で1798年7月に制定された。Sedition Act は親仏派、政府批判を行う外国人を対象とした The Naturalization Act（帰化法）、The Alien Act（外国人法）、The Alien Enemies Act（敵性外国人法）[77] と同時に制定され、政府および政府要人への批判の封じ込めを狙っ

---

75) Wood, *supra* Introduction note 1, at 276-277.

76) *See generally,* Gordon S. Wood, *Representation in the American Revolution,* University of Virginia Press（2008）.

77) The Naturalization Act（帰化法）は、市民権取得のための要件であった居住期間を5年から14年に延長する法律であった。The Alien Act（外国人法）は、大統領がアメリカの平和と安全にとって危険と判断した外国人、あるいは政府に対する反逆・秘密の陰謀に従事していると考える外国人を、国外に退去させうる権限を大統領に与えたものである。The Alien Enemies Act（敵性外国人法）は、戦争または侵略の宣言が大統領によって発せられた場合、敵性外国人の中の14歳以上の男子について、大統領の認定により逮捕、拘禁、国外退去を命ずることを認めた法律であった。Melvin I. Urofsky and Paul Finkelman, *Documents of American Constitutional and Legal History,* Vol. 1, Oxford University Press（2002）at 137-141.

たものであった。以下、その条文を検討する。

　連邦議会におけるアメリカ合衆国上院、下院による法律で以下のように
定めるものとする。
第1条
正当な権限に基づいて既に指揮されているか、もしくは、指揮される予
定となっている連邦政府の施策に反対する目的であるか、連邦政府の法
律の適用を妨害する目的、もしくは連邦政府の内部かその下で何らかの
地位や公職を有する者が、その責任においてであるか、義務の遂行もし
くは執行を行うについて、これを脅迫または阻止するためにかかる目的
をもって不法に結合するか共謀する者、及び、同様の目的をもって反
逆・暴動・不法な集会を行うか、団結を協議・助言しもしくはその実現
を企図する者は、たとえその共謀、威嚇、協議、助言もしくは企図がそ
の予定した結果に達しなかったとしても、その者もしくはその者たちは
高度の軽罪を犯したものとみなされるものとする。また、管轄権のある
連邦裁判所の判決によって有罪とされた場合、5,000ドル以下の罰金及
び6ヶ月以上5年以下の禁固に処するものとする。並びに、裁判所の裁
量において、裁判所が指示する量刑、期間内における非行がないことに
ついての保証がある旨の判示をすることができる。

第2条
連邦政府、連邦議会の両院もしくは大統領を中傷せんとし、もしくは、
これらのうちのひとつを侮辱もしくは不評にさせる目的で、虚偽・誹謗
もしくは悪意のある文書、言論を印刷、発表、公刊する者、そのような
行為を誘発し、もしくは知りながら進んで援助する者、連邦の法律もし
くは大統領が連邦法を執行し、もしくはその者が憲法上の権限を行うこ
とに反対するために、連邦政府・連邦議会の両院・大統領などのすべて、
もしくはそのひとつに対して、アメリカの善良な市民の憎悪を煽り、ア
メリカ国内に暴動を起こさせ、もしくは不法な結合をすることをすすめ
る者、連邦の法律または前述の大統領の行為に反抗もしくは反対する者、

または、連邦、合衆国国民、その政府に対する外国の悪意ある企みを援助、助長、幇助する者、以上の者で、管轄権のある連邦裁判所の裁判によって有罪とされた者は、2,000ドル以下の罰金および2年以下の禁固に処す。

第3条
下記の通り法律で定め、宣言するものとする。前条で規定された文書誹毀となる文書を著し、もしくは出版したために本法によって訴追される者は、文書誹毀として起訴された印刷物に含まれている事実の真実性を、訴訟原因に関する正式事実審理において、自己の防御のために証拠として主張することが許されるものとする。並びに、正式事実審理を行う陪審は、他の裁判と同様、裁判所の指揮の下、法と事実の問題を決する権利を有するものとする。

第4条
本法の有効期間は、1801年3月3日までとする。本法の失効は、本法が効力を有するものとする期間になされた侵害行為に対して、訴追および処罰をなんら妨げてはならない。[78)]

Sedition Act は、第1条がコモン・ローの共謀、いわゆるコンスピラシー法理を基礎にしていた。そして、第2条がコモン・ローの seditious libel（文書扇動罪）の法理を基礎にしたものであり、連邦憲法の修正第1条が保障する出版の自由との関係で問題となるものであった。第3条は、第2条において起訴された者の審理に際して、文書において摘示した内容が真実であることを被告人の抗弁事由として認めるものであった。後述するように、コモン・ローにおける seditious libel では、文書の内容の真実

---

78) *The Statutes at Large*, Vol. 1, at 596-597. また、*Id.* at 141-142. 他に訳文については、関誠一『アメリカ革命と司法審査制の成立』（ぺりかん社　1970）250-252頁がある。

性は抗弁事由とされていないため、seditious libel よりは抗弁がより広く認められていたものであるが[79]、政府批判に関して市民そのものを直接の対象とするものであり、また、条文の規定が極めてあいまいかつ包括的なものであり、当時激化していた党派対立の中で活発に行われていた言論活動を対象にし、言論・出版・結社の自由という統治の根幹に関わる法律であった。

　Sedition Act の基礎となった法理である sedition、seditious とは、法によって確立している統治構造（constitution）に対する不満を掻き立てるように意図され、法的に認められたものとは別の手段によって統治構造の変革を行おうとするか、あるいは、平和をかき乱すように人々を誘うこと、人々の不満を掻き立てること、共同体の様々な階級間の敵対心を煽ることを意図してなされた口頭または文書によるものとして定義され得るもので、王室や政府要人への批判もその中に含まれ、イングランドにおいては、敵対的な批判者を弾圧しようとする際に政府が用いた主要な手段でもあった[80]。そして、これは、「裁判官のひとひねりで伸縮自在なアコーディオンのような概念」とも言われ、共同体の宗教や風俗、統治のあり方に批判的な言説に容易に適用され得るものであった[81]。seditious libel は、文書を用いて社会公共の秩序を乱す行為として、コモン・ロー上の公的不法（違法）行為（public wrongs）の範疇に組み入れられ[82]、この seditious libel の法理は、イギリス植民地時代のアメリカにも継受され適用されて

---

79) 従来のコモン・ローの libel の法理では、真実性の抗弁は認められていなかったが、植民地アメリカにおいては真実性の抗弁を認めるというイノベーションが行われていた。*See,* James Alexander, *A Brief Narrative of the Case and Trial of John Peter Zenger,* Harvard University Press; 2nd edition（1972）. Leonard W. Levy, *Emergence of Free Press,* Iran R. Dee（1985）at 37-42.

80) Edward Jenks, *The Book of English Law,* Ohio University Press; 6th edition（1967）at 136. また、奥平康弘は、sedition、seditious について、「世の中を騒がせ、社会公共の秩序を妨げるようなこと一般を広く指すことば」と端的に要約している。奥平康弘　前掲序章註23　5-6頁。

81) Levy, *supra* note 79, at 5, 8.

82) *See generally,* Blackstone, *supra* Chapter 1 note 7.

いた[83]。

　そして、Sedition Act およびその基礎にある seditious libel の法理は、市民的自由との関係で問題になるが、コモン・ローの母国・イングランドにおいては、王権に対して土地貴族の集合体である議会の優位を確定した名誉革命体制の成果としての Bill of Rights は、〈人民と国家権力〉という対抗図式を前提にしたものではなかった。アメリカ合衆国憲法の Bill of Rights では、デモクラシーが支配的となる社会において多数者およびそれと結びついた議会それ自体から個人を守り、さらに自由の原理に基礎づけられた権利の規定それ自体が多数の専制に陥りがちな人民に対して自由の教育的効果をもたらすという期待がその起草者によって持たれていた。イングランドの Bill of Rights とは、そこに期待された役割のみならず、その背景となる国家体制、社会において大きな相違があった[84]。イングランドでは、土地貴族の決定的優位が確立し、議会を中心としたジェントリーによる支配が確立した結果、〈憲法―国家―権利主体としての人民〉という近代憲法のフレームワークおよび近代的な公法の概念よりも、コモン・ローをベースにした統治が機能していた[85]。また、アメリカ法にも多大な影響を与え、それまでの訴権の体系としてのコモン・ローから、近代自然法を軸とした実体的な権利概念の体系を導入しつつあったブラックストーンの『釈義』の体系は[86]、このようなジェントリー支配と深く結

---

83) Levy, *supra* note 79, at 17-18. また、奥平康弘　前掲序章註23　3-41頁。

84) イギリスの名誉革命体制における Bill of Rights 概念とアメリカの Bill of Rights 概念の相違、および、憲法起草者（とりわけマディソン）の Bill of Rights 制定の意図、その変遷については、Jack N. Rakove, *Original Meaning*, Random House (1996) at 288-338.

85) *See generally*, Martin Loughlin, Constituent Power Subverted: from English Constitutional Argument to British Constitutional Practice, in *supra* note 66, at 27-48. また、イギリスのジェントリーによる支配の構造については、戒能通厚「イギリス司法の歴史的構造についての一考察」藤倉皓一郎編『英米法論集』（東京大学出版会　1987）。

86) 大内孝　前掲第1章註34　参照、また、*See generally*, S. F. C. Milsom, *The Nature of Blackstone's Achievement*, Selden Society (1981).

びついた「国会主権」と「古来の国制」論の混合という名誉革命体制のロジックの擁護者とも言い得るものであり、近代憲法の理念にとって重要なメルクマールとなる、「市民の基本的権利」を「根本法の中に書き込むことを求める、自然法に基づく根拠づけ」と、そのような根拠づけに基づく「より射程の広い政治的な言説」にとっては、それを阻害する大きな要因であった[87]。

このような近代憲法にとって基礎となる〈憲法─国家─人民〉を前提とする公法概念とは異なる支配システムである、ジェントリー支配の中で機能していたコモン・ローと、新たに成立した成文憲法たるアメリカ連邦憲法とは、その背景となる国家制度、社会制度の理念において大きな齟齬があったのである。

また、この Sedition Act には、憲法とコモン・ローという対立のみならず、その背景には、建国以来のアメリカの政治文化の相克が存在していた。フェデラリスト勢力にとって、Sedition Act の主眼とは、①組織された反対勢力を非合法化すること、②人民と政府を隔てようとする行為、政府批判を犯罪とすることにあり、それは、何よりフェデラリストの政治文化を反映していた。

以下、Sedition Act の背景にある政治文化を考察したジェイムズ・マーティンの研究を踏まえて検討を進める[88]。マーティンによれば、Sedition Act の背景にある政治文化は、同法制定の伏線となった、1790年代中葉から各地で出現した自発的結社である民主共和協会へのフェデラリストたちの批判の中に、端的に表現されているという。初代大統領ワシントンをはじめとして、フェデラリストは、民主共和協会に対する厳しい批判を行った。その一つが、民主共和協会のような公的な権威によって設立されていない私的結社が政治活動を行うことへの批判であった[89]。とりわけ、ワ

---

87) Loughlin and Walker, *supra* note 66, at 44.

88) James P. Martin, When Repression Is Democracy and Constitutional: The Federalist Theory of Representation and the Sedition Act of 1798, *Chicago Law Review* 117 (1999) at 117-182.

シントンは、「党派」がもたらす「腐敗」の危惧を様々な言説の中に残している。マーティンによれば、例えば、ワシントンは、「もしこれらのself-created な結社（societies）が抑制されなければ、それらはこの国の政府を破壊してしまうだろうと今や心底から確信している次第である。」とし[90]、また、「人民に由来する権威を全く有さずに、公的な問題の方向性を乱そうとする」集団として非難するなど[91]、この「共和政」にとって腐敗を導く「党派」として民主共和協会を見ていた。また、あるフェデラリストは、政治的な問題を決するのは、公的な議論（具体的には議会における討論）によってであって、私的結社が政治的な問題を論じるのは、立法府の権限に対する侵害である、としていた[92]。また、フェデラリストのウィリアム・オティスは、立法府の人間のみが、政治問題について自由に討議する権利を有していて、「代表者」のみが common good、common weal について語ることができる、としていた[93]。フェデラリストたちは、政治問題のような公的な問題の議論は、立法府の中で行われるべきであって、私的結社が公的な問題を論じ、活動することは、立法府の権限の簒奪であると論じた[94]。そして、人民の政治への関わりは、党派や集会による私的な政治活動ではなく、「請願」（petition）や選挙といった公的制度によるものこそが憲法に適ったものであったとされた[5]。また、このような公的な制度である立法府の中で、自由に討議、政治的決定をなす「代表者」への批判を誹謗とし、「代表者」への「敬意」を欠くものとして、フェデラリストは激しく批判した[96]。

---

89) *Ibid.* at 135. マーティンは1790年代のフェデラリストによる民主共和協会に対する批判から Sedition Act の制定へいたる背景として、彼らの政治文化に支えられた代表制の観念があるとしている。

90) October 16, 1794 G. Washington to E. Randolph, cited in *Id.*

91) President Washington, IV Annals of Cong 796, cited in *Id.*

92) To the Vigil Gazette of the United States 2 （Dec 6 1794), cited in *Id.*

93) Representative Otis, VII Annals of Cong 2150 （July 10, 1798), cited in *Id.*

94) Martin, *supra* note 88, at 135-137.

95) *Id.* at 161-167.

96) *Id.* at 162-167.

このようなフェデラリストの民主共和協会への批判、そして Sedition Act の背景には、デモクラシーと明確に区別される古典的「共和主義」に基づく統治の思想が根強く存在していたと考えられている[97]。すなわち、フェデラリストは「共和主義」に基づく政治において必須とされる「有徳さ」を保持し、「財産と教養」を備えた「有徳者」としての「代表者」による「政治」を想定しており、その公的な「代表者」を、政治に関する討議を行う主体として想定していた。マーティンによれば、このことは、フェデラリストが、民主共和協会や新聞を通じての人民の政治活動による政府への訴えかけという代表者と人民の間の水平的関係を認めず、「請願」という「要望」を公的な制度に対して行うように主張したことからも理解できるという[98]。また、組織された反対勢力の否認は、古典的「共和主義」の特徴といえる「党派」(partisan)・「派閥」(faction)の否認の反映と言えよう[99]。そして、自発的結社を私的結社とし、その政治活動を敵視することは、フェデラリストの考える「公的なもの」のイメージが、「代表者」としての有徳者が担う政府にあり、「政治」の担い手は、何よりも「代表者」が独占するものであるという発想が根底にあったと考えられる。このような「代表者」は、前述のように、「財産と教養」を有するジェントリー層が想定されており、彼ら「代表者」こそが「市民」として品位ある討議、政治を行い「公共善」を追求していくものとされていた。

　以上のように、フェデラリストにとって、Sedition Act とは、党派性を掻き立てる言説や、「代表者」による「恭順に基づく政治」を破壊する言説の抑制、さらには、ジェントリーによる品位ある言論空間の維持を目的として制定されたものとも言えよう[100]。

---

97) フェデラリストは、人民支配としてのデモクラシーと「共和主義」を明確に区別し、前者を警戒していた。Wood, *supra* Introduction note 1, at 230-231. また、Stanley Elkins and Eric Mckitrick, *The Age of Federalism*, Oxford University Press（1993）at 701-703.

98) Martin, *supra* note 88, at 162-164.

99) 古典的「共和主義」の原理における党派、派閥の否定の説明として、Wood, *supra* Introduction note 1, at 58-59.

(ii)　Sedition Act とコモン・ロー的基礎による修正第 1 条解釈

　では、上記の政治文化を背景としながら、フェデラリストは Sedition Act を正当化するために、いかなる法的構成を用いたのか。

　フェデラリスト政権が、Sedition Act を通過させ、さらにその正当性を擁護するためには、①当該法が連邦憲法における修正第 1 条の「言論・出版の自由」に抵触しないこと、②かかる立法が連邦の立法権限の範囲内にあること、③この法律違反に関する裁判管轄権も連邦に帰属することを示す必要があった。フェデラリストは、②の立法権限に関する問題については、連邦憲法第 1 編第 8 節第18項のいわゆる「必要かつ適切」条項の解釈を広く解し、その権限内にあるものとした[101]。そして、フェデラリストにとって、残り二つの問題を解く手掛かりになるものが、イングランドのコモン・ローのアメリカへの継受であった。すなわち、修正第 1 条はコモン・ローの法理に基づき解釈すべきであり、かかるコモン・ローは、連邦レベルにおいて継受されたものである、という主張であった[102]。

　フェデラリストは、Sedition Act はコモン・ロー上の seditious libel（文書扇動罪）の法理に則るものであり、そもそも「言論・出版の自由」を規定した修正第 1 条はコモン・ローの法理を継受したものである以上、同条も、コモン・ローの法理に則り解釈すべきであるとして、その合憲性を主張した。彼らの論拠は、コモン・ローでは、表現行為に対する事前の検閲

100）　フェデラリスト政権を担った名望家層が有していた品位ある言論空間という観念と Sedition Act の関係については、*See*, Marc Lender, Equally Proper at All Times Necessary: Civility, Bad Tendency, and the Sedition Act, *Journal of the Early Republic* 24（3）（2004）at 419-444.

101）　David Jenkins, The Sedition Act of 1798 and the Incorporation of Seditious Libel into First Amendment Jurisprudence, *The Journal of American History* 154（2001）at 178-180, The Answer of the Senate and House of Representative of Massachusetts（Feb. 9th and 13th, 1799）, to the Communication from the State of Virginia, on the Subject of Alien and Sedition Laws, cited in George Tucker, *Blackstone's Commentaries*, Vol. 2, Appendix at 23.

102）　Jame Morton Smith, *Freedom's Fetters: The Alien and Sedition Laws and American Civil Liberties*, Cornell University Press（1966）at 132.

は禁止されているが、事後的な規制は禁止されていない。したがって、Sedition Act は、表現行為に対する事後的な規制であり、コモン・ローにおいて認められ、修正第1条から見ても許されるのであるとするものであった。

　上記のコモン・ロー理解は、アメリカのコモン・ロー継受に影響を及ぼした、ブラックストーンの seditious libel の説明にも端的に表れる。ブラックストーンは、『イングランド法釈義』第4巻の「不法（違反）行為」（Wrongs）のうち、「公的不法（違反）行為」（Public Wrongs）の項目において、出版の自由（the liberty of the press）について論じていた。

「我々が今確認してきた、冒涜的、不道徳的、反逆的、国教分離的、扇動的、または人を中傷するような libel がイギリス法によって処罰される数々の事例において、その厳格さに程度の差はあれ、出版の自由というものが正しく理解されるならば、その事例において出版の自由は決して侵されてはいない。実際に、出版の自由は自由国家の性質にとって必要不可欠である。だが、これは出版に事前の抑制を加えない点にあるのであって、犯罪の責任を問われることから自由になることにあるのではない。あらゆる自由人は、自らの好むいかなる意見も公衆の前に提示する、疑いのない権利を有する。これを禁止することは、出版の自由を破壊することである。しかし、もし自由人が不適切で有害、または違法なものを出版すれば、その向こう見ずの行為の結果を甘受しなければならない。革命の前後を問わずかつて行われていたような、検閲官による規制権力に出版を服させることは、あらゆる思考の自由をひとりの人間の偏見に屈服させ、その者を学問、宗教、政治において論争となっているあらゆる問題についての専断的で無謬の判断者にしてしまうことになる。しかし、（現在のコモン・ローがそうであるように）出版されたときに、公正かつ不偏な審理によって、有害な傾向を有すると判断されるような危険または攻撃的な文書を処罰することは、平和と秩序、および政治と宗教の維持という市民的自由の唯一の確固たる基盤のために必要である。個人の自由は依然として自由に委ねられている。この自由の濫用が法的

処罰の対象となるにすぎないのである。これによって、思想や探究（enquiry）の自由に制約が課されることはない。私的な感情の自由は依然としてそのままである。社会の目的を破壊するような悪しき感情を拡散させ、公にすることは、社会が正すべき犯罪である。（この主題に関する素晴らしい著者が言うように）人は、自らの一室の中では毒を持つことが許されるが、飲料水としてそれを公に販売することは許されない。これに、我々は以下の議論を付け加えてよいだろう。出版の正当な自由を抑制するためにここで用いられる唯一妥当な、「その日常的な濫用を防ぐ」という論拠は、その出版がいかなる悪しき目的のためにも濫用されることは無いと（理に適った法の行使によって）示される場合、処罰を招くことなく、処罰の効力は完全に失われるだろう。一方、検閲官の支配下にある場合には、それがよき目的のために使われることは決してあり得ない。したがって、放縦を審査することとは出版の自由を維持することであるということが真実であると分かるであろう。」[103]

　以上のように、ブラックストーンは、「出版の自由」について、「自由」と「放縦」の区別に基づきながら、seditious libel は、まさに後者を規制するものであり、検閲は禁止されるが、事後規制は許容され、たとえ出版内容が真実であっても、平和をかき乱すことに変わりはなく、真実性の抗弁をもってしても免責されないとしていた[104]。

　さらに、前述のように、ブラックストーンは『釈義』の「公的不法（違反）行為」（Public Wrongs）の項目において「出版の自由」を論じていたが、彼の三つの「個人の絶対的権利」（the absolute rights of individuals）（「個人の安全の権利」（the right of personal security）、「個人的自由の権利」（the right of personal liberty）、「私的財産権の権利」（the right of private property））の項目には「出版の自由」は置かれなかった[105]。彼は、「出版

　103）Blackstone, *supra* Chapter 1 note 7, at 151-153.
　104）*Id.* at 150.

の自由は自由国家の性質にとって必要不可欠である」としながらも、法的には、事後規制は許容され、事後規制に対する「出版の自由」の保護は、「悪しき目的」に基づく出版行為についての濫用ではないことを示し、それによって防御を行うという点に限定していた。そして、「有害な傾向を有すると判断されるような危険または攻撃的な文書を処罰することは、平和と秩序、および政治と宗教の維持という市民的自由の唯一の確固たる基盤のために必要」とし、このような規制は、市民的自由の基礎にある秩序や政治的・宗教的共同体の維持のために必要としていた。

　こうして、ブラックストーンのseditious libelの説明においては、「出版の自由」は実体的な権利の範疇に組み入れられることはなく、出版後の事後的な規制に対する保護は、seditious libelに対する防御という形で記述されるのみであった。このブラックストーンにおけるコモン・ローのseditious libelの説明をフェデラリストたちは受け継ぎ、Sedition Actの合憲性に関して、彼らの修正第1条解釈理解にも反映させていくのである。

(iii)　フェデラリストのコモン・ロー継受論と修正第1条解釈

　そもそも連邦憲法起草時期に、フェデラリストは修正第1条をどのように理解していたのか、この点について確認する。修正条項の導入は、建国初期のフェデラリストとアンタイ・フェデラリストの妥協の産物という側面があった。すなわち、州あるいは、よりローカルなレベルを主な政治の場として考えるアンタイ・フェデラリストたちは、連邦憲法の制定による巨大な連邦権力の出現を恐れ、連邦憲法の制定自体に反対した。そこで、そのような連邦権力に歯止めをかけるという趣旨で修正条項を導入し、そ

---

　105)　ブラックストーンの「絶対権」の説明として、内田力蔵「イギリス法における「個人的自由の権利」について―ブラックストンの「絶対権」の観念を中心とするひとつの覚え書き」『内田力蔵著作集 第3巻 法思想』（信山社　2006）、また、17世紀からのイギリスにおける出版の自由の生成過程と、ブラックストーンにおける出版の自由の位置づけについて触れたものとして、藤田達朗「名誉革命体制期における「出版の自由」の歴史的構造―イギリスにおける近代的「出版の自由」の史的展開(1)、(2完)」『立命館法学』161、162（1982）。

れによってアンタイ・フェデラリストを納得させ、連邦憲法の制定に踏み切ったという経緯があった[106]。そして、修正条項の導入に際しては、その意味内容が正確に確定されることはなく、第一議会の議事録を見ても、その起草者意図を探るのは困難であると言われている[107]。修正第1条の起草者意図は、コモン・ロー上の seditious libel を踏まえたものか、それとも、それを排斥するものか、必ずしも明確に述べられているわけではなかった。

　しかし、1790年代に入り、Sedition Act 制定の前後においては、フェデラリストの様々な論者たちは、修正第1条について、コモン・ロー上の法理を踏まえたもの、すなわち、「言論・出版の自由」に対する事前の規制を禁じたものであるが、seditious libel に対する事後規制は認められたものであると論じた。この論拠として、修正第1条がコモン・ローを継受したものであることを明確に論じた。例えば、Sedition Act 法案通過後の1799年に、フェデラリストの裁判官であり、連邦憲法の影響力のある起草者であり、かつ1789年裁判所法の主な制定者であったオリバー・エルスワース（Oliver Ellsworth）、ジェイムズ・アイレデル（James Iredell）両連邦裁判官は、「この国のコモン・ローは独立前と同じである」と宣言し、「国家転覆の明白な行為」である seditious libel について、連邦の管轄権を肯定した[108]。さらに、アイレデルは、同年、連邦大陪審に対して、ブラックストーンの『釈義』を明確に引用しつつ、修正第1条がそこで説明されているコモン・ローの seditious libel の法理を前提としたものであることを明言した。そこで、アイレデルは、アメリカの法原理がイングランドに由来するものである以上、コモン・ローの継受は当然のことであり、その継受の際に参考になるのは、ブラックストーンの『釈義』である点を明確にする。そして、修正第1条の起草者たちも以上の理解であったのであり、

106）Edited by Eugene W. Hickok, Jr. *The Bill of Rights: Original Meaning and Current Understanding*, University of Virginia Press（1991）at 4.

107）*Id.* at 5.

108）Levy, *supra* note 79, at 276-278.

6 ストーリー、ケントの修正第1条解釈と政治秩序　**105**

アメリカのあらゆる州、連邦においても libel に関するコモン・ロー上の法理が妥当する旨を述べた[109]。この点は、他のフェデラリストの主要メンバーたちも同様の考えであり、彼らの中では、この理解が常識化していたため、ジョン・アダムズ、ノア・ウェブスターらは、seditious libel の法理を受けた Sedition Act の合憲性に関して、攻撃・批判がなされた際には、大きな衝撃を受けたとされている[110]。以上のように、フェデラリストによる Sedition Act の合憲性の正当化において、それがアメリカへのイングランドのコモン・ローの継受を前提としたこと、特にブラックストーンの『釈義』における seditious libel の説明が、修正第1条解釈のコモン・ロー的な基礎づけにおいて大きな役割を果たしたことが理解できるだろう。

　そして、このようなコモン・ローをベースとする修正第1条解釈は、前述のフェデラリストの政治文化と親和的なものであると考えられる。すなわち、先述の通り、ブラックストーンが、その『釈義』の冒頭で明確に述べたように、フェデラリストがイングランドのコモン・ローとして参照した『釈義』は、土地貴族層であったジェントリー層を主な対象にして書かれたものであった[111]。フェデラリストが、「財産と教養」を有する名望家という「有徳者」を「代表者」とし、彼らによる「品位ある政治」の維持のために、「代表者」を誹謗し、市民を不安に陥れる言説を取り締まるべく、「ジェントリー支配」の母国であるイングランドのコモン・ローを、ブラックストーンを介して継受したことには、イングランドの「ジェントリー支配」の政治体制が再現されるという側面があったと言えよう。

---

109) Charge to the Grand Jury by Iredell, April 11, 1799, In trial of the Northampton Insurgents. In the Circuit Court of the United States for the Pennsylvania, edited by Francis Wharton, *State Trial of the United States* (1849) at 476, cited in Levy, *supra* note 79, at 278-280.

110) Lender, *supra* note 100, at 420-421.

111) Blackstone, *supra* Chapter 1 note 8, at 4.

(3)　新しい政治社会、公共性理解と修正第1条解釈の端緒
(i)　リパブリカンの Sedition Act に対する反論

　では、フェデラリストが主導した Sedition Act に対して、リパブリカンはどのような反論を行ったのか。Sedition Act に関する先行研究では、主に、連邦憲法を根拠とするリパブリカンの Sedition Act への批判は、連邦が不当に州の権限を侵害しているとする州権論に基づくものであるとするものがある。例えば、Sedition Act を検討する際に、頻繁に依拠されるウォルター・バーンズは、Sedition Act 論争の主要争点とは、フェデラリズム（連邦主義）に対する、フェデラリストとリパブリカンの立場の相克であったと考える[112]。これに対して、植民地時代から19世紀初頭までの「出版の自由」の概念の出現に焦点を当て、建国期の「出版の自由」研究における包括的な研究として依拠されることが多い、レオナルド・レヴィーの研究がある。同研究は、コモン・ローという「出版の自由」に対する抑圧の法と、19世紀前後に初めて登場してきた自由主義的（libertarian）な「出版の自由」の観念がぶつかり合ったのが Sedition Act 論争であるとする[113]。そして、リパブリカンの数々の主張に、アド・ホックな政治的主張という評価を一部で下しながらも、コモン・ローに対する自由主義的理論の出現を強調している[114]。一方で、1798年 Sedition Act や、seditious libel に関する上述の先行研究を踏まえつつ、Sedition Act 論争における修正第1条解釈について、コモン・ローの法理の編入を主要な検討対象とし、フェデラリスト、リパブリカンの対立をその視座で捉え直して、憲法史におけるその意義を読み解くジェンキンスの研究がある[115]。

　Sedition Act に対する当時のリパブリカンの主張は、フェデラリズムのあり方を論拠として、Sedition Act の制定を州権に対する侵害として捉え

---

112)　*See,* Walter Berns, *The First Amendment and the Future of American Democracy,* Basic Box（1976）.

113)　*See,* Levy, *supra* note 79.

114)　*Id.* at 309-349.

115)　*See generally,* Jenkins, *supra* note 101.

6　ストーリー、ケントの修正第1条解釈と政治秩序　**107**

るのと同時に、修正第1条の「出版の自由」の解釈をめぐる問題として主張されている。例えば、この時期にリパブリカン派のリーダーのひとりに転じたジェイムズ・マディソンによる、Sedition Act への理論的な反論の文書といえる『ヴァージニア・レポート』には、連邦憲法の契約主体を州と捉える、フェデラリズムに関する論点と、連邦憲法の修正第1条解釈を論拠とする部分が存在していた[116]。また、ブラックストーンの『イングランド法釈義』の注釈や批判的検討を通じて、アメリカにおける「言論・出版の自由」を定位しようとした、ジョージ・タッカーも同様に、連邦の権限の問題、修正第1条解釈の問題の双方の論点を論じていた[117]。そして、彼らがそれを論じる際には、前提として、アメリカにおけるイングランドのコモン・ローの継受の問題が存在しており、そこにまた多くの論が費やされていた。連邦と州の権限の問題は、コモン・ローの継受の問題と関連して扱われており、コモン・ローの継受の範囲の問題、すなわち、州レベルでの選択的な継受なのか、連邦レベルの連邦コモン・ローの存在を認めるのかという問題と関連して論じられていた。さらに後述するように、マディソンやジョージ・ヘイといったリパブリカンの論者たちの中には、コモン・ローに基礎づけられたものから離れた「出版の自由」概念を、連邦と州の双方に貫徹させる議論を展開させている者もおり、その点においても、フェデラリズムを越えた視点において、それが論じられていたことが分かる。

　したがって、フェデラリスト、リパブリカンの主張を〈州権 対 連邦権力〉という権限配分の枠組みや、「抑圧の遺制」に対する自由概念の成長という枠組みのみで捉えることは、アメリカの法形成や憲法におけるSedition Act 論争の意味を見落とすことになるように思われる。そこで、歴史学の成果を踏まえ、〈州権 対 連邦権力〉という権限問題の枠組みや実体的な自由概念の成長という枠組みの背後にある思想や、政治文化の対

116）*See*, Madison, *supra* note 19.
117）Tucker, *supra* note 101, Appendix at 3-30.

立を考慮に入れ、Sedition Act 論争がなされた19世紀の政治文化の変容、社会変動を見据えつつ、コモン・ロー継受論への彼らの対応を考慮することが必要であると考える。特に、19世紀前半、公論（public opinion）や自発的結社を基礎にした公共圏の形成というアメリカを特徴づける政治文化の形成において、アンタイ・フェデラリスト、リパブリカンの支持層が果たした役割の重要性が明らかにされており[118]、その当時、政治文化、政治社会の変容を背景にした政治思想を絡めながら、フェデラリズムのあり方をめぐる問題、修正第1条解釈のあり方をめぐる問題が論じられたことや、その二つの問題のメタ・レベルの問題として、新たに創生したアメリカ社会におけるイングランドのコモン・ロー継受の問題があったことを踏まえる必要がある。そして、その視角において Sedition Act 論争を捉えることによって、同論争を当時の文脈において把握しつつ、その意味や射程を広く捉え、その実相を把握することが可能になるものと考える。

(ii) リパブリカンの修正第1条解釈とその政治文化

前述のフェデラリストの主張に対して、リパブリカンは、様々な角度から批判を加える。ここでは、リパブリカンの様々な論者の主張を見て、彼らの反論の要点を踏まえ、その意味を検討する。

まず、主要な論者として、チュニス・ウォートマンが挙げられる。彼は、*A Treatise Concerning the Political Enquiry and the Liberty of the Press* (1800) を著し、Sedition Act に対する理論的な批判を行う。「言論・出版の自由」に基づく知的交流の拡大は、理性や科学、真理および文明の進歩

---

118) 特に、19世紀前半のアメリカにおける政治文化の変容という観点から編集された論文集として、Pasley, Robertson, and Waldstreicher, *supra* note 70。アメリカの憲法や国家構造、公共圏の形成においてアンタイ・フェデラリスト、リパブリカンの支持層が果たした役割に焦点を当てるものとして、Saul Cornell, *The Other Founders: Anti-Federalism and the Dissenting Tradition in America 1788-1828*, The University of North Carolina Press (1999). Edited by James Horn, Jan Ellen Lewis, and Peter S. Onuf, *The Revolution of 1800*, The University of Virginia Press (2002) がある。

につながるという進歩主義的な観点に立脚し[119]、そこには、超越的な公共善を否定し、個人の差異を前提にしながらその調和を図る公論（public opinion）の形成によって、社会の維持・発展がなされていくという社会イメージがあった[120]。この新しい社会イメージに基づき、彼は、特に政治社会における公論の形成の重要性から「出版の自由」を基礎づける。彼は、あらゆる種の政治制度を支えるのは公論であるとする[121]。そして、選挙権についての財産所有要件に疑問を呈し、選挙権の拡大を主張したうえで、社会における人民の討議の重要性を力説する[122]。出版は、まさに討議の手段となるものであり[123]、その点から、修正第 1 条によって、seditious libel に基づく事後的な規制から守られるべきであるとする。デモクラシーの社会における政治的な言論では、ただ討議によって真実を発見していくことだけが、誹謗を防ぐものであるとした。[124] このような政治理論に依拠したうえで、コモン・ローの seditious libel の法理によって修正第 1 条解釈を行うことを否定する。そして、Sedition Act 制定についての連邦の権限に関しては、連邦憲法の最終的な契約主体は人民により近い州であるとし、連邦憲法は、限定された特定の権限を連邦政府に委託したに過ぎないとする[125]。ここから、連邦コモン・ローの存在が否定され、同時に、Sedition Act についての立法権限も否定されることになる。さらに、彼は、ブラックストーンにおいて定式化されていた「自由」と「放縦」の区別にも言及し、「放縦」の是正は、あくまで人々の公論においてなされるべきとする[126]。加えて、libel に対する刑事訴追は、「放縦」の是正には不要であって個人への侵害としてなされた場合に民事訴訟において処理されるべ

---

119) Tunis Wortman, *A Treatise Concerning the Political Enquiry and the Liberty of the Press* (1800) at 47-182. Levy, *supra* note 79, at 328-330.

120) Cornell, *supra* note 118, at 258-259.

121) Wortman, *supra* note 119, at 118-119.

122) *Id.* at 56.

123) *Id.* at 245.

124) *Id.* at 122-123.

125) *Id.* at 209-212.

126) *Id.* at 251.

第2章　憲法と憲法解釈の基礎─ストーリーの『アメリカ合衆国憲法釈義』

きであるとする[127]。

　次に、ジェイムズ・マディソンは、連邦憲法制定時には連邦政府設立を目指すフェデラリストであったが、同時に、連邦憲法に修正条項を導入することに関して最も熱心な主張者であった。1790年代において、マディソンが修正条項に対してどのような意義をどれほど見出していたのかは明らかではないが、当初、連邦憲法に Bill of Rights を導入するのに反対していたマディソンが、後に修正条項の導入を強く主張した動機は、①連邦憲法反対派の反対理由を奪うこと、②彼自身の下院議員選挙の際に争点として浮上し、選挙戦を有利に闘うため、修正条項導入を選挙公約とせざるを得なかったことも背景にあるとされている[128]。また彼は、制憲時において、修正第1条がいかなる法的性質のものか（コモン・ローを継受したものなのか）、「言論・出版の自由」は何を意味するのかについて、明確に語っていなかったという[129]。一方で、1789年の憲法起草段階において、修正条項のうち、特に、良心・出版の自由については、州に対してその侵害を禁じる提案をしており、フェデラリズムを越えて、いかなる権力からも守られるべき権利としての性質が構想されていたのが見てとれる[130]。

　1790年代に入り、マディソンはフェデラリストと袂を分かち、その政策を批判し始めた。そして、この時から、「言論・出版の自由」の意味を明確にし始め[131]、Sedition Act 制定に対する反論の書である『ヴァージニア・レポート』において、その解釈論を示している。

　マディソンは、『ヴァージニア・レポート』において、連邦憲法の契約

---

127) *Id.* at 253.

128) Hickok, *supra* note 106, at 84-85. Elkins and Mckitrick, *supra* note 97, at 60-62.

129) Levy, *supra* note 79, at 321.

130) Edited by Helen E. Veit, Kenneth R. Bowling, and Charlene Bangs Bickford, *Creating the Bill of Rights: The Documentary Record from the First Federal Congress*, John Hopkins University Press（1991）at 11-13. Juhai Rudamko, *The Forging of Freedom of Speech: Essays on Argumentation in Congressional Debates on the Bill of Rights and on the Sedition Act*, University Press of America（2003）at 99-100.

131) Rudamko, *Id.* at 322-323.

主体は州にあるという州権論の立場を取りつつ、連邦憲法の修正条項解釈を行う。すなわち、修正第1条を「信教の自由」条項と一体的に捉えて、「信教の自由」と「言論・出版の自由」を結びつけ、共に政府の権力によって侵害できないものとした。修正条項において、「信教の自由」と「言論・出版の自由」が同じ条項に規定されている趣旨を読み解き、「信教の自由」によって、アメリカは国教会体制を敷くイングランドとは法的にも政治的にも断絶したのであり、修正第1条がコモン・ローを継受したものとすることはできないと論じる[132]。マディソンは、「信教の自由」条項については、早くから政治社会（civil society）によっても規制し得ない、絶対的な権利として構成していた[133]。彼は、修正第1条解釈を「信教の自由」と「言論・出版の自由」と一体的に構成し、その範疇に「言論・出版の自由」を組み込んだのである。

　ジョージ・タッカーは、『ブラックストーンの釈義』（1803）において、ブラックストーンの『イングランド法釈義』のアメリカへの適用可能性を考察し、数々の注釈を行った。『ブラックストーンの釈義』は、第1章で述べたように、アメリカのまとまった法学体系書としては初めてのものと言え、特に法学教育において大きな影響を与え、ストーリー、ケントらの著作の登場以前には、アメリカの包括的な法学体系書としては、ほぼ独占的な影響力を有した[134]。彼は、『ブラックストーンの釈義』の補記の部分において、「良心の権利、そして言論・出版の自由について」という項目を独立に設け、新たに「出版の自由」を権利として位置づける。そこでSedition Act を取り上げ、マディソンの『ヴァージニア・レポート』を参照しつつ、修正第1条解釈を展開する[135]。アメリカ合衆国は、人民主権を採用し、代表民主制の政体であるアメリカにとって「言論・出版の自

---

132) Madison, *supra* note 19, at 657.

133) *Id.* at 29-36.

134) *See*, White, *supra* Introduction note 18. And *See*, Bauer, *supra* note 1. Bernard Schwartz, *Main Currents in Ameican Legal Thought*, Carolina Academic Press （1993）.

135) Tucker, *supra* note 101, Appendix at 3-29.

112　第2章　憲法と憲法解釈の基礎─ストーリーの『アメリカ合衆国憲法釈義』

由」が不可欠であるとし[136]、政治原理としてのデモクラシーに修正第1
条解釈を基礎づけながら、やはり、イングランドとアメリカの国制の相違
を強調する。そして、マディソンと同様に、政治問題における「出版・言
論の自由」と「信教の自由」を等置し、「出版・言論の自由」が「信教の
自由」と同様に厚い保護のもとに置かれた点を強調し、それが、「アメリ
カの人民が出版の自由に付与したはかり知れない価値」の証拠であるとし[137]、政府による事後的な規制に対しても無制限の保護の保障を主張する[138]。さらに、連邦レベルにおけるイングランドのコモン・ロー継受に
関しても、マディソンと同様、宗教的寛容、国教会の存在の有無など、植
民地時代からアメリカとイギリスの統治構造の相違を強調し、かつ、アメ
リカにおける各州憲法の相違に鑑みて、各州憲法に反しない限りでの継受
がなされるべきであり、そのように運用されている旨を強調する[139]。

　そして、タッカーは修正第1条へのコモン・ロー継受を否定する前提と
して、アメリカにおける近代憲法の特質を明確に意識し、それを指摘した。
彼は、アメリカとイギリスの本質的な相違として、アメリカの連邦や諸州
の憲法とイギリスの統治構造における「権利」の働きについての根本的な
相違を提起する。すなわち、主権を有するのが国会であるイギリスにおい
ては、Bill of Rights は、王権に対して国会を守るために機能するが、人
民が主権の保持者であるアメリカにおいて、Bill of Rights は、他ならぬ
議会、行政に対して人民の権利を守るために機能するものであると主張し、
修正条項の人民の権利としての意義を強調する[140]。このような権利の構
成はすでに、1789年の段階でマディソンによっても明確に論じられていた。
マディソンは、イギリスのマグナカルタとアメリカの修正条項の相違を強
調し、アメリカの修正条項は議会からも人民を守るものである点、マグナ

---

136)　*Id.* Appendix at 16.
137)　*Id.* Appendix at 16.
138)　*Id.* Appendix at 19-20.
139)　*Id.*
140)　*Id.*

カルタには「出版の自由」、「信教の自由」の規定が無い点を挙げていた[141]。

　その他に、Sedition Act に対する理論的な反論として、ジョージ・ヘイ、ジョン・トムソンの主張がある。ヘイは、「出版の自由」の権利としての性質を論じ、権利（right）と特権（privilege）の区別を強調し、「出版の自由」は前者であるとする[142]。さらに、ヘイもマディソンと同様に、「出版の自由」の概念はコモン・ローに基礎づけられるものではないとし、その概念を州レベルにまで貫徹させることを明確に主張し、また、「自由」と「放縦」の区別に際して、「放縦」を消し去ろうとすることは自由それ自体も死滅させるとして、その弊害の大きさを指摘する[143]。トムソンも同様に、出版規制の論拠として用いられる「放縦」という用語を問題視し、それが出版行為の犯罪性を測定する基準としては意味のないものとする[144]。そして、ウォートマンやヘイと同様に、誤った意見や事実の是正は、他の正しい真理や事実との衝突によってなされるべきで、真に恐れるべきは、誤った意見ではなく、政府の規制であるとする[145]。ここからトムソンは、たとえ悪意に基づく虚偽の内容であっても規制すべきではないとする。[146]

　このように、リパブリカンの Sedition Act に対する反対論は、アメリカとイギリスの国制の断絶を前提にし、新たに出現したデモクラティックな政治社会を積極的に肯定する思想に基づき、それを修正条項解釈の基礎としつつ、修正第1条を「権利」として捉える。そのうえで、修正第1条へのコモン・ローの継受を否定するものであった。その背景には、デモクラティックな政治文化の出現、すなわち、出版を通じた人民の公論（public

---

141) *See,* James Madison, Speech in Congress Proposing Constitutional Amendments（June 8 1789）in Rakove, *supra* note 18.

142) George Hay, *An Essay on the Liberty of the Press*（1803）at 23-26.

143) *Id.* at 26-28.

144) John Thomson, *An Enquiry, Concerning the Liberty, and the Liscentiousness of the Press, and the Uncontroulable Nature of Human Mind*（1801）at 7-8. Levy, *supra* note 79, at 335.

145) *Id.* at 74. Levy, *supra* note 79, at 335.

146) *Id.* at 83. Levy, *Id.*

114　第2章　憲法と憲法解釈の基礎──ストーリーの『アメリカ合衆国憲法釈義』

opinion）を軸とした政治を基本とする政治文化や政治思想の存在を確認することができる。

（4）　Sedition Act に関する裁判例

　Sedition Act、seditious libel と修正条項の問題は裁判例においてどのように扱われたのか。1849年出版の連邦の下級審判決に関する判例集には、Sedition Act 施行後の seditious libel 関係の判例として、Matthew Lyon の事件、Thomas Cooper の事件、Anthony Haswell の事件、James Thompson Callender の事件が特筆されており、Seditious Riot に関しては、Duane、Reynolds、Cuming の事件が記載されている[147]。

　それによれば、バーモント区連邦巡回裁判所の大陪審が、リパブリカン派の地方の議会の構成員について、大統領ジョン・アダムズに対する libel を理由に起訴に相当するとしたケースでは[148]、Sedition Act が違憲であるとの原告の主張に対して、連邦最高裁裁判官のウィリアム・パターソン（William Paterson）によって、陪審の判断することではないという説示がなされ、原告を有罪としている。

　別のケースでは、ジョン・アダムズ政権の軍事支出や国家財政、フランスに対する敵対政策を批判したビラを被告人が配布したことを理由として、ジョン・アダムズに対する libel の罪によって逮捕され、ペンシルヴァニアの連邦区巡回裁判所において起訴されている[149]。被告人は、自らの出版したビラに記載した内容の真実性と、害意の欠如を主張し、民主政府における自由な出版の必要性を主張した。これに対して、陪審は、Sedition Act 違反を理由に被告人を有罪とした。この判断において、サミュエル・チェイス判事は、制定法解釈の手段としてコモン・ロー上の seditious libel の法理の解釈を用い、出版の事実から推測し、被告人がその真実性を証明するまで、出版の虚偽性が推定されると陪審に対して明らかにして

147）Wharton, *supra* note 109, at 333-344, 345-391, 659-681, 684-687, 688-721.

148）Wharton, *supra* note 109, at 333-344. Smith, *supra* note 102, at 231-235.

149）Wharton, *supra* note 109, at 659-681.

いる[150]。また、出版内容の真実性を証明するのは被告人側の責任であるとし、その出版に込められた意図を考え、その全体を見るのが陪審の仕事であると説示した[151]。チェイスは陪審への説示において、Sedition Actの処罰対象となるような党派的な言説への非難と、有徳な代表の観念の重要性を論じ、説得を行っていた[152]。

さらに、あるケースでは、パブリカン派の編集者であった被告人が、大統領候補ジェファソンを支持し、ジョン・アダムズやフェデラリスト派の人々に文書によって激しい批判を行った。それが、当時、メリーランドにおいて巡回の職務を行っていたチェイス連邦最高裁裁判官の目にとまり、フェデラリスト派でもあった彼によって起訴の準備がされることになった[153]。このケースでも、事実審では、Sedition Act が違憲であるとの議論を陪審に向けて行うことを否定し、陪審が州法や連邦法の違憲性を宣言することを否定した。彼は、「合衆国の裁判官こそが、連邦議会によって作られた制定法が連邦憲法に反するかどうかを判断するのに適切で、その資格のある権限を有している」とした[154]。陪審は、被告人を有罪と判断し、その判決に際して、seditious libel 行為の危険性を論じ、それが、政府を転覆させるもので、選挙の過程における人民の判断を乱すものであるとした。さらに、「出版の自由」は、公正な議論は許すが、libel は保護しないとし、ブラックストーンのコモン・ローの説明に見る伝統的な区分である、「自由」と「放縦」の区別に立脚していた。また、人民を扇動する言説により政治を動かすことに否定的な態度を示し、公的な制度である請願、あるいは選挙を通じた意志の表明をするよう勧めた[155]。

---

150) *Id.* at 671. Jenkins, *supra* note 101, at 192.

151) *Id.* at 19-20.

152) Jenkins, *supra* note 101, at 192. Stephen B. Presser, *The Original Misunderstanding: The English, The Americans, and The Dialectic of Federarist Constitutional Jurisprudence*, Carolina Academic Press (1991) at 117, 175, 181.

153) Wharton, *supra* note 109, at 688-722. Jenkins, *supra* note 101, at 193.

154) Wharton, *supra* note 109, at 716. Jenkins, *supra* note 101, at 194.

155) Wharton, *supra* note 109, at 718. Jenkins, *Id.*

116 第2章 憲法と憲法解釈の基礎―ストーリーの『アメリカ合衆国憲法釈義』

　これらのケースにおいて、有罪とされたリパブリカン派の被告人たちは、連邦レベルのコモン・ローの継受を肯定するフェデラリスト派が多数を占めていた連邦最高裁には期待せず、連邦最高裁への上訴はしなかったが、1800年の大統領選の勝利と政治部門の変革による同法の失効を待ったものと考えられている[156]。

　Sedition Act に関する以上の事例において共通するのは、いずれもSedition Act の違憲の主張それ自体を退け、修正第1条の「出版の自由」の解釈において、コモン・ローの seditious libel の法理を基礎にしながら、陪審の役割に関する議論や、seditious libel の法理における「自由」と「放縦」の区別、また、抗弁の要件などの解釈論に終始し、それぞれが立脚する政治原理の異同などは、同法の違憲の主張とともに封殺されたことである。Sedition Act 失効後、コモン・ロー上の seditious libel に関する連邦最高裁の判断として、United States v. Hudson and Goodwin（1812）がある[157]。この判決は、seditious libel に関する連邦コモン・ロー、すなわち、裁判所は連邦議会の立法がない場合、コモン・ロー上の法理や判例に基づき訴追し、解釈する権限は持たないとした。だが、この判例においても、Sedition Act のような、seditious libel に基づく立法の合憲性について述べられておらず、seditious libel そのものの問題やその合憲性に触れられることなく、その観念は、修正第1条の「出版の自由」の条項の解釈として生き続けた[158]。

(5)　ケント、ストーリーにおける修正第1条解釈

　「1800年の革命」において、フェデラリストは政権を失った。そして、Alien and Sedition Acts は失効し、Sedition Act は、連邦政府による立法という形では一度も裁判所による審査を受けることなく立法部によって失効された。

---

156)　Jenkins, *supra* note 101, at 196.
157)　United States v. Hudson and Goodwin, 7 Cranch（11 U.S.）32（1812）
158)　Jenkins, *supra* note 101, at 197.

6　ストーリー、ケントの修正第1条解釈と政治秩序　**117**

　だが、Sedition Act の核となった、コモン・ロー上の seditious libel の
法理自体は、ケント、ストーリーらによっても支持された。

　まず、ケントは、『アメリカ法釈義』において、seditious libel の法理を
支持し、後代にまで、アメリカにおける「出版の自由」、修正第1条につ
いてのコモン・ロー上の定義を伝え続けた。ケントは、「出版の自由」に
関して、「公的不法（違反）行為」（Public Wrongs）の項目に置かれたブラ
ックストーンの『釈義』と異なり、「人の絶対的権利」（Of the Absolute
Rights of Persons）の項目に置く[159]。ここで、個人の名声（good name）の
侵害態様として libel を論じ、その中で、「言論・出版の自由」を論じる。
彼は、「出版の自由」について、自由な討論や感情の伝達（communication
of sentiment）を保障するもので、それが社会において重要な役割を果た
すことを認め、憲法上の原理（constitutional principle）であると述べる[160]。
だが、彼も、seditious libel の法理に基づく、「出版の自由」に対するコモ
ン・ロー解釈を維持する。彼は、マサチューセッツ州とルイジアナ州にお
ける判例に触れながら、ともに、「コモン・ロー上の原理が、常識と共通
の正義に立脚し、全ての文明国に広がっており」、「イングランドのコモ
ン・ローの seditious libel の法理が、この国における原理であることは、
憲法や立法による明確なコントロールがなくともそうなのである」とす
る[161]。そして、ケントは、ブラックストーンと同様に、「自由」と「放
縦」の区別を行い、後者の規制の必要性を強調する[162]。ケントは、libel
をなす者は、民事訴訟における場合と同様に、公共の平穏に対して直接的
に向けられた侵害行為について有罪として、侵害者はその責任を負うとし、
政府、公職者に対する名誉毀損的な出版は、私人に対するものと同様に罰
せられるとした[163]。ケントは、アメリカの法学における seditious libel の

　159）Kent, *supra* Chapter 1 note 43, at 1-22.
　160）*Id.* at 14.
　161）*Id.* at 17.
　162）*Id.*
　163）*Id.* at 13.

理論的基礎をさほど調べることはなく、ただ、seditious libel における真実性の証明という、コモン・ロー上の手続面に関する論点に集中する。また、彼は、自身が裁判官として担当したクロスウェル事件への論評を行う。この事件は、連邦法上の Sedition Act 失効後、すなわち、「1800年の革命」によるリパブリカン政権成立後、今度は、フェデラリスト派によるリパブリカン派への批判的言説に対して、コモン・ロー上の seditious libel が適用されて裁判となった事例である[164]。この事例を引きながら、ケントは、抗弁事由として、出版内容が真実であるという真実性の抗弁だけでは足りないとし、それが善良な動機によってなされたことが重要であるとした。このように、ケントにおいては、「出版の自由」の意義についての原理的な考察や、その実体的な権利としての性質についての叙述は、ブラックストーンよりは触れられてはいるものの、もっぱらコモン・ロー上のlibel に対する抗弁や、準則の問題として処理され、libel にあたらない「残余」の行為の自由としてそれが存在するものと考えられていたと言える。

　ストーリーは、『合衆国憲法釈義』において、主に、「言論・出版の自由」を「修正条項」（Amendment）の項目において論じ、修正第1条に関する注釈を行う。彼は、修正第1条解釈について、「この修正条項の文言は、事前の規制なしに、ある主題について、人が自らの意見を話し、書き、出版する権利を有するということ以上は意味せず」、他者の人格、財産、名誉を害せず、「公共の平穏や政府の転覆をしようとしない限りにおいて」存在するとし、ブラックストーンにおいてなされていたコモン・ロー上の「出版の自由」、すなわち、事前規制の無いことをその核とする定義に従う。そして、ケントと同様に、「その偉大な原理は libel のコモン・ローにおいて作動していたもので、人は、善良な動機を持って、正当化できる目的を持って真実であるものを自由に出版できる権利を有する、ということ以上のものでも以下でもない」とし、免責のためには真実性の抗弁だけではなく、その出版が善良な意図からなされたことの証明が必要である

---

164) People v. Croswell 3 Johnson's Cases（N.Y.）336（1804）.

6　ストーリー、ケントの修正第1条解釈と政治秩序　**119**

ことを論じた[165]。

　そして、「出版の自由」に関して、ジョージ・タッカーが主張するよう
な、名誉毀損に対する私法上の訴訟によって libel を是正するだけは足り
ず、公共の平穏を害し、政府を不安定にし、社会を乱す出版に対して
sedition というカテゴリーを設け、政府が規制する必要がある理由として、

> 「（出版についての全くの無制限の自由は）すべての市民に対して、その思
> うままに、名誉、平穏、財産、他の市民の身体的安全さえも破壊するこ
> とを認めるものとなるだろう。…（中略）…それは、国内のあらゆる平
> 和を覆し、市民の親密な愛情を不和にさせ、弱く、臆病で、無邪気な
> 人々に最も苦しい罰を与え、その情念（passions）や心の腐敗
> （corruption）の望むままに、すべての人間の市民的（civil）、政治的
> （political）、私的な（private）権利を侵害し、政府それ自体に対する
> sedition や反乱、反逆を掻き立てることになるだろう。そのような状況
> 下では、市民社会（civil society）が存続することは不可能であろ
> う。」[166]

と、ここでも社会に存在する「情念」の制御の必要性が指摘される。また、
市民社会の分断を防ぐためにも、seditious libel の法理が必要であるとさ
れる。さらに、

> 「（「出版の自由」への）制限がなければ、自由の原理を廃棄させ、出版を
> 通じて最も有徳な愛国者たちを憎悪の対象とし、最悪の形では、専制を
> 招来することによって、共和国の災難となるだろう。」[167]

とし、無制限の「出版の自由」が、有徳な人々を退けさせ、共和政体その

---

165) Story, *supra* note 40, §1874, §1883.
166) *Id.* §1874.
167) *Ibid.*

ものを危険にさらすとして、「出版の自由」への制限が肯定されるのである。

　このような「出版の自由」のあり方に関して、ストーリーの政治思想、経済思想とも親和性のあったヒュームも論じている[168]。ヒュームは、「出版の自由」について、権利の観点からというよりも、抑制均衡の観点から論じ、「出版の自由」によって、「学問、知性、天性は自由の味方として用いられ、人々は一人残らず自由の擁護に向けて鼓舞される」とし、専制、混合政体、共和政といったあらゆる政体にとって必要な自由としていた。だが、後年の版になると、「言論・出版の無制限の自由は、それに対する適切な是正手段を提案することが難しく、おそらく不可能であろうが、これがこうした混合形態の政体に伴う弊害の一つであることは認められなければならない」とし、「出版の自由」に対して警戒し始めていた。ヒュームは、同じ論考において、1770年版以前では、「アテナイの民衆扇動家やローマの護民官の激烈な演説によって生じたような悪い結果がこの自由から生じるのではと危惧する必要はない。人は書物やパンフレットを一人でしかも冷静に読む。影響を受けて激情に感染させられるような人はまったく存在していない。行動がもつ力と勢力によって急がされるような人もいない」、「言論・出版の自由は、いかに濫用されようとも、それが民衆を扇動して暴動もしくは反乱を引き起こすことはまずありえない」、「人間の経験が増大するにしたがい、民衆（people）はこれまで言われてきたような危険な怪物ではけっしてなく、理性のない動物のように、綱をつけて引っ張ったり、追い立てたりするよりも、理性をもった被造物のように導く方が、いかなる点から見てもよいということも分かってきている」[169] としていた箇所を削除し、急進的ジャーナリズムの台頭、政治の急進化、言論・出版についての無制限の自由がもたらす無秩序に対する警戒を示していた[170]。

---

168) デイヴィッド・ヒューム「言論・出版の自由について」田中敏弘訳『ヒューム　道徳・政治・文学論集』（名古屋大学出版会　2011）6-10頁。
169) ヒューム　前掲書　9頁。

ストーリーも、社会の急進化、デモクラティックな社会の無秩序に対して警戒し、「出版の自由」を、そのような新しい社会の制御の問題と捉えていた。「出版の自由」と恒久的な政府は両立しえないという見解を紹介しながらも、「出版の自由」なしに自由政府は存在しえないとする。だが、ストーリーは、「出版の自由」が形成する「公論」については以下のように述べる。

　「要するに、出版とは近代社会（modern society）における新しい要素なのであって、かなりの程度において、軍隊の権限、人民主権をも支配する可能性がある。出版は、沈黙とともに、安っぽさとともに、悲しみとともに、社会のすべての土台を一瞬で解体させ、渓流のようにその範囲内のあらゆる物事を荒廃させるように公論（public opinion）を突き動かすのである。」[171]

　ストーリーのこの指摘において重要なのは、出版とそれが形成する「公論」が新しい近代社会を動かす支配的な要因として挙げられていることである。出版は「情念」を突き動かし、「公論」もまた突き動かす。それを適切に管理することが近代社会において出現した課題とされ、ここでストーリーにおいては、古典古代的な政治文化の中では生じなかった、新しい課題として明確に意識されている。そして、ストーリーにおいては、「出版の自由」を含む Bill of Rights そのものが、移ろいやすい「公論」を啓蒙し、「公論」の啓蒙によって多数者を制御する道具となるものとして位置づけられ[172]、ここでも「情念」によって動かされる「公論」のコントロールが主張されている。

　こうして、ストーリーは、デモクラティックな政治社会において、「情念」の制御を重視する政治思想的フレームワークに基づき、デモクラシー

170）佐々木毅「ヒュームと公共精神の問題」『思想』760（1987）18頁。

171）Story, *supra* note 40, §1884.

172）*Id.* § 1859-1860.

の社会における「公論」の形成にとって自由な言論活動が重要であること
を指摘しながら、ブラックストーン、ケントと同様に、彼らを引用しつつ、
出版の「自由」と出版の「放縦」の区別を行うことによって、後者の規制
は自由政府に矛盾せず、修正条項による保護に含まれない点を強調す
る[173]。その上で「連邦政府が出版の自由ではなく、出版の放縦を規制で
きる法を制定できるかどうかは、（出版の自由とは）まったく性質の異なる
ものである」として、Sedition Act の経緯を説明し、それが出版の「放
縦」を規制するものであったかのような示唆を行っている[174]。

　そして、ストーリーは、このような政治思想的な社会認識に基づきなが
ら、修正条項におけるコモン・ロー解釈については、コモン・ロー継受を
前提にしたアメリカ法史像に基づき、新しい政治社会に対応するための法
的構成として用いていた。

　先述のように、彼は、アメリカにおけるコモン・ロー継受について肯定
し、「植民地への定住以来、アメリカには統一的な原理が存在していた。
その統一的な原理（そして、実務はそれに合うようになっているが）とは、
コモン・ローが我々の生来の権利であり、生得のものであり、わが祖先た
ちは、移住に際して、適応可能なすべてのものを共にもたらしたというこ
とである。現在の我々の法理（jurisprudence）の全体構造は、コモン・ロ
ーの本来の基礎に基づいているのである」と論じ[175]、市民的権利、自由
といった憲法原理もコモン・ローを基礎にするように論じていた。さらに、
そういったコモン・ローが州の基礎なのか、それとも合衆国レベルで適用
可能かどうかに関する問題を論じ、「（もし合衆国レベルにおいてコモン・ロ
ーが適用されないならば）その結果として、合衆国の裁判所や政府のため
のいかなる導き、ルールも存在しないことになるだろう」とし、「契約や
権利主張」や、「合衆国憲法」、「合衆国の法」から生じる莫大な量の権利
義務を前に、判決や解釈のルールが存在しないことになるとし、合衆国レ

173）*Id.* § 1885.
174）*Id.* § 1882-1885.
175）*Id.* § 157.

ベルでのコモン・ローが憲法解釈はもとより法解釈の前提として要求されることを論じていた。アメリカのコモン・ロー継受から、連邦議会の制定した、制定法の解釈や、統治に関する法の解釈、さらには、権利や自由といった憲法に関わる問題に関しても、コモン・ロー解釈の方法、法理が基礎になるべきとされていた[176]。このように、コモン・ローの継受論が彼の修正条項解釈の基礎を提供していた。

(6) 小括

ここまで、1798年の Sedition Act に関する論争を考察し、新しいデモクラティックな政治文化を背景とする憲法解釈と、古典古代的な政治文化や「名望家支配」を背景とした、コモン・ローの法理を基礎とする憲法解釈の対立を踏まえ、ケント、ストーリーの修正第1条解釈を検討した。この論争に関する言説を分析する中で浮かび上がって来るのは、上記の政治社会の変容の中で、アメリカの政治社会に重大な影響力を持つ修正第1条解釈が、二つの大きな解釈の枠組みの中で衝突したことである。この相克の中で、コモン・ローの法理の憲法への影響が生じたものと考えられる。そして、この Sedition Act 論争に見られる相克の背景には、①アメリカの政治文化、政治社会の変容とそれに対する政治経済思想的な認識枠組み、②コモン・ロー継受に関する相克、③成文憲法なきイギリスの法であるコモン・ローと近代成文憲法の構造的な配置の問題、という三つの問題があったものと分析できる。

「財産と教養」を有する者が政治主体として想定され、そういったジェントリー層を中心にした政治文化から、普通の人々（ordinary people）が主な政治主体として想定されるデモクラティックな政治社会へと変わっていくアメリカ政治社会の変容の中で、憲法や法を支える原理・思想において新しい考えが生じ、大きな対立が生じることになった。その政治社会の変容は、同時に、イングランドという異なる政治、社会体制を持つ国の法

---

176) *Id.* § 158.

124　第2章　憲法と憲法解釈の基礎―ストーリーの『アメリカ合衆国憲法釈義』

体系であるコモン・ローを、アメリカにいかに継受すべきであるのか、その あり方をめぐる対立を孕んでいた。すなわち、デモクラシーの台頭に対して法的な安定性を重視し、ジェントリー的な政治文化を引き継ぎ、「恭順に基づく政治」の政治文化を保存させようとする考えに親和的な立場の者は、その母国であるイングランドの国制に比較的違和感を覚えず、コモン・ローの継受に賛意を示したが、デモクラシーや信教の自由の観点からアメリカとイングランドとの国制上の断絶を重視する者は、コモン・ロー継受に批判的であった。さらに、前述の政治社会の変容、法の継受という問題は、新たな国家、社会における憲法のあり方についての問題を生じさせた。すなわち、成文憲法なきイングランドにおいて機能したコモン・ローの法理、準則が、新たに出現した近代成文憲法の意味づけにどのような役割を果たすべきなのか、憲法とコモン・ローがどのように配置されるべきなのか、という憲法とコモン・ローの配置関係に関わる問題である[177]。

　アメリカに大きなインパクトを与えたブラックストーンの『釈義』にお

177）成文憲法を持たず、それを前提としない社会の中で構成された私法的世界の法であるコモン・ローをベースとした統治構造の法（constitutional law）を扱うことと、成文憲法という近代的な構成物を扱うことの間の「距離」については、「イギリス憲法の注釈の特別の困難さ」という表題で、イギリス統治構造法（Constitutional law）の注釈者としての立場から、A. V. ダイシーが指摘していた（A. V. Dicey, *Introduction to the Study of the Law of the Constitution*, Macmillan and Company; 8th edition（1915）. A. V. ダイシー著、伊藤正己・田島裕訳『憲法序説』（学陽書房 1983）6-7頁）。ダイシーによれば、ストーリー、ケントといったアメリカの憲法の注釈者たちが、「アメリカ合衆国の憲法の注釈を行ったとき、彼らは、彼らの教えることの対象が何か、それを取り扱う適正な方法は何かを的確に知っていた」。「それは、全世界の人々が手にとることができる一定の文書、すなわち、「合衆国国民により確立されかつ制定された合衆国憲法」」である。そして、彼ら、アメリカの憲法の注釈者たちは、「自分たちが注釈しようとした法の分野の性質と限界を知って」おり、「憲法の注釈者としての彼らの仕事は、アメリカ法の他の分野を注釈する仕事とまったく同じ種類の仕事であった。アメリカの法律家は、憲法の諸条文の意味を、他の制定法の意味をひき出そうとするのと同じやり方で確定しなければならない」。（憲法解釈は）「文法の規則により、彼のコモン・ローの知識により、（ときには）アメリカ法の歴史がアメリカの立法に投げかける光により、そして裁判所の判決の注意深い研究からひき出されるはずの結論によって、導かれなければならない。要するに、偉大なアメリカの注釈者たちに与えられた仕事は、法の解釈につ

いての承認された規則に従って、明確な法的文書を説明することであった」（ダイシー　前掲書　6頁）。彼らが、イギリスの統治構造法の注釈書「よりもはるかにすぐれたものを生み出したとすれば、その成功の原因は、部分的には、イギリスの注釈者や講師には与えられていない利点をもっていることによる」。イギリスの統治構造法の注釈者は、「憲法的あるいは基本的である法を通常の制定法と区別するための基準を持って」おらず、「統治構造法（Constitutional law）について注釈するに先立って」、その「性質と範囲が何であるか自分で決めなければならない」（ダイシー　前掲書　7頁）。

　ダイシーはここで、イギリスと比較した場合、成文憲法という明確な「枠」が存在するアメリカ憲法の詳述の容易さを指摘している。確かに、憲法という枠さえ存在しなかった（存在しない）イギリスの統治構造法と比較した場合、「憲法の範囲」を把握することは容易であろう。だが、憲法典というテキストは、それ自体「無限展開的」（open-ended）であり（奥平康弘　前掲序章註24　7頁）、当然に、一義的に確定可能なものではない。さらに、アメリカにおいても、コモン・ローの法理が個々の憲法解釈に多大な影響を及ぼしており、それは、「近代」の産物としての憲法の諸原理とは齟齬をきたす局面があり、また、緊張をはらむものであった。「憲法上の権利」の問題との関係でいえば、憲法とコモン・ローの法理にはむしろ相反するものも多分に存在していたものと考えられる。そのようなコモン・ローとの緊張の下で憲法解釈がなされ、その解釈が導き出される背景には、多様な法原理、さらには、その原理を析出する価値の相克が存在しており、そういった憲法解釈が導き出される経路、構造を把握するには、歴史学的な知見が必要であると考えられる。ここでの「価値」、「原理」、そして準則の関係についての説明としては、中山竜一『ヒューマニティーズ　法学』（岩波書店　2009）85-93頁。中山は、ロベルト・アンガーの逸脱理論を踏まえ、法を通じての社会変革の可能性を考察し、ハードケースにおいて、準則→原理→価値と進化していくことによって、法の革新、社会変革の可能性を示唆する。そして、この思考枠組みは、法解釈の営為においてのみならず、社会変動の中にある判例や法理論の射程を考察する上でも、有益な観点である。すなわち、ある判例や法理論が準則レベルに留まっているのか、それとも原理レベルまで進んだものか、あるいは価値レベルにおける変革を要したものかを「測定」することによって、社会変動に対する法のあり様を測ることができよう。

　このような法構造の観点から、英独仏といった国々の近代法の形成のあり方を分析したものとして、村上淳一『近代法の形成』（岩波書店　1979）。さらに、同「ヨーロッパ近代法の諸類型」平井宜雄編『社会科学への招待　法律学』（日本評論社　1979）は、英独仏といった国々の社会構造を歴史的に類型化し、それぞれの国の公法・私法概念の類型比較を行う。また、特に行政法の観点から、近代ドイツ法、日本法における公法、私法概念とそれを軸にした法構造と、「私法的」世界の法であるイギリスのコモン・ローを中心とした法構造を比較・分析したものとして、下山瑛二『現代法学者著作選集　人権と行政救済法』（三省堂　1979）。

いては、Public Wrongs と Private Wrongs の区別が導入され、seditious libel は、Public Wrongs という政府や共同体を保護法益とした法概念の中に収容されていた。すなわち、ブラックストーンは、『釈義』において、Public、Private の概念を導入し、雑多な Wrongs の集まりを整理し直し、犯罪と非行を、社会的、集合的な権能（capacity）を持った一個の共同体、共同体全体に害悪を加える Public Wrongs（公的不法（違反）行為）とし、それを public law の侵害としていた[178]。ブラックストーンの『イングランド法釈義』の段階では、もっぱら私法的世界の法であったコモン・ローにおいて、公法的要素を帯びた法概念が Wrongs（不法（違反）行為）において構築されていたのであり、seditious libel はその中に収容されていた[179]。その背景として、伝統的に state の概念が乏しいイングランドにおいても公法概念の萌芽があったと言えるかもしれない。だが、前述のように、ブラックストーンにおける「古来の国制」論と国会主権の並存という名誉革命体制の論理と、それを支えるジェントリーの支配を前提としたブラックストーンの『釈義』の論理では、〈憲法―国家―人民〉という枠組みを基にした、成文憲法に基づく公法の体系や、抽象的な個人の権利、人権の概念を構成することはできなかった。デモクラティックな社会へと変容し、人権条項を有した近代的な成文憲法を制定したアメリカにおいて、初めてその構成の可能性があった。だが、アメリカにおいては、コモン・ローというイングランドの国制を前提とした法が大きなインパクトを持っており、建国初期のアメリカにもジェントリー層類似の名望家層が存在し、彼らを支持層としたフェデラリストは、これまで見たようにジェントリー的な政治文化と、それに親和的なコモン・ローの継受に前向きであったと言える。この相克の中で、コモン・ローに対して、新しい憲法、特にその人権条項がどのような位置を占めるのか、という「法の構造」と配置の問

---

178) Blackstone, *supra* Chapter 1 note 7, at 5.

179) *See*, David Lieberman, Mapping Criminal Law: Blackstone and the Categories of English Jurisprudence, in edited by Norma Landau, *Law, Crime and English Society, 1660-1830*, Cambridge University Press（2002）at 160-164.

題がSedition Act論争の背後にあった。

　ブラックストーンから、ケント、ストーリーの体系書における「言論・出版の自由」の位置を検討することによって、"Public Wrongs"（におけるlibelと区別されたものとして言及）→"Of the Absolute Rights of Persons"（good nameに対する侵害と区別されたものとして言及）→"Amendment"（修正条項）というように、それが徐々に憲法上の権利としての位置を得てきたことが理解できる。もっとも、ケント、ストーリーらによって法学体系書が展開されていく中でも、seditious libelというコモン・ローの法理はその位置をしっかりと確保し、体系書レベルにおいても、実務上でも、憲法解釈そのものを規定するインパクトを持つこととなった。

　しかし、ストーリーのseditious libel法理の正当化の論証は、イングランドのコモン・ローやイングランド国制に対する単なる憧憬に由来したものではなかった。「近代社会」におけるデモクラシーという、それ以前とは質的に異なる政治社会の認識が存在しており、これに対応するための法理としてコモン・ローが用いられ、社会契約理論、自然権理論とは違い、まさにコモン・ローの法理によって、「近代的」な政治社会の弊害に対処できるものとされていた。修正条項についても、ストーリーは、「公論」を導き、啓蒙することや、党派精神の過剰を制御することを挙げていた。また、修正条項が成文化されることによって、それを尊重させ、「公論」を修正条項に賛同させ、共同体全体の注意を目覚めさせ、多数派を抑制する手段となるなど、修正条項自体を政治秩序維持の手段と位置づける叙述も行っていた[180]。こうした修正条項の位置づけから、「出版の自由」が「公論」を通じて、共和政体や市民社会に危機をもたらす時は、「出版の自由」それ自体も抑制の対象になるという理路が存在していたものと考えられる。その意味において、新しいデモクラシーを統治する政治秩序の構成要素として、修正条項もコモン・ローも用いられていたと言えよう。

---

180) Story, *supra* note 40, §1859-1860.

Sedition Act 及び seditious libel の法理に関する論争は、以上の三つの問題を凝縮したものであったと考えられる。そして、本章で検討してきたSedition Act 及び seditious libel の法理に関する論争の背後にあった、アメリカ建国期におけるコモン・ロー解釈の憲法へのインパクトは、建国期から19世紀にかけての「出版の自由」に関する論争のひとつの帰結を導いたと考えられる。

これまで見てきたように、政治社会の形成に関わる修正第1条における、コモン・ロー上の seditious libel の法理およびそれに基づく解釈は、19世紀の判例法理においても、さらに、ケント、ストーリーの『釈義』にみられるように、影響力の強い体系書の中でも、根強く残り続けた。その結果、修正第1条に関しては、19世紀全般を通じてこのコモン・ロー解釈が支配的なものとなった。コモン・ローの seditious libel の解釈方法によって、修正第1条におけるコモン・ロー上の法理に基づく憲法解釈の基盤が形成され、これをどう破るか、これと異なる憲法上の原理に基づく解釈方法をいかに構築するのかということが、革新主義時代以降の課題とされた[181]。

本章で検討してきたように、憲法解釈方法論や個々の規定の解釈について、ストーリーは、その政治思想的フレームワークから理論構築を行い、あるべき社会を構想した。彼は、動かしえない現実としてデモクラティックな政治社会に直面しながら、スコットランド啓蒙思想のバックボーンや、法律家としても、自己の専門性を担保するコモン・ローの知識に依拠し[182]、その知識を用いて修正第1条解釈を行うことによって、憲法の規定や修正条項をコモン・ローに基礎づかせながら、それまでの政治社会像が前提としてきた、「財産と教養」を有する市民から必ずしも構成されな

---

181) Jenkins, *supra* note 101, at 204-211.

182) 特に、ケントによるデモクラシーの台頭への警戒感と、彼を支えていた政治思想の側面から、彼のコモン・ローへの傾斜を検討したものとして、*See generally,* Stychin, *supra* Chapter 1 note 42. また、建国期から19世紀中葉までの、法律家、法学者たちのコモン・ローへの傾斜とそれを支えた思想については、*See generally,* Perry Miller, *The Life of the Mind in America: From the Revolution to the Civil War,* Mariner Books（1970）.

い新しいデモクラティックな政治社会のコントロールを模索したのであった。

　次章では、経済社会、「経済秩序」に関わるケント、ストーリーの著作、判例法理を分析し、その「経済秩序」の構想を検討する。

第3章

土地と統治

　本章では、アメリカ建国期における政治、経済思想に基づく、「商業」（commerce）や「文明化」（civilization）の認識枠組みがいかにケント、ストーリーの財産権についてのコモン・ローの注釈や、憲法解釈、様々な法理に影響を与えたのかを検討する。ケント、ストーリーにおいて、アメリカの土地所有に関するコモン・ローの法理を基に、いかにアメリカの「経済秩序」が構想され、合衆国憲法の基礎に存在していたのかを明らかにすることが本章の目的である。

　アメリカ建国期には、土地（land）が政治的主体性、自律性の核と位置づけられ、その商品化に警戒的な主張が存在していた。他方で、土地そのものをひとつの商品として把握し、そういったモノの流通こそが社会を発展させるものと認識する立場も見られた。それは、「商業社会」としての「文明社会」を積極的に受容し、「情念」によって政治が突き動かされる現実を見つめ、「文明社会」において人々が洗練されていくことを重視する、ヒューム、スミスらのスコットランド啓蒙思想を背景とした、「商業社会」を基礎とする政治経済思想に依拠していた[1]。一方で、デモクラシーの進展と共に、従来の名望家層である、土地所有階層（landed class）の主導を必ずしも前提としない政治のあり方も台頭していた時代であり、このような様々な政治経済思想の相克は主要な法学者、法実務家にも影響を

1）こうした「共和主義」と「商業」の思想枠組みについては、Pocock, *supra* Introduction note 5. また、ポーコックらの政治思想史研究を踏まえながら、古典的共和主義の思想と土地の商品化（commodity）を促進する思想の相克の観点からアメリカの property 概念の通史を再構成したものとして、Gregory S. Alexander, *Commodity & Propriety: Competing Visions of Property in American Legal Thought, 1776-1970*, The University of Chicago Press（1997）がある。

与えていた。とりわけ、「商業」、「文明社会」の政治思想的、経済思想的な認識枠組みは、ケント、ストーリーなど当時のアメリカ法の主要な人物の著作の、所有や占有など財産権に関する説明において、法的な説明の前提として引用され、法理論、法概念の形成と直接結びつけられていた。本章では、ケント、ストーリーに対する以上のような政治経済思想の影響を分析し、土地所有権（landed property）を中心に property に関する法理や判例の背景にある政治経済思想的な基礎を明らかにし、再編成された経済社会に関係する法としてのコモン・ローが、いかにアメリカの連邦システムの形成に関係し、「憲法秩序」、とりわけ、「経済秩序」構築の素材となったのかを考察する。以下では、まず、アメリカ法の形成にも影響したブラックストーンの『イングランド法釈義』とマンスフィールド卿におけるproperty に関する法の位置づけについて確認する。

1　ブラックストーン『イングランド法釈義』における物的財産の中心性

　『イングランド法釈義』は、同書の目的と「法の科学」の意義について書かれた「序論」、人の身体の安全、国会主権などについて書かれた第 1 巻 *The Rights of Persons*、「物的財産（real property）及び人的財産（personal property）の法」に関する第 2 巻 *The Rights of Things*、「不法行為に関する法」についての第 3 巻 *Of Private Wrongs*、第 4 巻 *Of Public Wrongs* という順序で構成されていた。この構成は、第 1 章で確認したように、ローマ法の『法学提要』の「人」（persons）・「物」（things）の枠組みを踏まえたものであった。

　ブラックストーンの『釈義』では、property に関して、第 2 巻 *The Rights of Things* において property 一般に関する理論的な説明が冒頭でなされた後は、土地を対象とした物的財産がその記述の中心であり、構成においても、物的財産の説明、動産を対象とした人的財産（personal property）の説明という順番であった。「物的財産及び人的財産の法」に関する第 2 巻の冒頭で、自然法の観念によって、property を、個人を所有者とする、「排他性」を有する「単独で絶対的」な支配権として構成し

ていたが[2]、その後に続く具体的な property の注釈では、冒頭における property の実体的な観念によってではなく、依然としてコモン・ローの物的財産を支配していた複雑な訴訟方式や不動産保有条件（tenure）を軸にして、物的財産を説明していた。すなわち、物的財産の法の構造や用語を、ノルマンコンクウェスト以来の「起源」によって説明し、property を自然法理論に基づく実体的な概念によって整合的に説明することには失敗していた。例えば、不動産権（estate）の記述を含め、土地貴族の支配、土地貴族の家門における土地の承継を前提とした property 理解が前提とされており、かかる家門における相続による権原（title）の移転こそが「イングランドにおける物的財産の主要な目的」とされるなど、第2巻冒頭で示された「個人的な権利」としての property の権利の説明とは齟齬をきたしていた[3]。

　こうした物的財産とは異なる線で進化を遂げた人的財産の説明は、猟鳥や養蜂の問題を論じるなど、およそ「田舎臭い」[4] もので、商事法の記述がほとんどないことと相まって、モノや財、証券などが流通する商業社会ではなく、カントリー・ジェントルマンを中心とする社会が前提とされていた。

　他方で、コモン・ローにおける商事法分野での変革を進めたマンスフィールドは、土地譲渡に関して、シェリイズ・ケース準則（Rule in Shelley's Case）の変革を試み、封建的な政策に基づく準則を変え、遺言人の意図をより尊重することを目指した。だが、彼が王座裁判所において下したシェリイズ・ケース準則を変更する判決に対して、誤審令状が提出され、他ならぬブラックストーンも関わった財務府裁判所において覆されることになる。ブラックストーンは、その判決において、シェリイズ・ケース準則が相続人に自由保有不動産権を与えることで、土地の譲渡を可能にし、商業社会に資するものであるとしながら、

2）Blackstone, *supra* Chapter 1 note 6, at 1-2.

3）*Id.* at xi.

4）*Id.* at xii.

「多かれ少なかれ、封建的な特色をもたない物的財産に関する古来のルールは存在しない。物的財産法定相続（descent）の格率、占有の引渡しによる財産移転（conveyance by livery of seisin）、謄本保有（copyhold）の原則の全体と、与えられうる他の何百もの事例は、明白に封建法の子孫である。しかし、その祖先が何であれ、それらはいま、コモン・ローによって採用され、その組織体に編入され、その政策と織り合わされているため、この王国におけるいかなる裁判所も、それらをかき乱す権限も、（私は信頼しているが）意向も無い。」

「この国の物的財産の法は、見事な技術的な体系に形成されているのであり、予測できない関連と微妙な依存関係に満ちているため、この鎖のひとつを絶ち切ることは、全体を崩壊させる危険にある。」

とし[5]、土地法においては封建法の性質が抜き難いものであることを示していた。こうしたブラックストーンの立場に対し、ストーリーやケントは、大きな相違を示していた。その相違を画するものは、同時代のアメリカが、「商業社会」＝「文明社会」の段階にあるという認識であった。

2　ケント、ストーリーにおける土地所有と「商業」

(1)　ケントの『アメリカ法釈義』と人的財産

次に、ケントやストーリーの法学体系書を中心に property の観念を検討するが、まず、検討対象にするのが、ジェイムズ・ケントの『アメリカ法釈義』である。

5）戒能通弘　前掲第1章註15「近代英米法思想の展開（二）」66頁。William Blackstone, An Argument by Mr Justice Blackstone, upon Delivering Judgment in the Exchequer Chamber, in Perin and Another v. Blake, in edited by Francis Hargrave, *A Collection of Tracts, Relative to the Law of England* (1787) at 489-490.

同書は、ブラックストーンの『イングランド法釈義』を意識したもので、同書の目的などを示した「序論」、「国際法」、「憲法（合衆国憲法）」、「裁判所」、「法源」、「人の権利に関する法（The Rights of the Person）」、「property に関する法」というように、アメリカの制度を反映し、憲法や裁判所に関する部分が加わっていたが、「人の法」、「物の法」という構成はそのまま維持されていた。ところが、「物の法」の項目において、ブラックストーンの『釈義』とは決定的に異なる部分があった。それは、人的財産が、物的財産より先に説明され、両者の位置が逆転し、人的財産が物的財産も含む property 一般を代表する概念として説明されていることである。そして、以下で述べるように、その property 概念は、「商業社会」、「文明社会」像に立脚していた。

まずケントは第5章の「人的財産に関する法」（Of the Law Concerning Personal Property）の講義34「歴史、進歩そして絶対的な財産権」（Of the History, Progress, and Absolute Rights of Property）と題された章で、property が「文明化した人々」（civilized people）の国の法典において突出した地位を占めるとし、property の説明について、人的財産から始める意味を説明する。ケントは、まず人的財産が最も未開の（rudest）時代において出現し、商業や技術が際立って高まる時代に、土地の property を超えるまではいかないにしてもそれと同じくらい重要性を帯び、人類の才能、情念、運命の上に影響力を増してくるとする。

そして、ケントは、以下のような社会の発展段階に即して、人的財産の章で、物的財産についても言及し、property の歴史を描く。

ケントは、スコットランド啓蒙思想家のひとりであるケイムズ卿（Henry Home, Lord Kames）の『人類史素描』（Sketches of the History of Man (1774)）や『法史論集』（Historical Law-Tracts (1758)）における「未開社会」と「文明社会」の対比を引用しつつ、

「property の感覚は人間の心の中に存在しており、社会が野蛮な状態における弱い状態から洗練された諸国民間の活力や成熟さに満ちた状態へと移り変わり、property は政治社会の歴史の指導的な部分を形成する

ようになる。」[6]

とする。そして、占有なき所有は未開社会における野蛮な生活（savage life）にとっては抽象的であり過ぎるため受け入れられず、未開社会ではproperty の権利はほぼ完全に現実の所持に基づくことになる。しかし、社会が文明化（civilization）に大きく向かうにつれて、占有とは異なるproperty の権利や権原が認められるようになる。ケントは、ローマ法史などを踏まえながら、property が現実の占有から離れ抽象化してくる歴史を確認し、こうした所有権の保護が社会が粗野な状態から洗練へと向かうにつれてより強化されてくる様子を描く[7]。こうしてケントは、富や産業が拡大し、「文明化された世界」（civilized world）では、物的財産が政治権力の源であり封建社会（feudal society）の基礎であった時代と異なり、人的財産が台頭してくるとする。そこでは、複雑な不動産保有条件が廃棄され、自由な商業（commerce）、啓蒙的な原理の影響の下で、より単純で正確な原理によって規律され、property は抽象化されるとする。このような文明社会の段階にあるアメリカでは、property の自由譲渡性の観念は、当初、人的財産に始まり、次に、物的財産において生じ始める。土地の自由譲渡が土地法の封建的な性格によって制限されていたイングランドと異なり、アメリカでは、こういった封建的性格は撤廃され、あらゆる個人は、property の自由な使用・収益・処分、譲渡が許されている[8]。

　もっとも、ケントによれば、こういった自由譲渡性に対しては、一部に土地や富の集積をもたらし、不平等を生むという批判的な見解を持つ者もいる。特に、現代のユートピア的な思索家（Utopian speculations）たちの中には、property の獲得に制限を設け、富の平等を確保すべきとする者もいるが、ケントによれば、それは人間の性質における法則に反するもので、property についての平等の状態を維持することは不可能であるとする。

6）Kent, *supra* Chapter 1 note 43, at 256.

7）*Id*. at 258-263.

8）*Id*. at 265.

さらに、富を平等にするような規制を実行に移した場合、「人間を無味乾燥な享楽の状態、愚かしい不活発さの中に置き、人間の精神を堕落させ、社会生活の平穏を破壊する」とする。そして、

> 「永久拘束の禁止、限嗣相続制の撤廃、長子相続制などの相続の不平等の撤廃、その他、property の移転、譲渡の制限は次々と撤廃され、確固たる自然法の作用は、自然と適切な均衡を保ち、集積するのと同じくらい早く、property の山を拡散させていくだろう。」[9]

とし、property の自由譲渡のシステムが property の集積を和らげていくとの見方が示される。さらに、ケントは、「共和主義」の系譜に連なる思想に基づく土地所有の平等を求める考え方を批判する。土地所有を政治主体に必須のものと考え、市民の「徳」の基礎となると考える「共和主義」の論者の主張である、「商業」の台頭は、土地所有を不安定化させ、ひいては、市民から政治主体性を奪い、「徳」を喪失させるとの批判に対しても、ケントは応答し、こうした農本主義的な「共和主義」とは明確に一線を画する。特に、農本主義的な土地所有のあり方を共和主義の核とし、17世紀以来、アメリカを含む環大西洋圏において、「共和主義」の主な典拠と見なされていたジェイムズ・ハリントン（James Harrington）「土地均分法」（Agrarian Law）の構想について、以下のように批判の俎上に乗せる[10]。

> 「ハリントンは、その著書『オシアナ』において、共和国（commonwealth）の基礎は土地均分法にあると宣言する。彼は疑いもなく、古代ローマにおける土地均分法に関する、共通の一般的な解釈に依拠している…（中略）…（また）モンテスキューは『法の精神』において、しばしば、平等と質朴さを確立するデモクラシーにおける法の必要性を提案している。

---

9) *Id.* at 266.

そのような提案は、ルソー、コンドルセ、あるいはゴドウィンのいくつかの夢想（reveries）ほど大げさなものではないにしても、本質的に空想的（visionary）なものである。消費や獲得に対する制限をしようとする試みは我が国でもなされている。1778年にコネチカットの邦議会は労働の価格（the price of labor）や労働生産物や宿屋の料金まで制限して、いくつかの都市の自治体は市場の肉の価格を規制している。そのような法律は、たとえ効果があったとしても、人々の努力に対する刺激を破壊するものとなろう。」

ハリントンの土地均分法構想の内容は、土地を公有化し、それを市民に分配することにより、土地所有を基礎にした市民を守り、「共和主義」的な「徳」が「腐敗」に堕するのを防ぐことを目指したものであったとされるが、こういった立場は、農本主義的傾向を有していたとされるトマス・ジェファソン（Thomas Jefferson）らリパブリカン派に共有されていた[11]。ジェファソンの次の言葉は、農本主義的な「共和主義」思想のひとつの典型と言えよう。

「道徳の腐敗は、農民のように自分たちの生存のために天に頼り、自分の土地や勤勉に頼ることをしないで、自分の生存のために顧客の不慮の災害や気まぐれに依存しているような人々に捺されたしるしなのである。

---

10) *Id.* at 266. ハリントンの「共和主義」のアメリカ革命への影響、また、アメリカ建国後のリパブリカン派を中心とするその影響については、J. G. A. ポーコック著、田中秀夫・奥田敬・森岡邦泰訳『マキャベリアン・モーメント――フィレンツェの政治思想と大西洋圏の共和主義の伝統』（名古屋大学出版会　2008）439-482頁、J. G. A. Pocock, *The Machiavellian Moment: Florentine Political Thought and the Atlantic Republican Tradition,* Princeton University Press（1975）. ポーコックの研究などを踏まえ、アメリカの property 概念の通史を描く中で、ケントがスミス、ヒュームら、スコットランド啓蒙思想家の影響の下、農本主義的な「共和主義」から離れ、property を人的財産の概念に基づかせ、土地の人的財産化の方向を進めたとするのが、Alexander, *supra* note 1, at 127-157.

11) ポーコック　前掲書。

依存は追従や金銭絶対の考えを生み、徳の芽を窒息させ、野心のたくらみに都合のよい道具をつくり出す。」

「どの国家においても農民以外の市民階級の総計と農民の総計との比率は、その国の不健全な部分と健全な部分との比率なのであり、またそれは、その国の腐敗の程度を十分に測りうる絶好のバロメーターでもある。だから、耕すべき土地を我々がもっている限りは、わが市民が仕事台に向かってあくせくしたり、糸巻竿をくるくるまわしたりするのを決してみたがらないようにしたいものである。」

「大都市の衆愚（モブ）が、純粋な政治体制の支えを強めることにならないのは、腫物が人体の健康を助けないのと、ちょうど同じようなものである。」[12]

　これに対して、ケントはこうした見解と明らかに一線を画す。ケントにおいては、このような「徳」と「腐敗」の図式、「商業」を規制し、奢侈を戒め、市民の「質朴さ」を確保し、「腐敗」を逃れることによって、市民的自由と政治的主体性を確保するというタイプの、古典古代を範とする「共和主義」のヴィジョンは、「文明社会」には妥当しないものとされるのである[13]。すなわち、

「勤勉のもたらす豊富な見返り、多くの才能がもたらす成果、国境を越えて広がる商業、富の豊富さ、リベラルアーツの向上などは、もはや啓

12）T. ジェファソン著、中尾健一訳『ヴァジニア覚え書』（岩波文庫　1982）297-298頁。ただし、ジェファソンが『ヴァジニア覚え書』を書いた1785年から1810年代に至り、あくまで農業を基調としながらも、商業、製造業を徐々に受け入れざるを得ない現実に直面し、その立場を変えていった様子については、Lisi KRall, *Proving Up: Domesticating Land in U.S. History*, State University of New York Press（2010）at 9-29.

13）Kent, *supra* Chapter 1 note 43, at 267.

蒙的な市民的自由の完全で十全な享受と両立しえないものではない。（経済的）繁栄（prosperity）と圧政の間の致命的な結びつき、富と国家的な腐敗の間の致命的な結びつきは、もはや存在しない。」

「自由とは、統治の構造、司法の運営、国民の知性に依拠するのであって、property の平等や生活の質朴さとはほとんど関係が無い。」[14)]

　こうしてケントは、古典古代を理想とする「共和主義」が有していた「富」と「徳」の対立の論理から明確に距離を取り、この人的財産の章において、人的財産の自由な流通を基礎にした「商業社会」、「文明社会」に適した統治の必要性を示す。さらに、「迅速に、画一的に、公平に運用される正しい法によって、すべての人々の property を保護することが政府の側における最も大きな義務」とし、ヒュームの『政治論集』を引用し、

「ヒューム氏は統治のあらゆる機構について、正義の分配（distribution of justice）以外の目的をもたないものとした。property に対する欲求は非常に強く、明瞭で、印象的なものであるので、獲得の情念（passions）は絶え間なく忙しく活発である。全ての人々は自らの境遇をよくしようと努力し、property を有する者とそうでない者、property を獲得する者と保持する者、債権者と債務者、貸金を取り立てる者と借金の支払いをしない者や延期する者との間の、絶え間ない闘いや、嫉妬から来る衝突が、民主的な政府では特に予測される。そして、貧しく財産が無い者たちが自然と掻き立てる同情心の影響がある中でも、司法の公平な運営、立法者の義務は、ある程度、達成されなければならない。合衆国憲法の目的の一つとは、正義を確立すること（establish justice）である。そしてそれは、権力の望ましい分立、各州の議会に課せられる抑制によってなされなければならない。これらの抑制は、その作動において、

---

14) *Id.* at 267-268.

property の保護に本質的に寄与するものである。」[15]

　ここで、ケントによって、合衆国憲法の目的、その政治経済思想的基礎が明確に示される。デモクラティックな社会において、人々の情念（passions）が政治に反映する。このような情念が最も噴出する問題は property である。この property を情念による侵害から保護し、情念を適切に飼いならすことが司法の目的であり、また、憲法においてはそのような制度を確立することが目的とされるのである。第2章の、ストーリーの『合衆国憲法釈義』の分析において確認した、「情念」をコントロールする根本法としての憲法像が、ケントにおいても共有されていることが確認できる。

(2)　ケント、ストーリーにおける物的財産についての説明
―流動性と所有権
(i)　土地の自由譲渡とコモン・ロー、制定法
　ケントは、前述のように、人的財産一般の理論的説明、それが依拠する政治、経済社会像を論じた上で、個別の人的財産を説明した後、第6章「Real Property について」（Of the Law Concerning Real Property）に入り、まず、講義50「土地に対する権原の基礎について」（Of the Foundations of Title to Land）において、自由で商業的な社会の中でも、イングランドに由来する物的財産の諸準則の起源が封建的な不動産保有条件にあることを確認する。そして、講義53「限嗣不動産権」（Of Estate in Fee）において、そういった封建的性格がいかにアメリカで払拭され、またそうされるべきであるかが説明され、この物的財産においても自由譲渡、流動性が鍵となっている。まず、1787年ニューヨーク州修正法（N.Y. Revised Statutes 1787）では、封土権（fee）など封建的性格を持った用語自体は残っているものの、全ての種類の封建的付随条件を伴った不動産保有条件が廃止され

---

15)　*Id.* at 270-271.

たことを確認する[16]。そして、単純不動産権（fee simple）の設定に関するシェリイズ・ケース準則について、ブラックストーンの『釈義』を引用しつつ、その準則の目的が、相続される土地が帰属者未定となることから生じる封建的な役務、軍役の回避を防止することにあるとし、こういった土地法に関する準則は制定法なく存在しているが、アメリカでは、州の制定法によってコモン・ローの柔軟性を欠いたルールを廃止しており、シェリイズ・ケース準則の適用に際して必要とされる「法定相続人」（heirs）という文言の挿入を不要とするようになっている現状を指摘し、ヴァージニア、ケンタッキー、アラバマ、ニューヨーク各州を挙げ、とりわけニューヨーク州では、土地の譲渡に際して、移転証書全体から移転当事者の意図を読み取り、実行する義務が課せられている状況を特筆している[17]。さらに、土地の自由譲渡に関して促進的な制定法として、1787年ヴァージニア制定法、1817年ヴァージニア制定法を挙げ、土地所有者は、自由に土地の売却、譲渡や遺贈の決定ができるようになっている現状を指摘している。ケントは、このようにアメリカ諸州の状況を確認したその結論として、アメリカの一般的な Policy は、土地の譲渡、流通に制限を設けないことにあるとする[18]。さらに、修正を被りながらも、アメリカの一部でまだ限嗣不動産権が残っている現状を指摘し、アダム・スミスの『諸国民の富』を引用し、そのような限嗣不動産権が怠惰な者たちに土地を集積させる結果、農業の改善を阻害し、人々の勤勉や努力といった生産活動に向かうやる気を損なわせるとして批判を加えている[19]。

　もっとも、ケントは、このような土地の流動性が無秩序になされることを肯定しているわけではない。ケントは、以上のように現状分析を行いながらも、制定法により、シェリイズ・ケース準則や、既存の信託の法理を覆すことに対して、それが所有権の安定、取引の安定を覆すことになると

---

16) James Kent, *Commentaries on American Law*, Vol. 4, O. Halsted（1830）at 3.
17) *Id.* at 6-8.
18) *Id.* at 16-17.
19) *Id.* at 19.

142　第3章　土地と統治

し警戒を示している。ケントは、長く司法で定着している法理が一定の修正を被りながらも、それを通じてこそ土地の安定的な譲渡が可能になるとしている[20]。このケントの立場について、スコットランド啓蒙思想の「商業」の思想を背景に、土地所有権の人的財産化を容認した点を確認しながらも、他方で、ケントの保守性、封建的な諸準則や旧来の秩序への憧憬を示すものとするアレクサンダーの説明がある[21]。だが、上述のケントの憲法論を踏まえれば、その力点は、司法で長年培われてきた土地の譲渡に関する法理や法制度が制定法で一変されることにより、「法における信頼」（confidence in law）が覆され、所有権と経済社会の機能が覆されることにあると言え、法的安定性、司法による法の支配、司法による所有権の確保を重視する見解がその基礎にあると考えられる。そして、これは、後述する公有地政策に関するケントの見解とも整合する。

(ii)　所有権と「現実の占有」―アメリカ公有地政策と物的財産

　ケントは、土地の所有者と土地の現実の占有者のいずれを優先させるべきか、その利害の対立を考察し、この問題に対するあるべき法を模索する。この問題は、開拓によって土地を切り開き、その領域を拡大させようとしていたアメリカにとって重要な意味を有していた。土地所有権が存在するかどうか明確ではないが、現実に土地を占有し、土地を耕作した占有者にどこまで保護を与えるべきか、それについてケントは解説し、

> 「土地の占有者が善意で、また、自分が正当な所有権者から権原を獲得したという誤った理解に基づいて、土地に有益な改良を行った場合、正当な所有者は、土地の取り戻しに際して、占有者に対して改良の価値を

---

20)　*Id.* at 226, 307-308.
21)　アレクサンダーは、ケントが土地の商品化、人的財産化を容認しながらも、他方で、旧来の秩序を重視し、土地法に関して封建的ルールにもシンパシーを有しており、土地の商品化と封建的な性質を有するコモン・ローとの間でアンビバレントな位置にあったとする。Alexander, *supra* note 1, at 152-157.

払い戻す義務があるのか。」

と問題提起する。ケントはこの問題の具体的な例として、まず、所有者が善意占有者による土地への改良に対してその費用を善意占有者に払い戻すか、さもなければ土地を占有者に譲渡する旨を規定した、一連のケンタッキー州制定法を挙げる[22]。

当時のケンタッキー州の制定法では、土地の占有者である開拓民を優遇していたが、これに、ケンタッキー州がヴァージニア州の一部であった頃の土地付与の方法（付与を受けた者自身が測量して境界を定める）の問題が加わり、境界争いや権利の混乱が絶えず発生していた。さらに、ケンタッキー州の放漫な土地付与政策が重なり、最終的には、州内の土地に対する権利の合計は、州の総面積の4倍にも達していた。そこで、ケンタッキー州は、開拓民の保護のために開拓民の占有を優遇する方策を打ち出していた[23]。

ケントはこうした州法に対して、これに関連するコモン・ロー、エクイティ、ローマ法の法理を比較し、適切なルールを導こうとする。イングランドやアメリカのコモン・ローにおいては、土地上になされた改良に対する支払いをするという条件もなく、土地の所有者が不動産占有回復訴訟（ejectment）を提起することができる。そして、改良は自由土地保有権（freehold）に基づく土地に付属するものとされる。その結果、全ての占有者は自らの危険において改良をなすことになる。土地の所有者は地代や利益の回復に際しては、大法官（Chancery）に救済を求めなければならず、この場合、ハードウィック卿（Lord Hardwicke）がDormer v. Fortescue事件でほのめかしたように、ローマ法の準則が採用されている。この結果、善意占有者は所有者による地代や利益を求める損害賠償請求に対して、改良費の額を差し引いてもらう権利を有することになっている。こうした準

---

22) Kent, *supra* Chapter 1 note 43, at 271.
23) 岡田泰男『フロンティアと開拓者』（東京大学出版会　1994）18-19頁。

則は、ケンタッキー州のみならず、ニューハンプシャー州、ニューヨーク州などでも採用されており[24]、ローマ法では、状況に応じて、裁判官がその準則を修正することが認められ、占有者が改良に要した材料を土地から収去することが認められるが、ケントはこれを現実的な措置ではないとする。

　そして、こうした諸州の法に対してケントは、開拓地の占有者たちが過失や不実もなく善意で占有している現状、多くの場合、土地に対する権原が曖昧で確認するのが困難な現状、土地所有権に対する詐欺的で、無思慮な投機の横行が存在するなど切迫した状況が背景にあることを認め、一定の理解も示しながらも、「事物の通常の状態において、そして、洗練された国（cultivated country）では」、そのような制定法に見られる悪しき「放縦」（indulgence）は不必要であり、有害ですらあり、他者の財産に対する不注意な侵害を導くことになるとする。そして、相当の注意や注意深い調査をもってしても権原が存在するかどうかを発見できなかったような例外的な場合はあるが、

　「「買主をして警戒せしめよ」（caveat emptor）がコモン・ローの格言であり、それこそが権利や権原の安全に大いに資するものである。」

　「何人も、注意深く丁寧な調査を経た後に疑いないように思われた場合に、土地に立ち入り改良した場合でなければ、土地の善意占有から特別な利益を受ける資格は無い。何ら権限が無く、不法行為が生じるような土地上への改良に対して、人（所有者）にその費用の支払いを強制するような道徳的な義務は無い。」[25]

とし、所有権を重視し、善意占有者による改良に対して、所有者によるそ

　24）後述するように、ケンタッキー州制定法の合憲性については、連邦最高裁において違憲と判断されている。Green and others v. Biddle, 21 U.S. 8 Wheat. 11 (1823).
　25）Kent, *supra* Chapter 1 note 43, at 274.

の費用の支払いを原則として認めるべきではないとする。あくまで例外的に、善意占有のみならず相当の注意を払ったことなどの要件を付したうえで、改良費の支払いが認められる場合もあるとし、その要件を厳格化するのである。ケントの占有に対する所有権の重視は、彼の「文明化」の観点と関係している。ケントは、ケイムズ卿を引用し、歴史の発展段階論に基づきながら、野蛮な社会において重視されていた占有から、高度な発展を遂げた文明化の到来とともに所有権が重視され、それにより経済社会が機能することになると記述していたが、「洗練された国」としてアメリカを位置づけ、まず、所有権の保障こそが、文明化された社会であるアメリカにとって必要なものとしていたことを読み取ることができる。

　ケントに見られるような、アメリカにおける土地の流動性の推進の主張は、ストーリーにおいても見ることができる。

　第2章で検討したように、ストーリーの『合衆国憲法釈義』は、立法部や諸州に対して連邦最高裁の解釈権を確立する意図を持って、憲法解釈が司法の営みであること、したがって、憲法解釈がコモン・ロー解釈の方法に基づくこと、コモン・ローの各種の法理に立脚することが論証されており、『合衆国憲法釈義』の基礎理論にあたる部分では、植民地以来のイングランドのコモン・ロー継受が肯定的に論じられていた。だが、土地法制をめぐるコモン・ロー継受に関しては、例外的にイングランドのコモン・ローと植民地における土地法制とのズレが指摘され、それを憲法解釈の前提として踏まえることが示されている。ストーリーは『合衆国憲法釈義』において、イングランドのコモン・ローの連邦レベルにおける全面的な継受の正当化を行っていたが、土地所有権については、コモン・ロー継受を前提にしながらも、アメリカ植民地時代において既にその法理のいくつかが、変化を被っていたことを確認する。その要点は、①アメリカ植民地においては封建的な家門が存在せず、土地が自由に分割されていたこと、そして、平等に行きわたっていたこと、すなわち、アメリカではヨーマン層が社会の中核として広く存在していたこと、②アメリカでは、イギリス本国と異なり、小規模な金融資本しか持たず、土地が資産として評価され、容易に、金銭債務（debt）の支払いのために売り払われる法制度にあった

こと、③この結果、土地が貨幣の代わりを果たすようになり、土地の移転が容易に行われ、土地が人的財産のように扱われるようになっていたこと、④このような植民地の状況を本国も制定法（the Statute of 5 George 2, ch. 7、いわゆる Debt Recovery 法：金銭債務証書（bond）や捺印証書契約（specialty）によらなくとも、土地を含むあらゆる物的財産が土地所有者の金銭債務を担保するものとされた）によって容認していたこと、である[26]。

このように、ストーリーは、ケントと同様に、アメリカにおける土地の流動性を確認するが、ストーリーはケントよりもさらにさかのぼって、建国以前からアメリカでは例外的に土地の流動化が進んでいたことを確認し、アメリカにおける土地の流動性が歴史的なもので、そういった歴史的性格の上に、アメリカの憲法体制がなりたっていることを論証する。

他方で、開拓民優遇政策に基づき、「現実の占有」を重視するケンタッキー州の制定法に対する批判は、ストーリーにおいても共有されている。ストーリーは、ケントと同様に、ケンタッキー州の制定法の弊害、問題点を指摘し、ケンタッキー州の土地法がコモン・ローからかけ離れ、その結果、法実務家にとって扱い難いものとなっていることを指摘している[27]。さらに、ケンタッキー州の公有地政策が不正確な測量や土地の割り当てを行った結果、所有権者と占有者の間で争いが生じているとする。それに対して、正確な測量がなされている連邦の公有地政策と、土地の売買について、安定性と画一性を有するルールを持つ連邦の土地法のシステムを称賛する[28]。そして、平穏かつ善意の公有地の占有者は、所有権者に対して、改良費の償還を請求することができ、所有権者がそれを拒否した場合には、未改良の状態の価格において、土地を占有者に譲渡する義務を負うことな

---

26) Story, *supra* Chapter 2 note 2, §179-181. また、こういった植民地の土地制度に関して、いわゆる1732年 Debt Recovery 法の背景、18世紀におけるアメリカとイングランドの土地法制度の比較を行い、植民地時代から建国期以来のアメリカの土地法制における土地の流動性を考察した論文として、Priest, *supra* Introduction note 33.

27) Story, *supra* Chapter 1 note 49, at 219-221.

28) *Id.* at 221.

どを規定したケンタッキー州制定法は、Green v. Biddle 事件において、連邦巡回区裁判所の意見確認の求めに応じて、意見確認を行ったストーリーによって、合衆国憲法第1編第10節第1項の契約条項違反であり違憲とされている[29]。

　一方で、ジェファソニアンよりもさらに急進的なデモクラシーの潮流であった、1830年代のジャクソニアン・デモクラシーの中では、共和主義的徳を再興するために、アメリカ東部の企業を中心にした土地投機業者を排斥し、貧民に対して公有地を利用可能なものとすべきとする主張が広がった。そして、土地所有権を有さない土地の占有者（スコッター、不法占有者、squatters）を支持する言説が盛んになり[30]、それは、不法占有者であっても合衆国市民であるとし、一定期間以上の占有があれば土地を安価に買い取る権利を認めた1841年先買権法などに結実するが、ケント、ストーリーはこれと対立する立場でもあったと言えよう。

　この土地所有権者と現実の占有者の関係は、アメリカの土地法制の基本構造に関わる問題とも言え[31]、アメリカの建国期から19世紀全般にいたる連邦や州の公有地政策とも関係していた。公有地政策は、元々、公有地の売却による連邦の収入の確保という目的からなされたものだが、この政策の背景には、共和主義を支える自作農の創設、開拓民による農業振興、経済発展など、多様な要素があったと考えられている。だが、売却された

---

29) ストーリーによる意見確認の後、連邦最高裁での判決においても、問題となっている土地がまだヴァージニア州であった時代に同州が土地所有者に与えていた権利を、ケンタッキー州成立後にケンタッキー州となった土地について制限するのは、ヴァージニア州の権利を侵害するものとして違憲と判断されている。Green and Others v. Biddle, 21 U.S. 8 Wheat. 11（1823）.

30) John R. Van Atta, *Securing the West: Politics, Public Lands and the Fate of the Old Republic, 1785-1850*, John Hopkins University Press（2014）at 214, 221.

31) アメリカの公有地政策に関しては以下の文献を参照した。Paul Wallace Gates, *History of Public Land Law Development*, Government Printing Office（1968）. KRall, *supra* note 11, at 31-63. マリオン・クラウソン著、小沢健二訳『アメリカの土地制度』（大明堂　1981）。岡田泰男　前掲註22。折原卓美『19世紀アメリカの法と経済』（慶應義塾大学出版会　1999）。

公有地を巡って、現実の占有者を重視すべきか、所有者を重視すべきかが大きな争点となっていた。公有地の先買権を購入し、また、実際に土地所有権を取得しながらも、不在地主となり、土地を投機の対象とする所有権者も多数出現し、占有者を重視すべきとする論者からは激しい批判もなされていた。ケントやストーリーは、こうした状況の中でも、土地法に関して、コモン・ローの法理に依拠しながら所有権の安全を図り、その上で土地の流動性を認めることが文明社会における経済活動にとって望ましいこととしていたものと考えられる。

　ここまでを振り返って、ケントやストーリーの土地所有論の背後にある認識枠組みを検討すると、そこには、「文明社会」という認識枠組みが存在しており、単なる事実状態ではなく「所有権」のような確固たる財産権をベースにしたうえで流動性を奨励していたのであって、秩序ある「流動性」、法による「流動性」と経済発展を模索していたと考えることができよう。これは、「文明社会」における土地の法として「現実の占有」よりも、明確な財産権を基礎に据えていたケント、公有地政策に関して、ケントと同様に無秩序な占有状態を厳しく批判していたストーリーの論から、その認識枠組みの共有を確認できる。

　さらに、ストーリーの立場は単なる静態的な既得権の保護ではなかった。そのことは、ストーリーが法廷意見を執筆した Van Ness v. Pacard 事件判決において見出せる[32]。同事件は、賃借権者（tenant）が土地に定着物を据え、賃借終了後に当該定着物を収去できる権利を有するのかが争点となっていたが、伝統的なコモン・ローの法理ではこれは認められていなかった。しかし、ストーリーは、イングランドのコモン・ローでも、商業や製造業目的の賃借の場合には、商業や製造業振興という公序（public policy）の原理に基づき収去が認められていたことを確認する。さらに、アメリカはイングランドのコモン・ローをそのまま継受したわけではなく、荒野の国であるがゆえに開拓と改良を進めることが普遍的な policy であ

---

32) Van Ness v. Pacard, 27 U.S.（2 Pet.）137（1829）.

るとし、土地の開発のためには、不動産貸主（landlord）に対して、賃借権者に収去権を認めることが必要であるとしている。このように、単なる占有と異なり、賃借権という明確な権利の場合には、土地の開発、経済発展という政策的理由から収去権を認めているのである。

　彼らのこうした「文明社会」における法と財産権をベースにした経済秩序の基礎には、スコットランド啓蒙思想の影響が存在していた。そして、ケントが、その所有理論を基礎づけるために引用したケイムズ卿はもとより、ヒュームの思想とも共通性が見られる。ヒュームは、所有権の基礎づけに関して、ジョン・ロックの『統治二論』に見られる「労働所有論」、すなわち、自然法により、各人固有の排他的財産である身体を働かせた結果として獲得される労働生産物は、その個人の排他的所有物となるという論理を批判していた[33]。ヒュームにおいては、占有や労働に基づく改良、先占は所有権を基礎づける要素にはなるが、それだけでは所有権を正当に基礎づける根拠とはなり得ず、「黙約」（convention）という社会的合意を前提にし、社会秩序を確立するための、所有権を安定させる諸規則、すなわち、所有権の確立、同意による移転、契約という、「社会の歴史的展開を基礎に、その利益や必要から生じた」、正義の諸規則に基づくことが求められていた。単なる占有や先占、労働所有論に基づく所有権の正当化だけでは、人々の自己利益や情念を制御し、所有権を保護し、社会に安定をもたらすことはできない。このヒュームの思想に「法の支配」の要素を見ることが可能で、ケントやストーリーはこれと思想的基盤を同じくしていたものと考えられる。こうした思想的基盤が、政治主導の無秩序な流動性に対する警戒、また、無秩序を招来すると考えられた州制定法に対する危機感の基礎にあるものと考えられる。

---

33) ヒュームのロック批判としては、デイヴィッド・ヒューム著、伊勢俊彦・石川徹・中釜浩一訳『人間本性論第3巻　道徳について』第2部第3節「所有を決定する諸規則について」参照。こうした、ヒュームにおける「正義の諸規則」の説明、ロック批判の説明と意義については、坂本達哉　前掲第2章註37　83-94頁。また、今村健一郎「ヒュームの正義論・所有論」『思想』1052（2011）242-252頁。

(3)　小括

　本章では、ケント、ストーリーにおける財産権、特に、土地所有に関する位置づけについて検討した。ケントによって明確に示されたように、独立自営の土地所有者と農業を基礎にした質朴な社会の存在を不可欠とし、奢侈が「腐敗」をもたらし、「徳」を喪失させ、共和政体を危機に陥れるという古典的な「共和主義」を基礎にした統治の発想は退けられた。土地所有と政治の関係は薄められ、経済発展と共和政は矛盾しないものとされた。経済発展の見地から、土地所有の流動性が承認され、土地所有の意義が、政治の領域から経済の領域へと転換されているのを確認できる。そして、統治は、土地所有によって基礎づけられた有徳な市民に依拠するというよりも、法による統治に重点が置かれることになる。

　こうした、建国期における統治と経済の関係に関するもうひとつの重要な争点であったのが、金融の位置づけである。これについては、次章で検討する。

第 **4** 章

金融と統治

―アメリカ合衆国銀行設立論争と二つの憲法像

　初期のアメリカ合衆国憲法において重要な争点となったのが、合衆国銀行設立を巡る問題である。ストーリーの『合衆国憲法釈義』においても、この争点は詳しく論じられ、1830年代においても重要な政治的、法的な問題であったが、その前史として、1780年代から1790年代に繰り広げられたアメリカの第一合衆国銀行設立を巡る議論が存在していた。ジェファソンとアレクサンダー・ハミルトン（Alexander Hamilton）による論争がその中心であったが、ストーリーの合衆国銀行に関する見解も、この議論を踏まえていた。そこで、本章では、まず、ジェファソン、ハミルトンの国立銀行設立に関する議論の検討を通じて、彼らがどのような憲法思想に基づいて、金融経済と市民社会、そしてコモン・ローと憲法に関するヴィジョンを有していたのかを確認し、金融と統治について、いかに憲法秩序に組み込もうとしたのかを明らかにする。

　ジェファソンの銀行論や公債論の歴史的文脈を理解するためには、その前史として、1688年に成立した、イギリスの名誉革命体制に関する研究を踏まえる必要がある。名誉革命は、日本の憲法史においても長く、英米圏における「市民革命」のひとつとして挙げられてきたが[1]、この名誉革命体制は、イギリスにおける、いわゆる「財政＝軍事国家」（The fiscal-military state）の確立期とされている[2]。「財政＝軍事国家」とは、ジョ

---

1)　他方で、歴史研究の進展により、「市民革命」としての名誉革命に関する古典的な物語の維持は困難になっており、法学、特にイギリス法研究の立場から名誉革命をどのように位置づけるかについての考察としては、戒能通厚『イギリス憲法』（信山社　2017）第 5 章参照。

ン・ブリュワによって提起された概念であり、ブリュワの著作を翻訳した大久保桂子の簡潔な定義に従えば、「巨額の戦費と資源動員を必要とした名誉革命後のイギリスが、課税システムの抜本的な改革と大増税、国債運用にもとづく赤字財政、というオランダ型の戦時財政政策を採用するとともに、この財政政策を運営する集権的な行政府を発展させた事態をさす」ということになる[3]。また、「財政＝軍事国家」の確立によって、租税と公債より得られた資金を費やす行政に対する議会の監視の機運が高まり、行政すなわち政府の情報開示やアカウンタビリティが確立されていったとされる[4]。こうした「財政＝軍事国家」のもたらした憲法的、財政法的な意義や、その後の研究の進展については、租税法学者の中里実の著作においても説明されている[5]。

　他方で、この「財政＝軍事国家」によって生み出される公債や信用市場を支えるべく、1694年に創設されたイングランド銀行及びそれが主導した信用経済については、政治思想上の論争を惹き起こしたとする、J. G. A. ポーコックの研究がある[6]。ポーコックによれば、イングランド銀行の設立と公信用制度の創出によって、政府に公債という形で投資し収益を得る、債権者・投機家からなる「貨幣的利害」（monied interest）が台頭する。これに、土地所有者からなる「土地利害」（landed interest）が対抗し、ハリントン（James Harrington）の古典的共和主義の理論に依拠しつつ、土地所有を基礎にした、自立した市民からなる政治のヴィジョンが提出され、「徳」を有する市民に対して、「貨幣的利害」は、「常備軍」と並び自立的な市民の基盤を掘り崩す、「腐敗」した存在とされた。ポーコックによっ

2）John Brewer, *The Sinews of Power: War, Money and English State, 1688-1783*, Routledge（1988）. ジョン・ブリュワ著、大久保桂子訳『財政＝軍事国家の衝撃』（名古屋大学出版会　2003）。

3）ブリュワ　前掲書「訳者あとがき」　259頁。

4）ブリュワ　前掲書　266-268頁。

5）中里実『財政と金融の法的構造』（有斐閣　2018）。

6）J. G. A. Pocock, *Virtue, Commerce, and History: Essays on Political Thought and History, Chiefly in the Eighteenth Century*, Cambridge University Press（1985）at 107-110.

て提示されたそうした政治思想上の論争の構図は、言うなれば、ブリュワの述べるところの「財政＝軍事国家」によって生み出された資本市場によって、ヨーロッパにおいてひとつの理想とされていた、土地所有を基礎にした市民的自立性が脅かされるという危機感の表れであったと見ることができる。

　こうした論争は、建国間もない18世紀末から19世紀前半のアメリカにおいても確認することができるとされる。アメリカでは合衆国憲法制定直後から、国立銀行、すなわち、第一合衆国銀行創設を巡って、財務長官であったアレクサンダー・ハミルトンと国務長官であったトマス・ジェファソンの間で論争が展開されたことが広く知られている。ポーコックは、アメリカの国立銀行に関する論争に、イングランド銀行及びそれが主導した信用経済に関する論争と同じ思想的対立を見出した[7]。日本における研究としては、上記のような政治思想上の対立を踏まえながら、ハミルトン主導の合衆国銀行創設や、それに基づく公債政策の推進について、古典的共和主義を新たな近代社会に適応させる近代共和制の表れのひとつと位置づける中野勝郎による研究がある[8]。

　以上の諸研究を踏まえながら、本章は、法的観点からこの論争を分析する。第一合衆国銀行設立を巡る論争は、上述のような政治思想上の対立はもとより、合衆国憲法解釈やコモン・ロー上の法理の問題を巡ってなされた法的な論争であった。そして、こうした法的な論争には、アメリカの国制や市民社会のあり方に関するヴィジョンの相違が関係し、そこに、彼らの憲法に関する思想も見出すことができ、憲法思想を巡る相克として読み解くことができる。

---

7) Pocock, *supra* Chapter 3 note 9, at 529-547.
8) 中野勝郎『アメリカ連邦体制の確立』（東京大学出版会　1993）。

154 第4章 金融と統治―アメリカ合衆国銀行設立論争と二つの憲法像

1 ジェファソン、ハミルトンの国立銀行論とその憲法像

(1) ジェファソンの国立銀行設立反対論の検討

　ジェファソンの国立銀行反対論は、1791年2月15日に提出された、『国立銀行の合憲性に関する意見』に示されている[9]。この意見書は、アレクサンダー・ハミルトンによって1790年11月13日に示された『国立銀行に関する報告書』に対する応答として、国務長官であったジェファソンより提出されたものであった。そのポイントのひとつは、国立銀行が法人形態を採用することに対する批判であった。ジェファソンの列挙する反対論をまとめると以下のようになる。

　①法人の株主たちが法人を形成することになる。
　②国立銀行が法人形態を採用することによって、土地の譲与を受けることが可能になり、その結果、死手法（the Laws of Mortmain）に反することになる。
　③外国人が当該法人の株主となり、土地を保有し、その結果、外国人の法的地位（alienage）に関する法に反することになる。
　④所有者の死亡により、特定の家系の相続人にのみ土地を相続させることになり、物的財産法定相続（descent）のあり方を変えてしまう。
　⑤法人を通じて、財産の没収（forfeiture and escheat）を逃れることが可能になり、財産の没収に関する法に反することになる。
　⑥人的財産が特定の家系の相続人に譲渡されることになり、人的財産相続分配（distribution）に関する法に反することになる。
　⑦国家的権威の下で銀行業務を行う唯一にして排他的な権利を国立銀行の株主に付与することは、独占（monopoly）を禁じる法に反する。
　⑧国立銀行の株主たちが、州法に優越する法を作る権限を有することに

---

9) Opinion on the Constitutionality of a National Bank, in edited by Merrill D. Peterson, *Thomas Jefferson Writings*, Library of America（2011）at 416-421.

なり、その結果、州の立法府のコントロールから当該法人を保護するように法が解釈されることになる。

　①から⑧までのジェファソンの法人形態についての批判の内容を検討すると、法的な論点となるのは以下の通りである。まず、②については、国立銀行たる法人は永久に存続することによって、土地を永久に所有することになり、コモン・ロー上の「永久拘束禁止の法理」に反することになるものとしたと推測できよう[10]。④⑥の反対論では、イングランドのコモン・ローのうち、アメリカで長子相続制を廃止した趣旨との関係を見ることができる[11]。ジェファソンは、地元のヴァージニア邦の下院議員として、当地のウィリアム・アンド・メアリー大学における全米でも初めての法学教授であったジョージ・ウィス（George Wythe）らと、数々の法改革を行った。その際には、イングランドのコモン・ローの法理を共和政体に適合させるための改変を行ったが、その中で特に重要な成果が、大土地所有制度解体のための長子相続制度と限嗣相続制度の撤廃であった[12]。限嗣相続制度は、土地などの相続財産を特定の個人に集中させ、相続人を限定することにより財産の分散を防ぎ、南部プランターの大土地所有の維持に資することになっていたが、ジェファソンはそれを解体する作業を主導していた。ジェファソンは、「我が国の主な市民は、共和主義原理に忠実であり、土地利害（landed interest）のすべてが共和主義的である」とし[13]、また、連邦憲法制定前にマディソンに宛てた書簡では、小規模の土地所有者こそがアメリカで最も重要な存在であるとしていた[14]。ジェファソン

---

10) Paul Finkelman, Thomas Jefferson and Original Intent, the Shaping of American Law, *NYU Annual Survey of American Law* 45（2006）at 62.

11) *Id.* at 62-63.

12) 明石紀雄『トマス・ジェファソンと「自由の帝国」の理念——アメリカ合衆国建国史序説』（ミネルヴァ書房　2000）235-236頁。

13) "To Philip Mazzei" April 24, 1796, in edited by Joyce Appleby and Terence Ball, *Thomas Jefferson: Political Writings*, Cambridge University Press（1999）at 416.

14) "To James Madison" October 28, 1785, Appleby and Ball, *Id.* at 107.

156　第4章　金融と統治―アメリカ合衆国銀行設立論争と二つの憲法像

にとっては、合衆国銀行という巨大法人の株主が、法人という不死の形態
を通じて、財産を集積していくことに対する警戒があったものと推測でき
る。

　⑤の反対論の意味については、法人を通じて、株主が個人責任を逃れる
ということへの批判と推測できる。すなわち、法人の形態を通じて、株主
が有限責任しか負わないことへの批判である。この批判は、ジェファソン
支持派の後継とも言える、あるいはより急進的なデモクラシーを志向した
ジャクソニアンにも見ることができる[15]。

　⑦の独占批判については、ジェファソン支持派のジェファソニアンや、
ジャクソニアンによる、後の第二合衆国銀行に対する批判や、特許法人と
いう形で銀行などの法人を設立することに対する批判からその意味を探る
ことができる。ジェファソニアンやジャクソニアンは、巨大な特許法人に
よる政治権力との結託が「腐敗」を生み、共和政体にとって脅威となる党
派や党派的利益を生み出すと警戒し[16]、各州議会において、個別法律に
よる特許から、準則主義による法人設立を推し進め、法人へのアクセスを
平等にすることにより、民主主義に基づく機会の平等を確保することを求
める潮流があったとされるが[17]、ジェファソンのこの独占批判はそれに
先行する見解であったとも考えられる。

　以上のようなジェファソンの国立銀行反対論には、その背景にある政治
経済思想を踏まえると、有機的なつながりを見出すことができる。すなわ
ち、ジェファソンは、富を集積する独占的な巨大法人、巨大企業の存在が、
死手法や長子相続制度撤廃などで具体化したはずの独立自営市民を支える
制度や、共和主義原理を脅かすととらえたものと推測できる。

　⑧については、上述のように、独占的な権限を有することになる国立銀

15）伊藤紀彦『ニューヨーク州事業会社法史研究』（信山社　2004）178頁、208-210
　　頁。
16）Eric Hilt, Early American Corporations and the State, in edited by Naomi R.
　　Lamoreaux and William J. Novak, *Corporations and American Democracy*,
　　Harvard University Press（2017）at 40-41, 59-61.
17）*Id.* at 72.

行が、州に優越する力を得ることへの警戒であると考えられる。

　さらに、以上に加えて、合衆国憲法の解釈からも、国立銀行の設立が合衆国憲法に規定された連邦の権限の範囲外であると論じる。合衆国憲法の諸規定を厳格に解釈し、国立銀行の設立は合衆国憲法に列挙された権限に含まれないとする。すなわち、税金を課して合衆国の公債の支払いを行うことは合衆国憲法に規定された連邦政府の権限に含まれるとするが、国立銀行の設立によって支払うことは認められていない。また、合衆国の立法権限とされている「金銭を借りること」には銀行を設立することは含まれていない。そして、「外国、州際、インディアン部族との交易を規制する」という合衆国憲法の列挙権限に照らすと、銀行を設立することは、交易を規制することと全く異なっているとする。銀行を設立する者は、商業の主体を創設しているのであり、売り買いされる物を作ることは、売り買いを規制することとは異なる。加えて、国立銀行創設が商業を規制する権限の行使であるとするならば、州外だけではなく、州内にまで規制権限を行使することになり、それは、州内の規制権限は州に留められるとした合衆国憲法の規定に反し、無効となる。

　次に、合衆国憲法第1編第1節第3項の「連邦議会は、以下の権限を有する。合衆国の債務を弁済し、共同の防衛および一般的な福祉に備えるために、租税、関税、輸入税および消費税を賦課し、徴収する権限。ただし、すべての関税、輸入税および消費税は、合衆国全土で均一でなければならない」という連邦の立法権限の規定について、後段の列挙された権限の範囲内でのみそうした権限の行使が認められるとし、合衆国憲法に関する憲法批准会議において、法人設立の権限を連邦議会に付与する提案が拒否されていたことも指摘する。

　さらに、国立銀行の設立が、合衆国憲法第1編第8節第18項「上記の諸権限及びこの憲法によって合衆国政府またはその部門もしくは官吏に付与されたすべての他の権限を実施するのに必要かつ適切であるような法律を制定すること」、いわゆる「必要かつ適切」条項に規定された権限に含まれるかどうかを検討する。ジェファソンは、銀行がなくとも同条項に規定された権限を実行することは可能であり、それ故に、銀行設立は「必要」

ではなく、正当化されないとする。すなわち、「必要かつ適切」条項を厳格に解釈し、銀行は税の徴収にとって「便利」（convenience）ではあるが「必要」（necessary）ではないとする。銀行券が広域に流通することは便利であるかもしれないが、そのことから当然に銀行を設立する権限があるとか、そうした権限がなければ世界はうまく進まないということはない。わずかばかりの便利さのために、連邦議会が、外国人の法的地位、物的財産法定相続、人的財産相続分配、財産の没収、独占に関する諸州の古来からの基本法を破壊する権限を有するものと憲法が意図していたとは考えられない。わずかばかりの便利さのために、州政府の基本法を見逃さないようにするために、連邦議会は、憲法の誠実な実行のためにいくら真摯になってもなりすぎることはないとする。

　こうしたジェファソンによる国立銀行違憲論の特徴として注目すべきなのは、まず、外国人の法的地位、物的財産法定相続、人的財産相続分配、財産の没収、独占といった、コモン・ローの法理を根拠に、その主張がなされていることである[18]。国立銀行を法人形態とすることに対するジェファソンの批判は主に、コモン・ローの法理を根拠とし、そこでのコモン・ローは、ジェファソン自身がヴァージニア邦において改革を主導したコモン・ロー、すなわち、小土地所有者を主な政治主体とするためのコモン・ローの法理であり、そうしたコモン・ローを基礎にし、法人への警戒を示しながら、州のコモン・ローの法理を脅かさないようにするための憲法解釈であったと言えよう。

(2)　ジェファソン、タッカーの金融経済に対する立場

　ジェファソンの国立銀行批判には金融経済そのものに対する警戒が存在し、これもまた彼の憲法思想と結びついていたものと考えられる。

　ジェファソンは農業を最重要視しながらも、時代が進むにつれて、商工業については一定の理解を示していたことが先行研究などにおいて確認さ

---

18) Finkelman, *supra* 10, at 63-64.

れている[19]。しかし、金融経済については晩年にいたるまで一貫して警戒心を抱いていたのを確認できる。

　ジェファソンは、ニューイングランドのタウンシップをモデルにしたウォード（ward）という小規模の領域を理想の政治経済単位とする一方で[20]、共和主義的であることは、人民による創設の要素を帯びていることであり、市民の集まりこそが、自らの権利の最も安全な保管場所であり、人民の代理人による政治よりもずっと害は少ないとするが、銀行の設立とは、後代によって負担されることになるマネーを金融という名目で費やすことになり、それは、市民の権利にとって常備軍より危険であるとしていた[21]。すなわち、銀行の設立によって生じる、公債やその利子の支払いが取引される公信用は、市民から離れた場所で、市民の自己統治の及ばない者たちによって、将来世代まで含めて担保にされるものであるとの警戒であり、言うなれば市民的自己統治に対する警戒という点では、この国立銀行の設立形態に関して一貫していた。

　また、ジェファソンは、彼の書簡からうかがえる限り、銀行の発行する紙幣（paper money）に対する強い警戒心を有していた。紙幣信用への投機において用いられる資本は無益であり、大衆に利益をもたらす商業や農業から抜き取られたものであるとする。そして、こうした紙幣は、市民の中に、勤勉さや倫理性の代わりに、悪徳や怠惰さを育て、ひいては、立法府を腐敗に導く効果的な手段となると指摘する。さらに、こうした紙幣信用を商う腐敗した一団が立法府の声を決定し、憲法によって連邦議会に課せられた制限を乗り越え、イギリスがモデルとされる君主制に変えてしまう、とする[22]。このように、ジェファソンは、銀行及び紙幣信用による

---

19) 明石紀雄　前掲註12　143-145頁。

20) "To Joseph C. Cabell" February 2, 1816, Appleby and Ball, *supra* note 13, at 204-206.

21) "To Dr. Thomas Cooper" September 10, 1814, Appleby and Ball, *supra* note 13, at 206-208.

22) To the President of the United States, in edited by Merrill D. Peterson, *Thomas Jefferson Writings*, Library of America（2011）at 986-987.

160 第4章 金融と統治—アメリカ合衆国銀行設立論争と二つの憲法像

議会の腐敗を必然のものと見ており、これこそが、彼の「財政＝軍事国家」に対する評価でもあったと言い得るだろう。すなわち、ジェファソンにとって、「財政＝軍事国家」のような国立銀行とそれがもたらす金融経済、公信用をひとつの柱とする国家は、土地を基礎にした自立的な市民の存在を脅かし、ひいては立法府を腐敗に導く存在とされたのである。

　こうしたジェファソンの立場は、彼に近い位置にあった法学者のジョージ・タッカーにも共有されている。タッカーは、『ブラックストーンの釈義』において、アメリカの共和政体としての独自性を強調し、共和政体との関係でイングランドのコモン・ローの継受にいくつかの留保をつけた。そのうち、「物の権利」（The Rights of Things）の章の中で、特に物的財産（real property）に関する補記を付しており、イングランドのコモン・ローとの相違を強調し、ヴァージニア州を例に、アメリカが独立後、土地貴族を軸にした封建的束縛から脱し、啓蒙思想の導入により、イングランドのコモン・ローに存在していた相続に関する制限を脱し、また、土地所有権が完全な私有財産へと変貌する様子を記述している[23]。タッカーは、その中で、「高利貸（usury）について」という補記において、土地や農業との関係で金融経済を論じる特異な論説を展開し、土地と農業が金融経済によって侵食されることに危機感を示している[24]。

　タッカーは、アダム・スミスの『諸国民の富』を引用して利子の定義を述べ、利子とは、借り手が、貸し手のマネーを使用することによって生じた利益を得たことを理由とする、借り手から貸し手に対する補償である、とする。ところが、タッカーによれば、独立前後のアメリカでは、詐欺的商売を行う者がマネーを操縦し、異常な利益を得て、さらには為替手形に有利な法が取引を支配するようになっていた。また、アメリカ独立後は、信用がない紙幣が正貨の数を超えて量において増大した。さらには、州や合衆国の流動化された債務が販売可能な商品として流通した。合衆国憲法

---

23) St. George Tucker, *Blackstone's Commentaries,* Vol. 3, William Young Burich and Abraham Small（1803）Appendix at 28, 104-5.

24) *Id.* Appendix at 98-112.

制定後、合衆国建国前の連合会議の債務は高く評価されることになり、また、銀行の設立によって掻き立てられた一攫千金の願望により、不当な利率を抑制することが広く無視されている。その結果、「正直な商業」(honest commerce) は、そうした「横領」とでも言うべき暴利を支えきれず、無数の倒産が生じ、アメリカの中でもマネーが広く循環する地域では特にそうであるとする[25]。

　タッカーは、投機家や土地の仲買人、高利貸が腐敗を生み出しているとし、それを抑制する立法の必要性を指摘する。マネーの貸し借りに関する利子率は、現在、それを濫用する者に独占されている。穏当な利子率は商業信用 (commercial credit) の生命であり、農業、商業、製造業のそれぞれが信用を与え合うために必要であると指摘する。土地から生じる利益や、製造業者、商人の利益に利子率が比例するのではなく、詐欺的商売人や投機家の期待、高利貸の強欲さに比例した場合、正直な商業の追求、土地の耕作、製造業への配慮は怠られる。そして、利子率が何ら抑制を受けなければ、農業はいかなる助力も得ることができず、人々は土地を売って利益を得ることだけに専心するようになり、マネーの貸し手すらも破産に導く。こうした農業に対する打撃だけではなく、農業を基点に商工業にも打撃を与えることになる、とする[26]。

　さらに、タッカーは、利子率の高騰に絡めて、土地の商品化に対しても警鐘を鳴らす。労働こそが富の源泉であるにもかかわらず、土地に対する投機家たちは、土地の価値が上昇するという見込みのみをあてにしているが、広大な未開拓の土地にはそのような価値はない。土地の価値は人口と産業によって決まり、開拓されるかどうかによって決まる。土地の仲買人は土地の売り買いをするだけで、定住・耕作はしない。「土地の仲買人は土地を他の投機家に売る以外の目的をほぼ有さない」。様々な詐欺的商人が購入者となり、土地は名目上の価値を増大させ、実態の利益よりも大き

---

25) *Id.* Appendix at 102-103.
26) *Id.* Appendix at 104.

くなる。銀行券や他の信用証券はこうしたバブルを煽る。こうして、タッカーは、過度な利子率は全ての人間の道徳的な行為にとっても、正直な産業にとっても有害であると結論を下す[27]。

このようにタッカーは、農業、商業、製造業という諸産業の連関構造を既に視野に入れる一方で、農業を中心に考え、利子率の増大や、価値の不安定な銀行券、信用証券の跋扈や土地の商品化や投機によって、農業及び土地の耕作に危機が生じることを強調し、「正直な産業」として、商業、製造業には一定の理解を示しつつも、金融に対しては強い警戒を示す。これは、農業を基盤としたアメリカ南部の社会経済を背景にした地域的な政治経済思想の発露という側面があることも考えられるが、それを正当化する言語は、古典的共和主義のそれと親和性が見られるのである。

(3) ハミルトンの国立銀行擁護論と憲法思想
(i) 国立銀行反対論に対するハミルトンの反論

これまで確認した国務長官ジェファソンや、司法長官ランドルフ（Edmund Randolph）による国立銀行設立反対論に対するハミルトンの反論が、1791年2月23日に提出された『国立銀行の合憲性に関する意見』である[28]。同意見の注目すべき点を要約すると、以下のようになる。

政府に付与されているあらゆる主権的権力は、その本質において主権的であり、憲法によって明確に述べられた制限や例外規定によって排除されておらず、道徳に反することや、政治社会（political society）の本質的目的に反することがない限り、目的達成のために必要とされ、適合するあらゆる手段を行使する権限を含む、という一般原理が政府の定義には本来存在するのであり、それは合衆国憲法によってなされる進歩のあらゆる段階において必要不可欠なものである。一般的に、政府に適用されるこの原理は、格率として認められている。それを否定する者は物事の一般的な体系

---

27) *Id*. Appendix at 105.

28) Opinion on the Constitutionality of a National Bank, in edited by Joanne B. Freeman, *Alexander Hamilton Writings*, Library of America（2001）at 613-646.

において、社会秩序の保持にとって不可欠であるルールがアメリカ合衆国に適用されないとすれば、それを立証しなければならない。そして、法人を創設することは、疑いもなく、主権的権力たる合衆国に付随する権限である[29]。

国立銀行反対論では、法人設立が過大視されている。法人設立は、単なる法的資格や、目的に対する手段の問題にすぎないのに、実体的なもの、すなわち、かなりの重大性を持った政治的目的として見なされている。法人はローマ法起源であり、それによれば、任意の期間、任意の目的のために、個人の自発的なアソシエーションがそれを生み出すのである[30]。

憲法上の権限それ自体は、画一的で変わらないとしても、政府が特定の権限を特定の時期に行使するのは、状況に依存するのである[31]。

国立銀行反対論は、「必要かつ適切」条項の「必要な」(necessary) の意味を限定的に解釈しているが、その用語の文法的、一般的意味はそのような解釈を必要とはしない。そのような解釈は不安定さと混乱をもたらす[32]。

ある政策をどの程度必要とするかは、その根拠となる法的な権限に関する審査にはなじまない。政策が必要とされる程度は、意見の問題であって、その有用性のみが問われることができる。手段と目的の関係、権限の行使のために用いられる手段の性質とその権限の目的の関係こそが、必要性や有用性に関する合憲性の判定基準となる[33]。

「必要な」という文言を限定的に解釈することは、統治構造に含まれるべき諸権限、特に、財政、交易、防衛などの、国家の一般的な行政 (administration of the affairs) に関するものは、公共善に資するように広く解釈されるべきであるという、解釈に関する確立した格率に反する。このルールは、統治の特定の形態や、権限の線引きによるのではなく、統治そ

---

29) *Id.* at 613-614.
30) *Id.* at 616-617.
31) *Id.* at 617.
32) *Id.* at 618-619.
33) *Id.* at 619.

れ自体の性質や目的に依拠するのである。国家的緊急事態に備え、国家的不都合を除去し、国家の繁栄を促進するための手段は、際限のない種類、程度、複雑さを帯びており、そうした手段の選択、適用に関してかなりの裁量が存在しなければならない[34]。

　国立銀行設立は外国人の法的地位（alienage）、物的財産法定相続（descent）、財産の没収（forfeiture and escheat）、人的財産相続分配（distribution）、独占（monopoly）という諸州の基本法、すなわち、コモン・ローの原理に反するというジェファソンの主張に対して、ハミルトンは、以下のように反論する。もし、これらが諸州の基本法（the foundations law）だとしたら、諸州の多くが自らの基本を覆していることになる。というのは、憲法制定以来、諸州のコモン・ロー、特に、物的財産法定相続の法に関して実質的な変更を行っていない州はほとんどないからである。通常の立法によって変更できない州憲法において確立されていないものを、州政府の基本法として呼ぶことがいかに可能であるのか考えられていない。また、必要性に関しては、権利の問題ではなく、有用性の問題のみを構成する[35]。

　法人を設立することは、法的で、人工的な person を自然人の代わりに用いることであり、法人には国籍がない以上、外国人の法的地位の法が適用されることはなく、法人には相続人がいない以上、物的財産法定相続の法は適用されず、また、自然人でない以上、没収の法も適用されず、法人は死なない以上、人的財産相続分配も適用されない[36]。

　個々の州のコモン・ローによって、すべての人は、望むように自分の property を外国に輸出することができる。しかし、連邦議会は、交易を規制する権限のもと、商品の輸出を規制することが可能であり、その際に、個人の権利を制約している個々の州のコモン・ローを修正しているのである[37]。

34）*Id.* at 618-619.

35）*Id.* at 622.

36）*Id.*

国立銀行を設立することは、独占にはならない。国立銀行法案は、州が銀行を設立することを禁じておらず、個人がビジネスを実行するために団体を結成することも禁じていない。独占とは、独占権を付与された者以外によって交易がなされることを法的に妨害することを意味するのである[38]。

設立が提案されている国立銀行は、融資のために用いられる共同資本を創設するという目的のための、人の集まりであって、その目的は、合法的であるだけでなく、法があらゆる個人にも認めた権限の行使に過ぎない。唯一の問題は、それ自体、合法的である目的を達成するために、それをより効果的にすべく、政府は国立銀行を設立する権限を有するのかどうかである。そうした権限の存在を証明するためには、政府の明確な権限と、国立銀行との関係を立証しなければならない。国立銀行は、租税を集め、金銭を借り、州間の交易を規制し、陸海軍を維持するという権限と直接関係するのである[39]。

こうして、ハミルトンは、租税の徴収や、緊急事態に備えて政府が金銭を借り受けることにとって国立銀行がいかに重要なものか詳細に述べた後に[40]、国立銀行は、州間の交易を規制することと自然な関係を有している、とする。国立銀行は間の便利な交換手段の創出を導くものであり、相互の送金における頻繁な貴金属の移動を防ぎ、十全なマネーの循環を維持する。マネーは商業が依拠する蝶番である。これは、金や銀だけを意味するのではなく、他の多くの物も、様々な有用性の程度をもって、この目的に資するのである。実際に、紙幣は広く用いられている[41]。

そして、ハミルトンは以下のように続ける。ジェファソンは、銀行を設立することと、商業を規制することは全く異なると指摘する。だが、ジェ

---

37) *Id.* at 623.

38) *Id.* at 623-624.

39) *Id.* at 632.

40) *Id.* at 632-636.

41) *Id.* at 637.

ファソンが指摘する交易の規制は、連邦政府の権限の範囲内というよりも、ローカルな法域に当てはまるものである。すなわち、連邦政府のその権限は、売り買いの詳細に関するものというよりも、集合的な諸利益が依拠する交易に関する、一般的な政治的調整に向けられたものである。したがって、そのような規制はアメリカ合衆国の法の中にのみ見出されることが可能であり、その目的は、我が国の商人の事業の奨励や、海運、製造業の促進である。循環を容易にし、交換、譲渡の便利な手段を提供する組織が商業の規制と見なされるのは、こうした商業に関する一般的な関係によるからである。また、連邦議会には property に関するルールの制定や規制を行う権限が付与されている点からも国立銀行設立は認められ、政府の維持、すなわち、連邦政府の権限である共同防衛のための軍隊の維持、公債の支払いのためにも必要とされるのである[42]。

　ジェファソンは、連邦議会は、(国立銀行の設立のような) 自らの望む目的のために自由に税を課すことはできず、公債の支払いか、連邦の福祉のために課すことができるだけである、とする。確かに、一般福祉とは異なる目的のために、租税を課すことは、信託に違反することになる。共同体の福祉は、金銭が共同体から徴収される目的として合法的である。連邦議会は、任意の目的やローカルな目的のために徴収した金銭を適用することはできないが、その適用に関しては広範な裁量を有する。適切な適用であるかどうかの憲法上の審査 (基準) は、目的が一般的であるかローカルであるかである。もし、前者であるのならば、憲法上の権限行使に何らの欠点もない。連邦の福祉を実際にどれほど促進するのかという目的の性質は、念入りな裁量の問題になる。これに対して、目的達成のための手段に関する議論は、憲法上の権限の議論ではなく、有用性に関する議論でなければならない。

　財政の一般的な秩序、交易についての一般的な利益など、一般的な事柄は、金銭の適用に関する合衆国憲法上の問題なのである。そして、銀行も

---

42) *Id.* at 637-638.

またこれに当てはまるのである[43]。

　現代まで長く続く商事会社が存在するような主要な商業国家は、外国との交易を規制する一般的な権限を有しており、なぜアメリカ合衆国だけが、自らに信託された目的を達成するために、他の国では普通のことである手段を用いることが憲法上許されないのか？　交易を規制する権限とは、交易を規律するために必要なルールを作り、規制する権限である[44]。

　すべての主要な商業国家は、外部との交易（external commerce）のために、商事会社を利用しており、そうした組織を設立することは、商業の規制に付随するのである。また、銀行は、国家財政の運営において通常の動力であり、金銭を借りるための普通にして最も効果的な道具であり、この国において必要不可欠なものであり、歳入や債務、信用、防衛、交易、外国との交流に関連する最も重要な主権的大権の多くを政府は有しており、自らの権限の添え物としてその道具を利用することが禁じられているという想定は誤っている。州や個人の権利を制限するかどうかという、憲法上の権限に関する補助的な審査に照らした場合、提案されている法人設立は、この点についても最も厳しい審査に耐えうるだろう。すべての州は、思うように銀行を設立することが可能で、いかなる個人も、望むように銀行業に乗り出すことが可能なのである[45]。

(ii)　ハミルトンの国立銀行擁護論から見える憲法像

　以上のハミルトンの反論の骨子は以下のようになる。まず、ハミルトンは、主権的権力を説明し、その権力の内容として、政治社会の本質的な目的などに沿わないようなものでない限り、目的達成のために必要性があり適合性がある手段を採用することが認められ、アメリカ合衆国にもそれが当てはまり、法人設立はこの権限の中に含まれるとしている。ここで、ハミルトンは、アメリカ合衆国を明確に主権的権力として位置づけている。

---

43)　*Id.* at 640.
44)　*Id.* at 642.
45)　*Id.* at 644.

次に、ハミルトンは、法人を個人の集合体である association と位置づけ、法人の存在を個人を脅かすものとして危険視するジェファソンらの見解を戒めている。そして、ジェファソンによる「必要かつ適切」条項の限定解釈を批判し、統治とは緊急事態など様々な状況に対応しなければならず、特に目的のための手段としての政府の方策については、広い裁量を認め、その判断は法的な観点からではなく、有用性、必要性の点から審査されるべきとしている。また、諸州におけるコモン・ローの原理は既に様々な変更を経ている点などから、基本法ではないと立論している。さらに、国立銀行は、租税を集め、金銭を借り、公債を発行し、州間の交易を規制し、陸海軍を維持するという権限と直接関係があり、合衆国憲法のそうした規定から国立銀行設立は肯定されるとしている。ここで、国立銀行の創設が「財政＝軍事国家」へと通じる理路が示されている。そして、商業社会における紙幣を含むマネーの重要性と、マネーを創出する国立銀行の役割が重視されている。それに加えて、他の主要な商業国家の現状も、国立銀行設立を正当化する論拠として示されている。

　こうしたハミルトンの国立銀行擁護論の背景には、彼の憲法思想の特徴を読み取ることができる。まず、主権的権力及び統治において用いられる手段すなわち政策については、広範な裁量が認められ、状況に応じて様々な選択が可能であるとして、それを憲法上の権限の有無の問題というよりも、政策としての効果の点から判断すべき、すなわちその政策の目的に対する手段として有用性や適合性、必要性があるのかどうかという観点から判断すべきとしている点である。この統治についての考え方は、ストーリーの『合衆国憲法釈義』に受け継がれている。第2章で検討したように、ストーリーは、憲法を統治のための実践的な文書、すなわち、「統治の法」として位置づけ、社会の状況や時代の変化に対応するための「適応の科学」として社会契約論に依拠した合衆国憲法の厳格解釈を退けたが、こ

　46）ストーリーは、特に憲法解釈のルールについて詳述した、第3巻第5章「解釈のルール」において、ハミルトンの国立銀行設立擁護論の憲法解釈を引用している。Story, *supra* chapter 2 note 2, §433.

れは、ハミルトンの憲法思想との連続性をみることが可能であろう[46]。

　また、ハミルトンは、国立銀行設立がコモン・ローの原理に反するとのジェファソンの主張に対しては、コモン・ローの相続制度はそもそも法人には当てはまらないという反論でかわし、同時に、諸州のコモン・ローそれ自体が変化していることを指摘し、商業、特に州外と関わる商業活動については、広域的な観点から規制に服し、コモン・ローも修正を被るとするなど、広域の商業社会を想定したコモン・ローと憲法解釈に基づいていた。こうした考えもまた、広域的な商業社会を前提に、商事法分野については広域的な観点から連邦最高裁判所による判例形成を認めた、ストーリー主導による Swift v. Tyson 判決[47]と軌を一にしている。

　このように見てくると、『ザ・フェデラリスト』とともに、ハミルトンの『国立銀行の合憲性に関する意見』は、ストーリーの『合衆国憲法釈義』の源流的位置にあると言えるだろう。

(iii) 小括

　国立銀行設立を巡る、ジェファソン、ハミルトンの議論からは、彼らの対照的な憲法像を明確に読み取ることができる。

　ジェファソンは、コモン・ローを、地元ヴァージニア邦で行った改革のように、共和主義的な市民と政治体制を支えるための法として位置づけ、そうしたコモン・ローを軸に憲法解釈を展開していた。すなわち、ジェファソンは、コモン・ローに対して、市民による自己統治の基盤という政治社会を支える法の論理を読み込んでおり、憲法はそうした基本法としてのコモン・ローを尊重し、抵触してはならないものとしていた。そのため、国立銀行創設は、市民による自己統治を危うくするものという理解をしていたと推測できる。彼が、合衆国銀行が法人形態において設立されることに対して批判していたのも、まさにこの市民による自己統治に対して、巨大法人がもたらす影響への警戒からと読み取ることができる。ジェファソ

---

47) Swift v. Tyson. 41 U.S.（16 Pet.）1（1842）.

ンの国立銀行反対論から明らかになるのは、「財政＝軍事国家」すなわち、金融経済、信用経済の浸透によって、市民の自立性に危機が生じることを警戒したことであり、それに対する歯止めについて考察した点である。それは、国家権力そのものによる侵害のみならず、常備軍の存在とともに、経済制度を通じて市民の自立性を奪っていくことに対する危機意識の発露とも言い得るだろう。ジェファソンの憲法のヴィジョンでは、何より政治社会を担う市民の自立性に重点が置かれていた。

　ジェファソンの憲法思想に関しては、ハーバート・スローンの研究を踏まえ、ジェファソンの書簡を詳細に検討しながら、世代ごとの定期的な憲法改正を主張した「定期憲法論」や、その「世代間正義論」に焦点を当てた森村進による研究があるが[48]、ジェファソンの市民の自己統治に対する強いコミットメントや、公債に対する拒否感は、これまで確認してきた銀行と公信用の存在に関する論争、「財政＝軍事国家」の文脈の中でよりクリアーになるだろう。すなわち、ジェファソン、ハミルトンの対立は、経済秩序のあり方を巡って浮き彫りになった対立であった。ジェファソンは、国立銀行創設に伴う「財政＝軍事国家」へとつながりかねない経済秩序の確立を、イングランドのような「君主制」への道であり、市民の自己統治を基礎にした共和政体を体現すべき、アメリカの憲法及びコモン・ローへの敵対と見た。

　他方で、ハミルトンの憲法のヴィジョンでは、ジェファソンのような自己統治よりも、権力と秩序、とりわけ経済秩序の構成に力点が置かれていたことが確認できる。すなわち、ジェファソンにおいては、市民の自立性を支えるための法としてコモン・ローが位置づけられていたのに対して、ハミルトンにおいては、もっぱら経済的な意味づけが重視され、それは広域的な商業の観点から修正を受けるものとみなされていた。憲法もコモン・ローもこうした経済秩序を基礎づけ、機能させるものとして位置づけ

48）森村進「『大地の用益権は生きている人々に属する』―財産権と世代間正義についてのジェファーソンの見解」『一橋法学』5(3)(2006) 715-762頁。

られており、ハミルトンにとっては、国立銀行の創設による信用秩序の確立は、統治を担う国家の当然の権限であり、商業社会における経済秩序を構成するという憲法の働きの一環であった。

　ジェファソン、ハミルトンの対立は、連邦権力か州権力かという対立で括られることも多いが、その背景には憲法、統治のヴィジョンの対立、すなわち、市民による自己統治のための憲法か、広域的な経済秩序の確立のための憲法か、という対立が根深く存在していたと言えるだろう。自己統治を経済に優先させる「政治の論理」と、広域的な商業社会の確立という「経済の論理」の相克が憲法制定時に浮き彫りになっていたと言えよう。

　これまで検討してきた、「財政＝軍事国家」、金融経済、信用経済と憲法という問題枠組みからは、ジェファソンが示したような、金融経済、信用経済との関係で、共和政を支える市民の自立性、主体性の基盤にかかわる憲法、さらに、ハミルトンが示したような、秩序を構成するための、立法行政、税制など統治構造全般にかかわる法としての憲法という、アメリカの近代憲法草創期における類型を見出すことが可能であり、このうち、後者は、ストーリーの『合衆国憲法釈義』に受け継がれることになったと考えられる。

2　ストーリーの『合衆国憲法釈義』における国立銀行論

(1)　銀行と法人を巡る論争と法学

　こうした建国初期の第一合衆国銀行設立を巡る論争の時代から下り、ケントやストーリーが著作を公刊していた19世紀前半において、大きな政治的論争になっていたのが、銀行と法人のあり方を巡るものである。連邦レベルでは、急進的なデモクラシーを志向するジャクソン政権による第二合衆国銀行解体の推進が「銀行戦」（bank war）という形で行われ、州においても、州議会が特許法人という形で、個別法律（special act）を通じて銀行に法人格を付与することに対して、ジャクソニアンから批判が行われていた[49]。こうした銀行に関する論争は、二つの争点を含意していた。ひとつは、金融、すなわち、タッカーの叙述でも確認できたように、金融経

済そのものに対する批判、もうひとつは、当時、法人形態を採用していた
事業が、もっぱら、銀行、そして道路や橋などのインフラ事業であり、特
に銀行を巡る論争が法人の設立形態のあり方についての問題も含意してい
たことである。例えば、当時の法人の「先進地域」であったニューヨーク
州を例にとれば、数の上では、製造業や採掘業の法人が多かったが、資本
の点では、銀行が他の法人を圧倒しており[50]、特に、政治と結託した巨
大法人及び金融経済に対する警戒が存在していた。アメリカ法学の形成期
を代表するケントやストーリーのテキストにおける銀行や法人に関する法
の分析は、こうした論争の中で構築されていた。

　アメリカ建国期から19世紀前半までの法人に関する論争については、法
人による選挙運動に対する独立支出の合憲性について争われた、2010年の
Citizens United v. Federal Election Commission 事件[51] の連邦最高裁判
決において、法人の政治的影響力に対する憲法起草者たちの警戒をどう見
るか、原意は何であったのか、憲法起草時の文脈において、現代の企業が、
当時警戒されていた corporation なのか、それとも association なのかを巡
り、スカーリア判事とスティーブンス判事の間で歴史研究を踏まえた議論
の応酬がなされるなど、21世紀でもアクチュアリティのある問題である。
ストーリーやケントの法人論については第5章で検討し、以下ではストー
リーの国立銀行論について検討する。

(2)　ストーリーの『合衆国憲法釈義』における銀行と金融

　ストーリーの『合衆国憲法釈義』では、「連邦議会の権限」（Powers of
Congress）の章に、「国立銀行」という節が設けられていた[52]。これは、
ストーリー自身も判決に加わった McCulloch 事件[53] や Osborn 事件[54] と

---

49)　Hilt, *supra* note 16, at 40-41, 59-61. 同論文は、19世紀前半の法人を巡る論争、特
　　に銀行に対する法人格付与の動向やその背景を、これまでの研究を批判的に検討し
　　つつ、データを用いて実証的に分析している。

50)　Hilt, *Ibid.* at 49.

51)　Citizens United v. Federal Election Commission 558 U.S. 310 (2010).

52)　Story, *supra* chapter 2 note 40, §1254-1266.

いった、合衆国銀行の設立が、連邦憲法第1編第8節第18項に規定された、いわゆる「必要かつ適切」条項によって付与された権限の範囲内にあって、連邦政府の権限といえるかが争点となった事件を踏まえてのことで、そうした事件の判決をもとに、合衆国銀行の設立を正当化するための論理が展開されていた。

だが、先述のように、国立銀行の設立に関する憲法解釈の論争は、連邦と州の権限の問題のみならず、統治や市民社会のあり方を巡る思想的文脈の中にあり、その争点は、国立銀行の設立と、それがもたらす公債及び公信用システムに対する評価の対立でもあった。また、債権者・投機家からなる「貨幣的利害」(monied interest) に対する、土地所有者からなる「地主的利害」(landed interest) の対抗、土地所有を基礎にした、自立的な、「徳」を有する市民を理想とし、「貨幣的利害」による「腐敗」を警戒する思想の発露という側面もあった。

他方で、こうした公信用に対する警戒は、ブラックストーンにも共有されていたのを確認できる。ブラックストーンは、『イングランド法釈義』において、公債について論じ、公債の弊害として、公債債権者の財産が、土地、商業、個人の財産を対象にした税によって賄われ、公債債権者の富が増大すればするほど、租税負担者たる臣民の多数が貧しくなることを挙げる。次に、たとえ公債によって何らかの商業的利益があるとしても、それを遥かに上回る不都合があるとし、その理由として、公債の利子の支払いが増税と物価の上昇を招き、交易や製造業にダメージを与えること、公債債権者が外国人である場合には正貨の流出を招くこと、公債の支払いのために租税を負担する勤勉な臣民に税を課し、怠惰な債権者が利益を得ることになることを挙げる[55]。また、ヒュームも、公債の増大や紙券信用の拡大が破滅的な結果をもたらすことについて、後年になるにつれて強調

---

53) James McCulloch v. The State of Maryland, John James, 17 U.S. 316 (1819).
54) Ralph Osborn and others, Appellants v. The President, Directors, and Company of the Bank of the United States, Respondents, 22 U.S. 738 (1824).
55) Blackstone, *supra* Chapter 1 note 8, at 316-318.

していた[56]。その意味においては、ブラックストーンも、そしてヒュームも、「財政＝軍事国家」に警戒的な側面があったと言えるが[57]、ストーリーは、ハミルトンの線に沿いながら、公信用の存在を経済秩序の前提として積極的に受容し、それを制御する国立銀行の役割を重視する。

第5章でも検討するが、ストーリーが『合衆国憲法釈義』を公刊した時期は、ジェファソニアンよりさらに急進的な、ジャクソン政権が第二合衆国銀行解体を行った、いわゆる「銀行戦」の時でもあった。そこでは、ジャクソン政権支持派、ジャクソニアンによって、合衆国銀行という特許法人が、連邦全体の金融政策を主導することに対する批判や、上述のタッカーにおいても見られたような、紙幣信用の流通に対する批判が主に展開されており、合衆国銀行の解体が主張されていた。これに対して、ストーリーは『合衆国憲法釈義』の「国立銀行」の節において、ハミルトンの銀行論を長大に引用している。この引用では、銀行の設立が連邦議会に付与された権限にいかに関連しているかを論じる中で、マネーは商業の基礎であり、交換手段としてのマネーは商業にとって極めて重要であること、公債の安定のためにも必要であること、そして、国立銀行が通貨を創出し、その循環を容易かつ迅速に行わせ、同時に租税の徴収を容易にすること、そのためには、銀行は、法的主体性が弱く個人が多大な責任を負うことになるパートナーシップではなく法人でなければならないことなどが指摘されていた[58]。ストーリーは、このように、『合衆国憲法釈義』に「国立銀行」の節を盛り込み、「国立銀行」が「商業社会」における経済秩序にかかわる重要な柱として、経済秩序を支える憲法の一角をなすと考え、それを破壊するジャクソニアンの動きに対抗する憲法論を示していた。こうした、経済社会における金融経済の重要性を認識し、その制御を統治の重要な課題としたストーリーの立場は、金融経済に対してその必要性を認識し

---

56) ヒューム　前掲第2章註168　283-297頁。

57) イシュトファン・ホント著、田中秀夫監訳、大倉正雄・渡辺恵一訳者代表『貿易の嫉妬―国際競争と国民国家の歴史的展望』（昭和堂　2009）62-66頁。

58) Story, *supra* Chapter 2 note 40, at 142-146.

ながらも警戒的で、商業の重要性を認識しながらも、あくまで土地と農業を統治の基盤とし、土地貴族の安定性を重視したバークとの相違が際立ち、より新しい経済社会の統治が射程に入っていたと言えよう[59]。

次章では、ストーリー、ケントが、同時代のジャクソニアンの潮流に対して、いかに経済秩序の論理を構築しようとしたのか、商業に関する法の観点から、さらに考察を進める。

---

59) 小島秀信『伝統主義と文明社会—エドマンド・バークの政治経済哲学』（京都大学学術出版会　2016）322-326頁。バークが、公信用や貨幣利害を警戒しつつも、その必要性を認識し、土地財産とリンクさせ、その安定化を企図したとするのが、立川潔「経済思想(2)—財産の原理と公信用」中澤信彦・桑島秀樹編『バーク読本—〈保守主義の父〉再考のために』（昭和堂　2017）191-212頁。

第5章

商業と統治

1　商事法と法人

(1)　ブラックストーンにおける「商業」と「商事法」

　第3章で確認したように、18世紀後半のブラックストーンの『イングランド法釈義』は、土地を中心とする物的財産中心の構成になっており、商事法分野に該当する、為替手形、約束手形、保険などは、「occupancy」の項目、「gift, grant, and contract」の項目に数頁設けられる程度であった。ブラックストーンにおいても、彼の『釈義』における「次々と人手に渡っていく占有（possessions）の譲渡についてできる限り束縛を少なくすることがこの自由で商業的な社会において最も重要性を持った目的である」[1]という叙述が示すように、商業社会の認識、商業社会におけるモノの流通の重要性の認識が完全に欠落していたわけではない。だが、ブラックストーンは、新しい商業社会の法としての商事法を検討する際に、コモン・ローの一般的な構造の枠内で対応するしかなかった[2]。すなわち、ブラックストーンの『釈義』では、約束手形については、被裏書人が手形の支払いをしない場合には振出人が支払うという、振出人と被支払人の明示の契約（express contract）、為替手形については、振出人と被支払人の黙示の契約（implied contract）として処理されていた[3]。そして、被支払人には

---

1) Blackstone, *Commentaries on the Laws of England,* Vol. 3, The University of Chicago Press（1979）at 329.

2) David Lieberman, *The Province of Legislation Determined: Legal Theory in Eighteenth-Century Britain, Cambridge,* Cambridge University Press（1989）at 106.

3) Blackstone, *supra* Chapter 1 note 6, at 468.

「訴訟上の財産権」（property in action）が付与されるものとされ、「訴訟により実現可能な財産権」（chose in action）が帰属するものとされる。だが、コモン・ロー上、こういった種類のpropertyは譲渡できないため、この準則の適用は、商業社会の信用の流動性を確保する流通証券の目的を損なうものとなってしまう。ブラックストーンも、「譲渡（assignation）は紙券信用（paper credit）の生命である」と認め、流通証券に限っては、「訴訟によって実現可能な財産」であっても、この財産権は、いかなるchose in actionも譲渡可能ではないというコモン・ローの一般準則に反し、被支払人から他の者への譲渡が可能であると、コモン・ローの一般準則に例外を設ける形で処理を行っていた。こうして、ブラックストーンは、流通証券の流動性を確保しようとしたが、流通証券が独自の法準則の体系によって規律されるpropertyであるとするには至らず、あくまで従来のコモン・ローとのアナロジーにおいて対処していた[4]。

(2) マンスフィールド卿の「商業」と「商事法」

ブラックストーンに見られるような、商業社会に対応するための「苦肉」のアナロジーに対して、コモン・ローとは別に、より商業社会に適した商業社会の法を模索したのがマンスフィールドである。以下では、デイヴィッド・リーバーマンの分析に従いつつ、マンスフィールドの商事法に対する貢献を確認する。マンスフィールドは、流通証券を商慣習によって規律される独自のpropertyとして認識する必要性を強調していた[5]。

「為替手形の所持人は、被支払人の譲受人（assignee）という観点から考察されるべきではない。譲受人は、譲り受けられた物を受け取る際に、原当事者に付着していたあらゆる抗弁が付着した物を受け取らなければならない。もし、この準則が為替手形や約束手形に適応されるなら、そ

---

4) Lieberman, *supra* note 2, at 107.
5) *Id.* at 108.

れはそういった流通証券の循環（currency）を止めてしまうだろう。」[6]

「流通証券は財（goods）ではなく、担保（securities）ではなく、金銭債務のための書証でもなく、またそのようにみなされてはならない。だが、人類の一般的な同意（the general Consent of Mankind）によって、ビジネスの通常の過程や取引（transaction）において、金銭（Money）として、現金（Cash）として扱われている。」[7]

　さらに、従来のコモン・ローの構造と流通証券の関係においては、約因の問題が横たわっていた。ブラックストーンが『釈義』で示したように、流通証券をコモン・ローの契約の枠組みに入れた場合、約因が必要とされる。これに対して、ブラックストーンは、

「一定のあるいは別の種類の約因は絶対に必要であり、他方で、何かを行い、支払う際の裸の合意（nudum pactum）あるいは合意があるにもかかわらず、相手方においてその保障が無いならば、コモン・ロー上、完全に無効である。」[8]

　こうして、流通証券が金銭債務のための契約と見なされた場合、法的な拘束力を得るためには約因が必要となるとしていた。もっとも、流通証券は転々流通し、流通証券を振り出した商人と最終的にそれを受け取った商人との間でこのような約因が成立することは困難であり、コモン・ローの原理をそのまま適用することは流通証券の機能を台無しにしてしまう。そこで、ブラックストーンは、ここでも法的擬制を用いて、「すべての振出人の引受から生じた流通証券」は「約因の内的な証拠を伴う」とし、約因の欠如は流通証券上に課せられた責任を回避するものとされることはでき

6）Peacock v. Rhodes（1781）2Douglas at 633, 636, cited in *Id*.

7）Miller v. Race,（1758）1 Burrow at 452, 457 cited in Lieberman *Id*.

8）Blackstone, *supra* Chapter 1 note 6, at 445.

ないとする。

これに対して、マンスフィールドは、流通証券を従来のコモン・ローの法理の中に吸収させるという方策を採らない。マンスフィールドは、原告側と被告側の手紙のやり取りによって為替手形の引受がなされ、それをもとに原告側が為替手形の支払いを求めたのに対して、被告側がその後、手形の引受を拒絶し、約因の欠如を理由に抗弁が出され、かかる抗弁の有効性が問題となった、1765年のPillans and Rose v. Van Mierop and Hopkins判決において、流通証券が約因を内的に伴っているという構成を否定し、流通証券に関する問題を決すべく、法は、約因の法理を全く含むものではないとし、従来のコモン・ローの外部に流通証券の法を求める[9]。

「これは、取引と商業にとって、あらゆる点において極めて重要な問題である。もし詐欺がなければ、それは単に法の問題である。商人の法は国土（Land）の法とまったく同じであり…（中略）…裸の合意は商慣習にも商人の法（Law of Merchants）にも存在しない…（中略）…商人間の商事事例においては約因の欠如は異議を構成しないのである。」[10]

こうしてマンスフィールドは、手紙のやり取りを為替手形の引受とし、約因法理は商取引での約束の効果を妨げるために適用されるべきではないとし、商事法の領域を従来のコモン・ローの法理から切り離し、商事法における独自のコモン・ローの法理の形成を志向する。このほかにも、マンスフィールドは商事問題について商慣習の視点を取り入れ、商事法分野で商人から構成される特別陪審の促進、商事法事例の判決において、法的安定性の確保、原理（principle）の重視など、従来のコモン・ローとは異な

---

9) Lieberman, *supra* note 2, at 109.

10) Pillans v. Van Mierop（1765）3 Burrow 1663, 1664-1665, cited in Lieberman, *Id.* また、James Stevens, *The Early History of the Law of Bills and Notes: A Study of the Origins of Anglo-American Commercial Law*, Cambridge University Press（1995）. ジェイムズ・スティーブン・ロジャーズ著、川分圭子訳『イギリスにおける商事法の発展―手形が紙幣となるまで』（弘文堂　2011）207-208頁。

180 第5章 商業と統治

る法的な革新を行っていた[11]。

(3) ケント、ストーリーと商事法

　第1章でも述べたように、マンスフィールドの商事法分野の「革新」は、ケントやストーリーにも影響を与えていた。ケントは、『アメリカ法釈義』において、商事法を論じる前提として、特にコモン・ローの判例法理のあり方を分析した箇所（Lecture 21 Of Reports of Judicial Decision）で、マンスフィールド卿の偉大さを称揚する。ケントがマンスフィールドを称揚する理由は、その判決のスタイルにある。すなわち、マンスフィールドが、商事事件での判決においてはるかに重要なのは、理由づけよりも準則の安定性であり、安定性こそがpropertyのために維持されるべきであるとし、イングランドのいかなる裁判官もなしえなかった大きなイノベーションを行った点にあるとする[12]。また、ケントは、ブラックストーンの『イングランド法釈義』の構成を範にとりながらも、ブラックストーンの『釈義』には項目がなかった商事法について、「人的財産」（Personal Property）の章で、流通証券（negotiable paper）、パートナーシップ、保険など商事法の項目を大幅に設けたが、彼は、流通証券の項目（Lecture 44 Of Negotiable Paper）の冒頭において、特に為替手形について、現金の目的を果たすもので、商業を容易にし、propertyの束の代替物となるもので、国内の取引を増加させるだけではなく、循環しながら資本蓄積を可能にし、商業に欠くことができない分野であるとする。そして、この為替手形に関する法における、マンスフィールドのイノベーションに対して称揚を繰り返す。ケントは、為替手形の記述において、実務に則り、「引受」（(4) Of the Acceptance of the Bill）という項目を設け、為替手形においていかに引受が拡張されてきたかを論じる。そして、ケントは、コモン・ローの約因

---

　11) Lieberman, *supra* note 2, at 110-119. また、日本におけるマンスフィールドの包括的な紹介としては、堀部政男「イギリス近代法の形成—18世紀後半における司法的立法研究序説(1)(2)」『社会科学研究』19(1)-(2)(1967)。

　12) Kent, *supra* Chapter 1 note 44, at 444.

の法理の枠組みそのものを放棄するまでには至らないものの、マンスフィールドが、先に述べた Pillans and Rose v. Van Mierop and Hopkins 判決において、為替手形が存在するよりも前の引受の約束を為替手形の引受であるとするという「広い原理」(broad principle) を定立し、その結果、為替手形に信用を与えた点を指摘し、現在のニューヨークの判例法理もこれに立脚しているものと評価する[13]。このように、ケントは、「商業社会」の認識枠組みに依拠しながら、商事法の具体的な法理に関してマンスフィールドを高く評価する。

　一方、ストーリーは、商事法分野においても、*Commentaries on the Law of Bills of Exchange* (1843)、*Commentaries on the Law of Promissory Notes* (1845) といった、様々な本格的な注釈書を著すが、そういった彼の著作は、コモン・ローにおける商事法のあり方、アメリカにおける商事法のあり方についての明確なヴィジョンに基づいていた。彼の商事法のヴィジョンを示すのが、「商事法の成長」(Growth of the Commercial Law) と後に題された1825年の論考である[14]。

　ストーリーは、ブラックストーンはじめ、長くイングランドのコモン・ローヤーたちが商事法の扱いに苦慮してきた歴史を確認し、その原因として、コモン・ローが封建的な不動産保有条件や法理を扱ってきたもので、商事法の諸原理が、全く未知の領域であったことを指摘する[15]。そして、商事法はイングランド内部の法ではなく、海外との交易の中で、商慣習として生じたとする。商事法はローマ法に負うところが大きく、コモン・ローヤーのローマ法に対する評価は低いが、コモン・ローにとって、ローマ法とは国家的な法学 (national jurisprudence) の偉大なる源泉であり、無

---

13) James Kent, *Commentaries on American Law*, Vol. 3, O. Halsted (1826) Facsimile reprint Da Capo Press (1828) at 55.

14) Joseph Story, Growth of the Commercial Law: An Article Written for the North America Review, in 1825, on "A Treatise on the Law of Insurance by Willard Philips" (1825), Joseph Story, Progress of Jurisprudence (1821), in edited by William Story, *Miscellaneous Writings* (1852) at 262-294.

15) *Id.* at 269-270.

視できないものであるとする[16]。

　ストーリーは、本書の第1章で述べたように、コモン・ローの歴史的展開を概観した「法理の進歩」でも、マンスフィールドが社会の変化、とりわけ経済社会の変化に対応する法の原理を導き、変化に適応可能な「法の科学」を構築したことを高く評価していたが、「商事法の成長」でも、マンスフィールドについて、「彼こそがイングランドの商事法を創造したと言い得る」と評価していた。だが、マンスフィールド以後の裁判官たちが、商事法分野での様々な革新を覆した点について、コモン・ローの微妙さ、技術的な洗練にとらわれ、また、コモン・ローの中での習慣や教育によって、より一般的な原理の探究ができなかったためと指摘する[17]。法は時代に対応する必要があり、そのためには、そのような状況に対応できる原理を永続的に探究する必要があるとし、新しい原理の採用には、公共の便宜（public convenience）、相互の衡平（mutual equities）、取引の過程（course of trade）、外国との交流（foreign intercourse）に注意が必要であるとし、法学の一般原理は、全ての国において人間生活の通常の問題に適用され得るもので、全ての国において法になり得るものでなければならず、そのためには外国法研究、特にローマ法研究が重要であるとする[18]。そして、アメリカの法律家が模範とすべき法律家として、合理的で啓蒙的な原理に依拠したマンスフィールドを挙げる[19]。

　こうして、ストーリーは、商事法領域において、伝統的なコモン・ローの形式にとらわれずに、社会の変容に対応した原理の構築によって、コモン・ローを変容させていく必要があることを指摘し、その範としてマンスフィールドを挙げ、第1章で述べたように、「古来の国制」論とは異なるコモン・ローの発展を企図するのである。

---

16) *Id.* at 271.
17) *Id.* at 276.
18) *Id.* at 279-280.
19) *Id.* at 285.

(4)　商業社会における経済主体としての法人の析出

これまで見たように、ケント、ストーリーともに、商業社会の認識をアメリカ法の基礎としていたが、かかる商業社会の主体として、法人をどのように捉えたのか。法人設立のあり方を巡り、ジャクソニアンを中心に激しい批判がなされ、政治的争点にもなっていたが、法人の法的性質をどのように位置づけていたのか。ケントは、法人の説明として、「人の権利」（The Rights of Persons）の章である、講義33「法人」を設けた点では、ブラックストーンの『イングランド法釈義』を踏襲していた。また、ケントの『釈義』では、流通証券など商事法関係の法理がまとめられていた「物の権利」（The Rights of Things）の章のうち人的財産（personal property）講義43から49までには法人の言及は無く、商事分野における経済主体として取り上げられているのは、法的主体性や団体性の弱いパートナーシップ（partnership）だけであった。この意味では、一見すると、ケントも、ブラックストーンやタッカーの『釈義』と同様に、法人に商事法的な意味合いを込めていなかったように見える。だが、ブラックストーンの『釈義』はもとより、タッカーの『ブラックストーンの釈義』においても、ブラックストーンの『釈義』の法人の項目に対してさしたる修正も、目新しい補記も無かったが、ケントの『アメリカ法釈義』は、ブラックストーンやタッカーの叙述には皆無であった、商業社会における企業としての法人の位置づけを明確にしていた。

ケントは、講義33「法人」において、エドワード・クックによる法人の分類に従い、法人は、単独法人と、複数人からなる集合法人に区別され、次に、集合法人は、宗教法人（ecclesiastical corporation）と世俗法人（lay corporation）に、世俗法人は、慈善法人（eleemosynary corporation）と民事的法人（civil corporation）に区別されるとする。そして、ケントはここから一歩進み、民事的法人について、政府によって創設される公法人（public corporation）と、私人によって創設される私法人（private corporation）という、クックにもブラックストーンにも無かった区別を行う[20]。この区別自体は、ケントの『釈義』の公刊から7年前のDartmouth判決[21]においても示されており、ケントの盟友でもあるスト

184　第5章　商業と統治

ーリー執筆の、同判決の詳細な補足意見に従って展開されている。だが、ケントの民事的法人の位置づけは、大学に対する法人特許状付与の内容を事後的に州によって変更することの合憲性が主に問題となった同判決の叙述よりも射程が広く、特に商業社会を意識したものであった。

　それは、彼が講義33「法人」において展開した、法人の歴史に関する以下の叙述に示されている[22]。ケントは、古代ローマでは、個人が集団として結合すること（combination）に対する強い警戒が存在し、法人は党派や無秩序の源になるとして、法人に対して一貫して否定的で、いかなる目的であれ法人は有害であると考えられていたと指摘する。そして、こうした法人に対する抑制的な態度は、イギリス法もよく似ていると指摘する。しかし、近代初頭のヨーロッパにおいて、政治的、経済的な目的で、民事的法人（civil corporation）が生じ、これは独占の精神から発し、封建的な圧制に対する障壁として機能しながらも、商業や製造業が保護され、古代ローマ以来途絶えていた秩序や安全、産業や交易、技術がヨーロッパで再興したとする。他方で、法人が交易の自由や進歩を妨げたというアダム・スミスの法人批判を踏まえ、排他的な特権が労働の自由な循環を阻害し生産物の価格を高めるという弊害があるとしながらも、現代のアメリカにおいて法人が激増している現状があるとする。ケントは、法人がここまで増加している原因として、巨大資本があらゆるビジネスに関して法人を作るようになっていること、法人化によって資本の管理が容易になり、法人の構成員や、構成員の個人財産に対するセキュリティが与えられることを挙げている。一方で、ケントは、野放図な法人の増加を抑制する取り組みがあることにも触れ、例えば、法人の設立などには州議会のメンバーの3分の2の同意を必要とするとした、ニューヨーク州憲法改正などを取り上げ、それでもまだ法人の数が増え続けている現状を指摘し、増加の抑制には至っていないとする。その上で、銀行、製造業、保険、有料道路、橋といっ

20）Kent, *supra* Chapter 1 note 44, at 220-222.
21）Trustees of Dartmouth College v. Woodward 17 U.S.（4 Wheat.）518（1819）.
22）Kent, *supra* Chapter 1 note 44, at 218-220.

た様々な目的を持つ私企業に対する法人格の付与が増加しており、古代ロ
ーマでなされたような、こうした法人格に対する需要を抑制するための
「道徳的な」手段（moral means）を我々はもはや持ち得ないとする[23]。そ
して、ケントは、アメリカにおいて、前例が無いほど法人が増加し、法人
は古代ローマやイギリス法には知られていなかったような、目的の柔軟性
や多様性を有しているとし、法人の研究は近年ますます重要になっている
とする[24]。ケントは、ここでも、商業社会の歴史像に依拠し、古典古代
を範とする共和主義の言説や従来のイングランド法の法人観から自覚的に
距離を取り、商業社会における法人のあり方を提示している。

　ケントはさらに、商業社会における法人、特にビジネスを目的とした法
人の法的主体性、活動範囲を広げる方向に賛意を示す。コモン・ローの古
い準則では、法人の社印がなければ、その代理人（agent）がなした行為
は法人を一切拘束せずに、法人は行為もできなかったが、アメリカの判例
法理では、銀行や商業目的の法人は、法人の社印がなくとも、法人の代理
人や役員（officer）が正当に権限を付与されていれば、その行為が法人そ
れ自体を法的に拘束し、法人の行為になるものとされているとする。そし
て、コモン・ローの古い準則に則った場合、銀行などの業務は不可能とな
るとし、もはやアメリカの判例法理では否定されているとする[25]。また、
法人に対する検査権限については、民事的法人には及ばず、法人の権限濫
用などについてはあくまで司法部による事後的な是正に服するのみとす
る[26]。

　そして、ケントは、法人、特に、私法人に対する特許状による法人格付
与を契約とみなしてそれを公権力による侵害から保護すべきとし、それを
事後的かつ一方的に無効とすることについて、政府にそのような無制限の
支配を許すことは合衆国憲法の意義を失わせものであるとする。また、銀

---

23) *Id.* at 220.

24) *Id.* at 227.

25) *Id.* at 233-235.

26) *Id.* at 244.

行に対する法人格付与を事後的に無効とした場合、経済的に大きな悪影響をもたらすとして警鐘を鳴らす。加えて、州議会が特許状の内容の修正権限を留保した上で、特許状による法人格付与を行っていることについて、こうした運用は極力限定されるべきとする[27]。以上の、ケントの法人に関する叙述は、その後に公刊された、アメリカにおける私法人に関する最初期の法学体系書である、ジョゼフ・エンジェル、サミュエル・エイムズの著作[28]にも引用され受け継がれている。

　これに対して、1830年代以降、ジャクソニアンが支配するニューヨーク州をはじめとする諸州では、法人設立は、州議会における個別法律、特許状によるものから、法人設立に関する一般法に基づくものに移り、準則主義に移行する。これは、州議会の政治家とのコネクションを有する者が優先的に法人設立の特許状を得るという、議会と法人の癒着を断ち切り、レント・シーキングを規制し、法人設立へのアクセスを公平かつ容易にし、新興企業家たちの支持を背景にした、法人間の公正な競争への移行という側面があった。他方で、こうした一般法には、設立後の法人に対するより厳しい規制が盛り込まれるなど、法人に対する警戒が示されており、銀行などの金融会社に対しては特にそうであった[29]。ケントの死後に公刊された『アメリカ法釈義』の版でも、「法人」の節に長大な脚注が付け加えられ、1840年代以降に、諸州が法人の設立に制限を設け、法人に数々の責任を負わせたと指摘されている。例えば、1846年のニューヨーク州憲法の修正では、地方公共団体を除く全ての法人は、個別法律による設立を禁じられ、個人あるいはパートナーシップによって所有されていない、法人の

---

27) *Id.* at 245-248.

28) Joseph Kinnicut Angell and Samuel Ames, *A Treatise on the Law of Private Corporations Aggregate*, Hilliard, Gray, Little, and Wilkins（1832）. 同書は、ケントに捧げられている。

29) Hilt, *supra* Chapter 4 note 16, at 59, 60-61, 72. また、ジェファソニアンからジャクソニアンにいたるまでの法人批判の多様性については、Pauline Maier, The Revolutionary Origins of American Corporation, *The William and Mary Quartely* 50(1)(1993) at 51-84.

権限や特権を有する全ての法人格のない association や joint stock company も corporation とみなされ、法的規制の対象となるとされた。さらに、通貨の発行を行う銀行目的の全ての法人及び joint stock company の株主は、自らの持分に応じて、法人の全ての債務に対して個人責任を負うとした。ウィスコンシン州では、1846年の憲法修正により、州議会に州内における銀行の設立を認める権限を持たせず、銀行の紙幣発行を禁じた。『アメリカ法釈義』では、こうした規制の背景には、ジャクソニアンの銀行に対する「偏見」という否定的なニュアンスが用いられながら、民事的法人、とりわけ、金融会社に対するジャクソニアンの敵意があったと指摘されている[30]。また、1830年代末には、ジャクソン派の判事が連邦最高裁を占めるようになり、後述する Charles River Bridge 判決[31] によって、橋の建設・運営事業のような公益性が高い事業に関して、既存の特許法人の営業特権に対する州議会の介入の余地が広がった。同判決では、ストーリーは反対意見を執筆し、ケントも同判決に対する危機感を共有していた。

　以上のように、ケントやストーリーは、野放図な法人の増加の抑制の必要性を示しつつ、特許状を契約とみなし、一度付与された特許状の修正を厳しく制限することによって、経済主体としての銀行、法人の活動を州立法部などの公権力の介入から切り離し、その自立性を確保することを目指した。民事的法人について公法人、私法人の区別を用い、後者に経済的意味を多分に持たせ、立法行政を中心とする公権力の恣意的介入を排除し、経済活動を私的領域と捉え、その自立性を確保しようとしたとも言えるだろう。これに対して、銀行及び法人に批判的な立場からは、特許状の事後的な修正が制限されることにより、強い既得権を有することになる法人によるレント・シーキングから議会を隔離し、人民の代表たる立法を通じて、銀行、法人を規制することが模索されていたと言える。

---

30) Edited by James Kent and William Kent, *Commentaries on American Law,* Vol. 2; 6th edition（1848）at 272.

31) Proprietors of Charles River Bridge v. Proprietors of Warren Bridge 36 U.S.（11 Pet.）420（1837）.

（5） 小括

　初期のアメリカ法学を担ったケント、ストーリーは、商業社会において機能し、それを支えるための法を推進した。彼らは、古典古代に関する知識を備えながらも、法学の推進において、政治社会の思想たる古典古代を範とする共和主義の言説から自覚的に決別し、商業活動の主体として法人を位置づけ、また、第1章で確認したように、法学を商業社会の柱にしようとしたと言えよう。彼らが論敵とした、タッカーやジェファソンといったリパブリカン派のキーパーソンは、土地と農業を基礎にした自立的な市民からなる政治社会を理想とし、市民の自己統治を重視し、金融経済はそれを損なうとして、警戒を示した。その後に台頭したジャクソニアン・デモクラシーの担い手については、例えば、連邦における合衆国銀行解体を巡る「銀行戦」や州の銀行規制を求めた層は多様で、農民、職人層、都市労働者、新興企業家、南部の奴隷主など多岐にわたり、様々な経済的利害の中でジャクソニアンの政策が推進されたことが確認されている[32]。また、ジャクソニアンの特許法人に対する攻撃には、新興企業家層を中心に、市場競争への参入という側面があったのは否めない。だが、これまで検討したように、1841年先買権法の推進など、自作農を主な政治主体として理想化するといった、法を巡るジャクソニアンの言説には土地所有を基礎とした市民の理想像も存在し、法人、とりわけ銀行といった経済権力の侵食を、議会による一般的な制定法を通じて制御しようとしていたのを確認できる。このように、経済競争の平等な保障の論理の要素と、市民の自立性を理想とする要素が混在していたと推測できる。ケント、ストーリーらの法学が、こうしたジャクソニアンの言説を認識しながらも、恣意的な立法から経済社会を守ることを法学の任務としたのに対して、ジェファソニアンやジャクソニアンは、特許法人を経済権力と見て、そこから立法すなわち政治の領域を守ろうとしたとも言い得るだろう。こうしたケントやストーリーの

32）安武秀岳『自由の帝国と奴隷制―建国から南北戦争まで』（ミネルヴァ書房 2011）135-174頁。Hilt, *supra* Chapter 4 note 16, at 60-61.

法人や商業についての見解とジャクソニアンのそれの相克が具体的な形を
とったのが、Charles River Bridge 事件である。

2　Charles River Bridge 事件とストーリー

　これまで、ストーリー、そしてケントにおける商業社会の認識と、「文
明社会」の観念が、いかに彼らの法の注釈や法理論に影響を与えていたの
かを検討してきた。特に、第3章で確認したように、彼らの土地所有権論
に特徴的であったのは、土地所有権の保護を前提にしながら、土地所有の
流動性を商業社会、また、アメリカ社会の特徴として承認していたことで
ある。

　だが、こうしたストーリーの経済観を巡っては、これまで本書が検討し
てきた土地所有権に関してではなく、主に法人の営業特権に関する
property が争点となった、Charles River Bridge 事件に関する検討を通じ
て示されてきた。例えば、田中英夫の詳細な分析による研究や、モート
ン・ホーウィッツの分析によって[33]、ストーリーは、トーニー・コート
期の首席裁判官であったロジャー・トーニーと較べ、旧来的な経済社会観
の持ち主とされてきた。ここでは、マーシャル・コートの終わりとともに
出現したトーニー・コート期における重要判決である、Charles River
Bridge 事件の概要を踏まえ、同判例におけるストーリーの反対意見と、
本書がこれまで示してきたストーリーの「文明社会」、「商業社会」観との
比較検討を行い、彼を古いタイプの経済社会観の持ち主と位置づけるのが
適切かどうか、また、ストーリー、ケントの経済社会観やそれに基づく
property の観念は、どのような認識枠組みの下にあったのか、彼らの土
地所有権に関して見られた認識枠組みとの関係について考察する[34]。

---

　33) Charles River Bridge v. Warren Bridge, 36 U.S.（11 Pet）420（1837）. 田中英夫
「アメリカ法における競争社会の到来」『英米法研究2　デュープロセス』（東京大
学出版会　1985）215-256頁。Horwitz, *supra* Introduction note 13, at 130-139.

190 第5章　商業と統治

(1)　事案の概要

　1785年、マサチューセッツ州議会は、法律によって The Proprietors of Charles River Bridge（原告）という法人を設立し、1640年以来、ハーヴァード大学が渡し舟を運航し、収益を上げる権利を有しているものと認められていたボストン・チャールズタウン間に、橋を架けることを同法人に認めた。この法律では、同法人が橋の開通から40年間通行料を徴収することが認められ、他方で、ハーヴァード大学がこれまで渡し舟から得られていた収益を保証する意味で、橋の完成後、通行料を徴収し始めた後に40年間毎年200ポンドを同大学に支払うものとされた。そして、1792年に、マサチューセッツ州議会は、ボストン・ケンブリッジ間で West Boston Bridge を建設するための別の法人を設立し、この法人が通行料を徴収することを許可する法律を制定した。これに対して、州議会は、West Boston Bridge の建設により、Charles River Bridge の収入が減ることを認め、その代わりに、The Proprietors of Charles River Bridge には、Charles River Bridge の通行料の徴収期間を30年間延長し、同橋が開通後70年間通行料を徴収できるようにした。

　ところが、1828年に、マサチューセッツ州議会は、Charles River Bridge と80メートルしか離れていない、ボストン・チャールズタウン間に橋を架けるため、州法によって、The Proprietors of Warren Bridge（被告）という別の法人の設立を認め、同橋も通行料を徴収できるが、その期間は6年とされ、期間満了後は、同橋は州のものになるとされた。これに対して、Warren Bridge の完成により大打撃を受けることになる The Proprietors of Charles River Bridge は、被告法人の設立を認めた州制定法は、正当な補償なく財産権を奪い、また、原告法人と州の間にあった契約上の債権債務関係を侵害するものとして、合衆国憲法第1編第10節第1

　34）事案の概要、原告の主張については、前掲判例集、マサチューセッツ州最高裁判決の判例集である、Octavius Pickering, *Reports of Cases Argued and Determined in the Supreme Judicial Court of Massachusetts*, Vol. 7, Hilliard, Gray, Little, and Wilkins（1830）at 344-533を基本に、適宜、田中英夫　前掲書の要約を参照した。

項の契約条項（Contract Clause）に反するという主張の下、同橋の建設を禁じる仮処分的差止命令の申立てをマサチューセッツ州最高裁に行った。

原告の主張の要点は以下の内容になる[35]。まず、ハーヴァード大学が有していたボストン・チャールズタウン間の渡し舟を運航する権利を原告が承継し、原告はこの権利を排他的権利として有しており、ブラックストーンの『イングランド法釈義』やイングランドの判例を引用しつつ、コモン・ローの法理では、渡し舟、市（fair or market）について排他的権利を有する場合には、その近隣にもうひとつのものを作ることはニューサンス（nuisance）になるとし、この法理を本件にも適用すべきであるとした。そして、原告は、1828年の法律は、こうした権利を正当な補償なく奪うものであると主張する。

これに加えて、原告は、1785年法に基づく法人設立認許状（corporate charter）、その後の1792年法は、州と法人の「契約」であり[36]、この契約には、原告の有する特権を侵害するような別の橋の建設を認めないとする内容が黙示的に含まれていると主張し、これを侵害する1828年法は、連邦憲法の契約条項に反するものとする。

これに対して、マサチューセッツ州最高裁は仮処分的差止命令の申立てを却下し、そこで、原告は、同橋の完成後に、被告が原告の橋の利用者を奪って得た通行料相当額の賠償などの請求を州最高裁に対して行ったが、これが棄却されたため、連邦最高裁判所に上訴した。

(2) トーニー首席裁判官執筆の法廷意見とストーリー裁判官の反対意見

連邦最高裁の意見は、5対2で上訴を棄却した。連邦最高裁首席裁判官のトーニー執筆による法廷意見の概要は以下の通りである[37]。

---

35) 原告側代理人 Dutton の主張としては、Charles River Bridge v. Warren Bridge, (1837) U.S. LEXIS 180 at 22-90.

36) 州による法人設立認許状を、連邦憲法の契約条項における「契約」と見なす先例として、Trustees of Dartmouth College v. Woodward, 17 U.S.（4 Wheat.）518 (1819).

原告の訴えが上訴理由となるためには、1828年州法が既得権を侵害することだけでは不十分で、当該州法が契約上の債権債務関係を侵害するものでなければ連邦憲法違反にはならないとする。

そして、ハーヴァード大学が有していた渡し舟の権利に関して、1785年法の制定過程を見ても、同大学の渡し舟の権利に関して何ら言及されておらず、法律による権利の設定がハーヴァード大学の同意を条件として認められたこともない。また、渡し舟が消滅している以上、The Proprietors of Charles River Bridge がそのような排他的権利を承継したことは認められない。

さらに、1785年法の文言において、州（the public）が私法人に特定の特権を付与し、その内容が公的な利益（public interest）に関するものである場合に、その条項の意味に不明確な点がある場合には、その投資家（adventures）に不利に、州に有利に解釈すべきであり、原告は法によって明確に与えられていない事柄を主張することはできない、という解釈のルールがイギリス法やアメリカの様々な裁判例において定着している。本件と最も似ている事例が、1830年に判決が下された Providence Bank v. Billings and Pittman 事件[38] である。この事件では、州が州法により銀行を設立した後、別の法律を制定して課税したことが連邦憲法の契約条項に違反しないかが争われ、原告の法人たる銀行は、課税によって銀行の特権が無価値になり、その設立を無にすると主張した。これに対して、連邦最高裁判所は、課税権は州政府の存在に不可欠で、極めて重要なものであって、明文の規定が無いにもかかわらず、この権限を黙示的に放棄したとみることは許されないとする。

そして、トーニー首席裁判官は、以下のように続ける。Providence Bank 事件は課税権について語っているのであって本件と異なると主張さ

37）トーニー首席裁判官執筆の法廷意見は、Charles River Bridge v. Warren Bridge, 36 U.S.（11 Pet）420（1837）at 536-553. また、訳については、田中英夫　前掲註33　239-242頁を適宜参照。

38）Providence Bank v. Billings & Pittman 4 Pet. 514.

れるかもしれないが、あらゆる政府の目的は、その政府を樹立している社会の幸福と繁栄を促進することにあり、アメリカのように、自由で活動的で、企業活動に富み（enterprising）、人口も富も拡大している国家では、交通や交易のために新しいコミュケーションの手段が必要となるのであって、それらは、人民の生活の快適さ、便利さ、繁栄にとって不可欠なものであり、課税権と同様に、こうした権限が減じられることなく維持されることに社会全体が利害を有するため、州がこの課税権を放棄したと推定されてはならない。原告たる法人が、日常的に極めて多くの州民が通行しなければならない交通の要路に関して、その改良をなし、公共の便に供する権限を州が70年間も放棄したと主張することに対して、上述で引用された判決の言葉によれば、社会は、「それを放棄するという州の明確な意図が見られない限りは、権限の放棄が推定されるべきではない」と主張する権利を有する。政府がその創設の目的を達成するのに必要な権限が推論あるいは推定によって政府から奪われ、政府が達成するものと予定されている権限が私法人に譲渡されるのなら、政府の存在はほとんど価値が無いものとなる。

そして、トーニー首席裁判官は、私有財産権（private property）に関して、それは神聖なものとして保護されなければならないとしつつ、共同体（community）もまた権利を有し、全ての市民の幸福や福祉は、それらの忠実な維持に依拠していることを忘れてはならないとする。

トーニー首席裁判官は、以上の理由づけから、1785年法は、原告に対してチャールズ河の水面について排他的権利を認めたものではなく、別の橋を架けないことも、原告と競合関係に立つ事業を認めないことも約束しておらず、同法は何も述べていないとし、前述の解釈の原理から、そのような黙示の合意があったとすることもできないとする。また、1792年法によって、West Boston Bridge を建設するための法人設立を認めたが、同法では、「Charles River Bridge の利益が減少する可能性がある」ことを認めつつも、別の法人の設立を認許しており、別の橋を認めない内容の州の意思を同法から読み取ることはできないとする。

そして、以下のように続ける。「内陸開発を行ってきた連邦におけるほ

ぼ全ての州の慣行や慣習は、原告の主張する原理とは反対」で、新しい鉄道が建設され、有料道路の区間が完全に無用なものとなり、有料道路の法人の特権が維持されるに値しなくなった場合もあるが、特権が侵害され、契約違反であると申し立てられ認められた事例は存在しない。また、仮に裁判所が原告の主張する原理を認めるならば、これまで有料道路法人が占めてきた路線と同じ方向に作られた鉄道や運河に投資された多額の財産は危険にさらされ、前の世紀になされた改良の状態にまで引き戻され、古い有料道路法人の要求が満たされるまで、動くこともできないことになる。

　これに対して、ストーリー裁判官の反対意見の要点は以下の通りである[39]。

　ストーリー裁判官は、特権付与（grant）の性質について詳述する。ストーリー裁判官は、本件の特権付与を契約であるとし、この契約の約因における対価性については、Charles River Bridge の建設が困難であることが認識され、その事業にあたる者に対して奨励措置をとることが必要であったことからも明らかであるとする。さらに、本件は、州議会が公の法律によって特権を付与した場合であるので、国王による特権付与に関する解釈のルールを適用して、特権付与を行った法の意味が不明確であるとしても国王に有利に解するのではなく、一般の法律と同様に、合理的で公正な解釈をなすべきであるとする。なぜならば、国王に有利な解釈を行うという考えは、国王を臣民より高い位置に置くもので、共和政体をとるアメリカには適さないためであるとストーリー裁判官は論じる。他方で、イギリスでも、近年、本件のような権利付与を行った法律について、厳格な解釈によらず、合理的解釈を行った判決があるとする。

　また、この法律は独占を認めるものであるので、制限的に解釈されるべきであるとする主張に対しては、独占とは本来誰にでもできることを一人に集中させることを意味し、航行可能な河川の上に橋を架けるという、州

　39）ストーリー裁判官の反対意見は、Charles River Bridge v. Warren Bridge, 36 U.S.（11 Pet）420（1837）at 583-650. また、また、田中英夫　前掲註33　243-246頁を参照。

の許可を得て初めてなし得る事柄については、独占には該当しない。このような解釈のルールを基礎にすれば、The Proprietors of Charles River Bridge の設立を認めた1785年法は、原告に対してその営業特権（franchise）が害されることがないように相当な距離について、橋の上流、下流の交通に対して排他的権利を与えたものと解釈できる、とする。

　ストーリー裁判官は、渡し舟（ferry）や市（fair or market）が長年にわたり存在していた場合、その地位を侵害するような新しい渡し舟や市を認めることができないというのが古来よりのコモン・ローの原理であり、これはマサチューセッツの法にも当てはまるとする。取得時効（prescription）を基礎にしてこうした効果が認められたのは、国王から古来より権利を受けたものと推定されるからであり、国王から特権付与を受けた者も同様な権利を有する。これは、Gibbons v. Ogden、Newburgh Turnpike Company v. Miller などのようなニューヨーク州の判例でも認められ、ジェイムズ・ケント大法官も同じ考えを採用しており、コモン・ローの一般的な原理として承認している。さらに、こうした考え方から、有料道路や運河に関しても、起点、終点とも実質的には同じで、新しい方が古い方の交通に実質的な影響を与える場合には、新しい方が古い権利を侵害したことになる。

　また、ストーリー裁判官は、銀行、保険会社、製造業のように事業をやめることができる場合と本件の法人の事業とは明確に区別されるべきであるとする。すなわち、前者は、単なる私益のための事業で、株主などのためになされる事業であるが、後者は、公的な義務を負い人民の共通の利益のための公的問題に関する法人の設立認許であるとする。

　州は公用徴収権を放棄することができないとの主張については、この点の問題として、A に与えた権利を B に与えることはできないこと、私有財産を州が徴収するのは公の目的のためにする場合に限られること、公用徴収に際しては正当な補償（reasonable compensation）がなされるべきことを挙げる。立法府がこういう点で制約を受けるのは、アメリカの自由な統治体制の下では基本的な公理（fundamental axioms）である。

　そして、ストーリー裁判官は、通常の理性の原理、法解釈の原理から、本件で問題となっている特権付与は、必然的に、立法府が当該営業特権を

破壊し、本質的に侵害することはしないということが黙示的に含まれていると言える、とする。すなわち、ボストン・チャールズタウン間の古い橋から客を奪うことになるような場所に橋を架けるのを認めることを州が行わないとの黙示の合意（implied agreement）がある。また、橋を使用し通行料をとることを、州自体の行為や、州の授権を得た者の行為によって妨げることをしない旨の黙示の合意がある。言い換えれば、州と原告は、新たな特権付与を行わず、原告の特権付与に有害でそれを破壊するような行為をしない旨の契約を行っているのである、とする。

　ストーリー裁判官はまた、The Proprietors of Charles River Bridge の排他的権利を擁護するために、コモン・ローの財産権保護の論理とそれを結びつける。コモン・ローは、あらゆるマサチューセッツ州民の生まれながらの権利であり、その下で州民は、有体、無体の財産権の権利証書を有している。コモン・ローの原理の下では、Charles River Bridge を Warren Bridge に移すことができず、Warren Bridge が Charles River Bridge を取り壊すことができないのと同様に、Charles River Bridge の特権を破壊するような、Warren Bridge を建設する権利は、マサチューセッツ州議会には存在しない、とする。

　以上の論理から、ストーリー裁判官は、1828年のマサチューセッツ州法を、連邦憲法の契約条項違反とし、無効とする。

(3)　トーニー首席裁判官法廷意見とストーリー裁判官反対意見の検討

　両者の意見を比較すると、トーニー首席裁判官の法廷意見では、まず、原告たる法人の営業特権について、排他性が否定されている。さらに、州には「公共の便に供する権限」が留保されており、こうした権限は、交通や交易、アメリカ社会のさらなる拡大のために必要なものとされる。そして、私有財産は共同体、全ての市民の幸福や福祉との関係で制約されることも示される。

　さらに、アメリカの内陸開発の現状という、当時の社会状況に適した法解釈を採ることが理由づけに加えられ、こういった社会状況への適応の必要性が重要な論拠とされる。これに、コモン・ローの継受、国王による特

権付与に関するコモン・ローの解釈のルール、銀行に対する設立付与の場合との類推から、法人一般の特権付与の解釈のルールを考察し、州制定法による特権付与において、近隣に別の橋が建設される黙示の合意は存在しないとの結論を導いている。

これに対して、ストーリーは、本件における特権付与を、議会における特権付与であるので、一般の法と同様に解すべきで、制限的な解釈を行うべきではないとしている。同時に、本件の特権付与に契約としての性質があるものと認定している。さらに、本件の法人と銀行などの私的な利益を追求する法人との区別がなされている。そして、コモン・ローにおける渡し舟や市に関する取得時効の法理を本件の営業特権にも及ぼし、これを排他的権利と捉えて、侵害しない旨の黙示の合意が1785年法に基づく法人設立認許に含まれているとする。

この判例を巡っては、19世紀のアメリカ法の潮流を個人主義的で親開発主義的な判例と見なし、「個人の創造的な活力の開放」を意図したとするウィラード・ハーストによる位置づけがある[40]。ハーストは、同判例を、創造的変化としての自由を支持する政策の古典的表明と位置づけている。モートン・ホーウィッツは、同判例を、独占ベースの経済発展か、競争ベースの経済発展を目指すべきかが対立したものとし、トーニーの法廷意見を後者に位置づけている[41]。田中英夫も、ホーウィッツの見解と軌を一にし、同判例におけるトーニー首席判事の法廷意見を「アメリカ法における競争社会の到来」を示す判決と位置づけている。すなわち、ストーリー

---

40) J. Willard Hurst, *Law and the Conditions of Freedom in the Nineteenth-Century United States*, University of Wisconsin Press (1956) at 27-28. また、同判例に関する19世紀法史の諸研究を振りかえり、同判例の射程を再検討するものとして、Robert E. Mensel, "Privilege against Public Right": A Reappraisal of the Charles River Bridge Case, *Duquesne Law Review* 33 (1994) at 33. ハーストの同判決に対する評価のまとめについては、Mensel, at 6. また、同判決の、既得権に対する経済的な「創造的破壊」の側面を強調するのが、Stanley I Kutler, *Privilege and Creative Destruction: The Charles River Bridge Case*, Johns Hopkins University Press (1990).

41) Horwitz, *supra* Introduction note 13, at 130.

や原告側代理人の主張には、財産の安全を保つことによって、投資を促進し、経済の発展を図るという、静的な財産観があるのに対して、トーニーや被告側代理人の主張は、新しい産業・交通の手段が古いものによって阻害されないようにすることが、今後のアメリカ社会・経済にとって必要であるとし、これは競争社会の到来に伴う財産観の変動を示すものであるとする[42]。

　一方、同判例を経済観の対立というよりも、「共和主義 vs 民主主義」という政治文化の相克、あるいは、共和主義の内に存在していた、法と主権の対立と見るのがニューマイヤーである[43]。ニューマイヤーによれば、アメリカにおける共和主義とは本来、合衆国憲法に基づき、人民主権を基礎にしながらも、他方で、人の支配を排斥し、法の支配を確保することに特徴があったが、ジャクソニアン・デモクラシーの台頭はこの均衡を崩し、人民主権をベースにした民主主義が台頭し、共和主義と民主主義が相克を始める。Charles River Bridge 事件は、この相克を如実に示す判例で、ジャクソニアン・デモクラシーに親和的なトーニーは、人民の意思を体現する州議会の意思を尊重したのに対して、ストーリーは、共和主義の思想における「法の支配」に依拠し、契約や所有権の保護を重視したとする[44]。こうしたニューマイヤーの見解と同様に、田中英夫も、「現時点での人民の意思が国の動向を最終的に決定することを強調するジャクソニアン・デモクラシーの思想」と、「その時々の民意のままに揺れ動くことを不可とするかつての連邦派的発想」の対立が背景にあるとの指摘を行っている[45]。

　このように、この判決を巡るこれまでの研究では、経済発展志向の相違、財産観の相違、さらに、政治文化の相違という点に着目している。それぞれの研究は相応の根拠を有しており、また、それぞれの説は排斥的ではな

---

42) 田中英夫　前掲註33　254頁。

43) R. Kent Newmyer, Justice Story, The Charles River Bridge Case and the Crisis Republicanism, *American Journal of Legal History* 17(3)(1973) at 232-245.

44) *Id.* at 234.

45) 田中英夫　前掲註33　253頁。

く、いずれも相応の妥当性のある分析であると考える。

　だが、本書がこれまで見てきたように、ストーリーの政治経済思想について彼の著作、書簡などを踏まえ、その歴史的文脈をさらに検討した場合、経済発展志向や財産観、政治文化の相違に加えて、さらに整合的にストーリーの立場を理解する視点が浮かび上がる。それは、本書がこれまで確認してきた、ストーリーの憲法理論における、「文明社会」、「商業社会」の社会認識を前提にした、法による人々の「情念」の制御と「経済秩序」の確立という目的である。

　トーニーには、その法廷意見で内陸開発の現状にも言及しているように、人民が望む、現在の事実的な経済状態、活動を追認するという傾向が強く見られる。アメリカ社会において既に活発化している経済開発、自由放任的な経済社会のあり方をそのまま判決理由の中に盛り込んでいる[46]。

　これに対して、ストーリーは、反対意見において、

「私は、投資を不安定にさせたり、その保証や生産性に関して疑問を抱かせたりするのではないのと同様に、民間資本や企業に基づき設立されている全ての公共的な開発を邪魔しようなどとはなにひとつ考えていない。…（中略）…もし、政府が、市民の手によって公共の快適さや便益を拡大させるのを促し、橋、有料道路、運河、鉄道を設立させたいと考えるならば、所有権が安全であるという保証（pledge）が存在しなければならない。」[47]

と、経済発展自体を否定したわけではなく、所有権の安定こそがむしろ人々の投資を呼び込み、インフラ整備を進めるとの観点が示される。その

---

46) トーニー・コート期の主要判例を再検討し、トーニー・コートに一貫しているのは、州権主義よりも経済的自由主義、奴隷制擁護にあるとするのが、澤登文治「トーニー・コートの虚像と実像―州主権主義と人種偏見」『南山法学』24(1)(2000)1-140頁。

47) Charles River Bridge v. Warren Bridge, 36 U.S.（11 Pet）420（1837）at 609.

点では、ホーウィッツの指摘が当てはまるように思われるが、ストーリーは、ジャクソニアン・デモクラシーの背景に、経済秩序に破壊的な影響をもたらす「情念」の存在を見ていた。

　ストーリーは、Charles River Bridge 事件の判決が下った後、同じく反対意見を書いた、マクレーン（John Mclean）連邦最高裁裁判官に、同判決における彼の反対意見を称賛し、法廷意見を批判する書簡を送っている。そして、その書簡には Charles River Bridge 事件の法廷意見を踏まえて、以下の内容を付していた。

　「私は、州法や連邦議会の法が今後違憲とされることはないのではないかと恐れています。というのは、古い憲法学説（constitutional doctrines）は急速に消えさり、私にはほとんど良いものは無いように見える変化が、公衆の精神（the public mind）から生じて来ています。…（中略）…我が国は、前例のない苦境、苦しみの中にいます。信用（credit）、信頼（confidence）、そしてビジネスは静止したままです。合衆国銀行から資金を引き揚げ、合衆国銀行を解体したことから、財務省の愚かなる通達の数々まで、ジャクソン将軍の実験は、当然の帰結を伴っています。それらは、暴力やハリケーンの凄まじさを伴い、国中に吹き荒れています。人々はその権利や義務に目覚めるのでしょうか。そうならないとすれば、そのことを恐れます。人々は、愚かにされ、デマゴーグの巧みさや、党派の腐敗した影響力によって破滅へと向かわされています。……」[48]

ストーリーがこの書簡を書いたのは、1837年 5 月10日であった。後に本書で詳述するが、連邦レベルでの金融政策の司令塔であった第二合衆国銀行が、ジャクソン政権において財務長官を務めていた、他ならぬロジャー・

---

48) Letters from Story to Mclean（May 10th 1837）, in edited by W. Story, *supra* Chapter 1 note 73, at 272-273.

トーニーによる主導の下、更新拒否により期限切れし、連邦政府により同銀行の資金が引き揚げられ、事実上解体された後、アメリカの政治・経済システムが混乱している中、イギリスからの不況の影響を受け、ついに、ニューヨーク市の銀行が正貨支払いを停止し、取り付け騒ぎ（bank run）が発生したまさにその日であり、アメリカ経済が不況から恐慌すなわち、「1837年の恐慌」（Panic of 1837）へと暗転していく契機となった日であった。Charles River Bridge 事件の判決日は、同年2月14日であり、こうしたジャクソン政権下での不況が、無秩序な経済政策によりさらに深刻化していく中でこの判決は書かれていた。ストーリーは、一連の経済秩序の混乱を射程に入れながら同判決の反対意見を書き、同判決を、単に公共事業やインフラ整備、property に関する判決としてだけではなく、アメリカの経済秩序に関わる判決であると位置づけていたことを推察できる。

　また、ケントもストーリーと同様に、この判決を、ジャクソニアンが混乱をもたらしている経済秩序全体に関係する裁判例であると位置づけていたことを推察できる。彼がストーリーに送った書簡では、

> 「私は、Charles River Bridge 事件の判決を読み返して、ますますうんざりしています。それは、憲法的な道徳性（constitutional morality）を放棄し、覆し、立法による営業特権の保障や価値を破壊するものと思います。それは共同体の道徳的な感覚を傷つけ、契約の神聖なる義務を破壊します。…（中略）…私は、立法府が契約において当然に黙示に含まれるはずのあらゆる事柄に拘束されないという原理にぞっとします…（中略）…。しかし、私は、その判決を読む際に、あなたがその熟達した教養、熱意、温かさ、力を用いて、古くから定着した法の原理や権威を擁護していたのを知り、慰められています。しかし、Briscoe v. Bank of Kentucky の判決は私を不安にさせ、苦痛を感じさせます。それは、Craig v. Missouri の判例法理とぶつかることになります。」[49]

　ここでケントが述べている Briscoe v. Bank of Kentucky とは、州が所有していた銀行が銀行券を発行することが、連邦憲法第1編第10節第1項

において禁じられている、州が「信用証券」（bills of note）を発行することになるのかが争点となり、連邦最高裁に係属していた事件である[50]。この判決次第で、州の所有する銀行による銀行券の発行が合憲とされると、それまでの判例（Craig v. Missouri）[51] から判例変更となり、ジャクソン政権による合衆国銀行の期限切れ後に、州法銀行が思うままに発券業務を行い激しいインフレを起こした末に恐慌へと向かうきっかけとなった中で、さらに州法銀行に対する司法のコントロールによる歯止めを失うことになるおそれがあった[52]。ケントは、Charles River Bridge 事件と同様に、ジャクソニアン・デモクラシーを背景にした州主導の政策によって、「経済秩序」が動揺をきたすことに危機感を示していたものと考えられる。

このように、ケントにおいても、ストーリーにおいても、Charles River Bridge 事件は、ジャクソニアン・デモクラシーの嵐の中で揺らいでいたアメリカの「経済秩序」を射程に入れ、それを維持・構築するという文脈の中で考えられていた判決であったと見ることができる。そして、両者ともに、無秩序な経済状態のあり方に危機感を有し、また、人民の「情念」に対して、取引秩序、所有権の安定性を確保するという、法による「経済秩序」の維持に重点を置いていたものと考えられる。

社会で行われている経済活動を追認し、できるだけ州レベルに経済政策の権限を委ね、政府の介入を排除する「自由放任」と親和的であったジャクソニアンについて、リチャード・ホーフスタッターは、ジャクソニアン・デモクラシーの本質には自由放任主義があると喝破したが[53]、デモ

49）Letters from Kent to Story（June 23th 1837）, in edited by W. Story, *supra* Chapter 1 note 73, at 270-271.

50）Briscoe v. Bank of Commonwealth of Kentucky 36 U.S.（11 Pet.）257（1837）. 同事件の法廷意見は、州法銀行による信用証券の発行を合憲とし、反対意見はストーリーのみであった。

51）Craig v. Missouri. 29 U.S.（4 Pet.）410（1830）.

52）この書簡より数週間後に下された Briscoe v. Bank of Kentucky 事件の判決は、ストーリー一人の反対意見を除き、残り全員の連邦最高裁裁判官が、州が所有している州法銀行の発券する銀行券について、州自体が発券した銀行券ではないとして州法銀行による銀行券発行を合憲とした。

クラシーと手をつないで襲ってくる自由放任主義に対して、経済秩序の確立を目指したストーリー、ケントは、これと明確に対峙した。そしてこれは、土地所有権に関する注釈や、公有地政策に関する論評において、現実の占有よりも所有権の保障を優先させ、その上での流動性を奨励していたストーリー、ケントの土地所有観とも通底するものであった。

（4）　小括

　これまで見たように、ストーリー、ケントという19世紀前半のアメリカを代表する法実務家、法学者においては、「商業」、「文明社会」という政治経済思想的な認識枠組みが根強く存在しており、このような認識の下、明確な「規則」に基づく、土地に関するpropertyの流動性の重視や商事法の発展、あるいは営業特権などpropertyのあり方を模索していた。

　彼らの土地に関するproperty観念や、商事法についての基本認識から明らかなのは、デモクラティックな社会の台頭に対して危機感を有しながらも、大土地所有に制限を設け、土地所有の均衡を通じて、人々が平等で有徳な市民として「徳」を発揮し、政治を運営していくというモデルは採り得なかったということである。彼らは、商業社会に対して、スコットランド啓蒙思想の認識枠組みに依拠しつつ、むしろ政治的自由や統治に対する商業社会の意義を見出し、憲法の目的や機能もそれに沿ったものとして解釈する。そして、コモン・ローを商業社会に対応させ、商業社会における流動性、取引の安定性を確保するものとして再編すべく、その面からも法の原理の探究、法の学問的分析が求められていたのである。そこでは、自由放任の思想に基づき、無秩序な経済状態をそのまま追認するのではなく、所有権を保護し、社会に安定をもたらすための確固たる規則、ルールに基づかせることが模索されていた。

　そして、いまひとつ、このような認識が判例法理としてはっきり現れ、

　53）リチャード・ホーフスタッター著、田口富久治・泉昌一訳『アメリカの政治的伝統 I 』（岩波書店　2008）76頁。

204 第5章 商業と統治

19世紀前半のアメリカの「憲法秩序」について、彼らの構想の反映のひとつとなったのが、Swift v. Tyson 事件である。

3 Swift v. Tyson 判決の位置づけ—政治経済思想的文脈

(1) 背景

　デモクラシーの台頭を背景とした、フェデラリスト政権の失墜、リパブリカン派の政権獲得という、いわゆる「1800年の革命」以後、ストーリー、ケントといった主要な法律家たちがシンパシーを感じていたフェデラリスト派は大きく勢力を落とし、もはや全国規模で勢力を回復することは不可能となった。だが、その後、ジェファソン政権、マディソン政権、そして、モンロー政権の時代には、政権側によって急進的な州権主義が採られることは避けられ、むしろ、連邦主義的な政策も見られ、また、デモクラティックな政治姿勢も後代のジャクソニアン・デモクラシーと較べると穏当であったと言える。さらに、第6代大統領のジョン・クインジー・アダムズ政権は、ヘンリー・クレイの進める連邦主導の経済開発計画であり、アメリカの経済的統一を図る「アメリカンシステム」を支援するなど、連邦政府の役割を重視していた[54]。モンロー政権の時代を中心に、党派対立が比較的穏やかであった時代について、「好感情の時代」（Era of Good Feelings）とされるが、こうした「好感情」は、マーシャル・コート期の連邦最高裁においても比較的維持されていたと言えよう。ところが、1829年のジャクソン政権誕生による、いわゆるジャクソニアン・デモクラシーの出現により、デモクラティックで、より急進的な政権が誕生することとなり、事態は一変する。また、連邦最高裁においても、それまでストーリーの友人であり、政治思想上でも、法律家としても同志と言い得たジョ

54）ジェファソン政権下でのアメリカ内陸開発計画から、ジョン・クインジー・アダムズ政権下での「アメリカンシステム」計画とその終焉に関する研究としては、櫛田久代「反連邦制との闘い(1)～(5・完)」『北大法学論集』57(1)-(5)(2006-2007) 67-111頁、623-681頁、1039-1078頁、1557-1615頁、97-154頁。

ン・マーシャルが1835年に死去し、彼が首席裁判官を務めていたマーシャル・コート期が終焉した。この結果、連邦憲法の州際通商条項（Commerce Clause）などの連邦の権限を比較的広く認める解釈から転換し始め、州の固有の権能としてのポリス・パワー（police power）の尊重など、州権の尊重が強まり、州際通商条項や「必要かつ適切」条項に代表される、合衆国憲法の諸規定を通じた連邦主導の経済政策の積極的な展開や[55]、ジャクソン政権による第二合衆国銀行の更新拒否に見られるように、全国的組織によって信用秩序、経済秩序をコントロールすることも期待できなくなりつつあった。

　とりわけ、ジャクソン政権による第二合衆国銀行の更新拒否は、アメリカの経済秩序に極めて重大なインパクトを与えた[56]。第二合衆国銀行は全国に25の支店を有し、その役割は主に以下の四つであったとされる[57]。①政府財政資金の確保。②主に州内でしか流通しない州法銀行に代わって、

55）田中英夫　前掲序章註2　378-381頁。また、R. Kent Newmyer, *The Supreme Court Under Marshall and Taney*, Harlan Davidson（1968）at 101-108. もっとも、ケントは、マーシャル・コート期から、州際通商条項の拡大解釈にはやや警戒的でもあった。ケントは、Gibbons v. Ogden, 22 U.S. 1（1824）のニューヨーク州大法官裁判所（Court of Chancery of New York）の判決において、州際通商条項を連邦と州の競合的な規定と捉え、一方、ストーリーは、ケントの意見を称賛しつつも、『合衆国憲法釈義』（1833）§1063から§1069において、州際通商条項の権限を連邦議会に専属的なものとしていた。こうしたケントとストーリーの州際通商条項の解釈の異同については、Daniel J. Hulsebosch, Debating the Transformation of American Law: James Kent, Joseph Story, and the Legacy of the Revolution, in edited by Daniel W. Hamilton and Alfred L. Brophy, *Transformations in American Legal History: Essays in Honor of Professor Morton J. Horwitz*, Harvard Law School（2009）.

56）第二合衆国銀行の役割や機能、19世紀前半のアメリカの金融経済に関する参照文献として、西川純子・松井和夫『アメリカ金融史』（有斐閣　1989）。Margaret G. Myers, *A Financial History of the United States*, Columbia University Press（1970）, マーガレット・マイヤーズ著、吹春寛一訳『アメリカ金融史』（日本図書センター 1979）。楠井敏朗『アメリカ資本主義の発展構造Ⅰ』（日本経済評論社　1997）、同『法人資本主義の成立』（日本経済評論社　1994）。Alasdair Roberts, *America's First Great Depression: Economic Crisis and Political Disorder after the Panic of 1837*, Cornell University Press（2012）.

57）西川純子・松井和夫　前掲書　4-5頁。

全国規模で統一通貨を発行し流通させること。③信用供与。すなわち、全国規模で存在している合衆国銀行の支店網を通じて、手形割引業務を行うこと。これにより、引受手形による全国規模で円滑な取引が可能になり、第二合衆国銀行は当時の内国為替市場において主導的な役割を果たしていた[58]。④景気の調整。すなわち、1825年の景気変動において、信用を抑制して景気の過熱を防ぎ、他方で、景気の下降時には信用を拡大して転換を図るなど、積極的な方策がとられた。

　こうした第二合衆国銀行に対して、一部の州で、連邦議会には、合衆国銀行設立の根拠となった国立銀行設置法を制定する権限が存在しないとの主張がなされたのが、1819年のマッカラック対メリーランド事件（McCulloch v. Maryland）であった。この判決において、ストーリーも裁判官として在籍していた当時の連邦最高裁におけるマーシャル首席裁判官の法廷意見は、合衆国憲法第1編第8節第18項の、いわゆる「必要かつ適切」条項を広く解釈することによって、同法を合憲とするというもので、ストーリーもこれを称賛し、本書の第4章で確認したように、『合衆国憲法釈義』（1833）§1254から§1266に「国立銀行」（National Bank）という章を設け、同様の解釈を行い、特に合衆国銀行を擁護していた。ところが、1829年にジャクソン政権が登場し、いわゆるジャクソニアン・デモクラシーを推し進め、その一環として、同政権は、第二合衆国銀行の解体を目論むことになる。いわゆる「銀行戦」である。ジャクソン政権による銀行戦については、アメリカにおけるフロンティアの意義を重視し、東部の金権貴族に対する西部の独立自営農民の抵抗があるとする、フレデリック・ジャクソン・ターナーの古典的な研究を含め、歴史研究において様々な研究蓄積が存在する[59]。安武秀岳による「銀行戦」の研究史の整理に従えば、まず、アンドリュー・ジャクソンが「銀行戦」を行うにあたり、上院に送

---

58) 合衆国銀行の手形割引業務の概要については、川合研『アメリカ決済システム』（東洋経済　2002）36-41頁。また、第二合衆国銀行が、商業手形の割引業務などを通じて通貨制度の混乱に歯止めをかけることや、インフレ抑制の役割を果たした点については、楠井敏朗　前掲註56　236-237頁。

付した教書において、一部資本家による富の独占を否定し、合衆国銀行が特権階級に利する制度であると批判しながら、「農民、職人、レーバラー（laborers）のような、世の中の慎ましい生活をしている人々」に光を当てるものであることを主張していたように、独立自営農民のみならず、都市労働者も射程に入っていたとされる[60]。加えて、近年までの研究成果を見れば、古くは、ジャクソンの意図と異なり実際に銀行戦を支持した層として、合衆国銀行が存在したフィラデルフィアの銀行家集団に対抗するニューヨークのウォール街の銀行家層、合衆国銀行による州権への干渉に反対する政治家、合衆国銀行が行った信用抑制政策に反対する実業家層の存在などが指摘されている。さらに近年の有力な見解として、ジャクソン政権の支持層であった南部や西部などの自由貿易を求める、農業を中心とするセクターと、合衆国銀行が背景にし、関税政策など連邦レベルの経済のコントロールを望んでいた北部の保護貿易主義との対立の枠組みで銀行戦を分析する研究がある[61]。

　こうした研究によって、合衆国銀行による金融政策を嫌う政治経済上の諸勢力、連邦と州、そして各セクター間の利害対立から「銀行戦」が生じたことが示されている。ジャクソン政権は、1832年に連邦議会が可決した第二合衆国銀行の公認延長の法律に対して拒否権を発動し、この法律を葬った。そして、ジャクソンは政府資金を第二合衆国銀行から引き揚げ、それらを任意の州法銀行に移行させ、その結果、第二合衆国銀行は解体に向かうことになった。この実務を取り仕切ったのが、後にジョン・マーシャルの後任として連邦最高裁に入り、トーニー・コートを主導することになる、当時のロジャー・ブルック・トーニー財務長官である。

　こうして、第二合衆国銀行から政府資金を移された州法銀行は、「ペッ

---

59) ジャクソン政権期の「銀行戦」に関する研究動向をまとめたものとして、安武秀岳『自由の帝国と奴隷制―建国から南北戦争まで』（ミネルヴァ書房　2011）135-160頁。

60) 安武秀岳　前掲書　135-138頁。

61) 安武秀岳　前掲書　148-156頁。

ト・バンク」と称されるほど政府の保護を受け、第二合衆国銀行の広範な支店網で行われていた為替手形の割引業務などの信用創造機能は各州法銀行が主導することになった。だが、こうした州法銀行による信用創造機能に大きな動揺が生じることになる。まず、第二合衆国銀行消滅によって銀行券の発券業務を自由に行い得るようになった州法銀行は、それぞれ種類の異なる銀行券を、正貨準備率を超え大規模に発行し、アメリカ全体で極端な通貨膨張が生じた[62]。そして、このような極端な通貨膨張は、土地バブルを生じさせ、とりわけ、西部における公有地売買に関する投機ブームを生じさせた[63]。ジャクソン政権はこうした通貨膨張及び土地バブルに対応するために、公有地の取得代金は、州法銀行券ではなく、正貨で支払われるべきことを定め、この結果、西部の銀行からは、大量の正貨が引き出され、アメリカ財務省の金庫に流れ込み、いったん財務省に収められた正貨は流通過程に戻ることなく留め置かれ、最終的に、正貨不足がアメリカ全体の銀行を覆うこととなった。さらに、ジャクソン政権は、州権主義の立場から、第二合衆国銀行に代わって政府資金の預託機関となっていた州法銀行に対して預託資金の放出を命じ、これを州政府に配分する政策を採った。こうした急進的な政策の結果、政府資金を背景に信用の拡大を行っていた預託銀行は深刻な正貨不足に陥り、急激な信用収縮が生じた。さらにこの状況は、「1837年の恐慌」（Panic of 1837）と呼ばれることになる恐慌へと悪化する。イギリスで始まった不況の結果、イギリス資本の引き揚げが始まり、アメリカ南部では綿花の価格が半分に下落するなど深刻な不況となり、この最中で、全米で600以上の銀行が倒産した。そして、1837年の恐慌を契機に、ペット・バンクと称された州法銀行と政府の関係を見直す動きが強まる。具体的には、ジャクソン政権以上に、より徹底し

62）西川純子・松井和夫　前掲註56　8頁。

63）Roberts, *supra* note 56, at 25-38.　また、宮田美智也「アメリカにおける1837年恐慌と信用制度」『金沢大学経済学部論集』9（3）（1989）17-19頁。楠井敏朗　前掲註56　241-246頁。Harry L. Watson, *Liberty and Power: The Politics of Jacksonian America*, Hill and Wang（1990）at 205-206.

て営業特権の排除を叫ぶ、自由銀行法制定の運動である。特に、ニューヨークを中心に自由銀行法の動きが始まり、各州に拡大していくこととなった。19世紀のアメリカの金融システムは、連邦政府による監督や、合衆国銀行によるコントロールではなく、自由銀行法の下、各州に比較的自由な銀行設立を認める一方で、かかる銀行の発券業務に高い正貨準備や担保を要求するなどの制限を課す方式が採用されることとなった。

この結果、全国的なレベルでの商取引は、合衆国銀行の支店網を通じた為替手形によってではなく、各州に存在する個人銀行や州法銀行が相互に結んでいたコルレス網を通じて行われることになった[64]。

Swift v. Tyson 判決が下されたのは、こうした政治経済の状況においてであり、その判決の背景には、恐慌以来、手形割引の拒否が生じ、割引率も高利となり信用収縮が進む中で、全米レベルでの経済活動、とりわけ商取引の根幹である内国為替業務を支える為替手形取引や手形の割引業務による信用創造、手形による債権の担保、手形の流通性に対して司法がどのような立場にあるべきなのかが課題としてあった。とりわけ、ストーリーは、本書が確認してきた政治経済思想的な背景を有しながら、特に、本章第2節でも確認したように、ジャクソニアン・デモクラシーの熱狂の下で破壊された合衆国銀行なき後の信用秩序、経済秩序をいかに維持するかを模索していた。Swift 判決の実相を見るためには、法廷意見を書いたストーリーを取り巻く政治経済思想的な背景を踏まえる必要がある。

アメリカ法史における Swift v. Tyson 判決の位置づけに関しては、様々な見解がある。アメリカ法の通史を描いた G. ギルモアは、ストーリーによる「法の全国統一」の例として極めて肯定的な立場をとる[65]。他方で、モートン・ホーウィッツは、19世紀前半のアメリカ法の変容の要因であった、商人層の商業的利害と結託した、商業的な国家秩序の確立の画期となる判例としており[66]、ギルモア、ホーウィッツともに、Swift 判決の意義

---

64) 川合研　前掲註58　38頁。西川純子・松井和夫　前掲註56　7-11頁。
65) G. ギルモア著、望月礼二郎訳『アメリカ法の軌跡』（岩波書店　1984）43-49頁。
　　Grant Gilmore, *The Ages of American Law*, Yale University Press（1977）.

210 第5章 商業と統治

を違った意味で重視している。また、当時の諸州における商取引の混乱や、判決の事件記録を精密に調査し、連邦最高裁判事の動向、判決の射程やその後の展開を検討したトニー・フライアーの一連の研究がある[67]。日本における研究として、このSwift判決を精緻に分析し、Swift判決がErie Railroad Co. v. Tompkins事件（1938年）において判例変更されるまでを検討対象とした浅香吉幹は、一定の留保を付けながらも、Swift判決の判例法理が、20世紀になって整備されてくる統一州法やリステイトメント以前に、それと同じような法の統一的機能を果たしていたものと評価している[68]。いずれも多様な側面からSwift判決を評価しているが、アメリカ法史におけるその重要性においては一致している。ここでは、こうした法学における先行研究を踏まえたうえで、これまで検討してきたストーリーの政治経済思想との整合性を考察に加えて、同判決の分析を行う[69]。

(2) Swift v. Tyson事件の概要・争点[70]

Swift v. Tyson事件とは、メイン州民であり、為替手形（bill of exchange）の所持人である原告のSwiftが、為替手形の支払いを求め、手形の引受人であるニューヨーク州民のTysonを被告とし、州籍相違管轄として連邦地裁に訴訟提起し、原告敗訴後、ニューヨーク南部連邦巡回裁

---

66) Horwitz, *supra* Introduction note 13, at 245-252.

67) Tony Allam Freyer, *Forums of Order: The Federal Courts and Business in American History*, JAI Press INC（1979）. Tony Allam Freyer, *Harmony and Dissonance: The Swift and Erie Cases in American Federalism*, New York University Press（1981）.

68) 浅香吉幹「19世紀アメリカのコモン・ローの構造(1)(2)」『法学協会雑誌』112 (12)-113(1)(1995-1996)。特に、浅香「19世紀アメリカのコモン・ローの構造(2)」35-40頁。

69) 経済史研究の観点から、Swift判決前後の為替手形業務の動向を分析したものとして、Howard Bodenhorn, Capital Mobility and Financial Integration in Antebellum America, *The Jounal of Economic History* 52(3)(1992) at 585-610.

70) John Swift v. George W. Tyson, 1842 U.S. LEXIS 345. 事実及び原告被告の主張の部分については、at 6-27. 事件が生じた経緯については、Freyer, *supra* note 67, at 53-72.

判所に控訴を提起した事案である。証拠開示手続き（discovery）における原告の主張、そしてそれに対する被告の抗弁から明らかになる事実は、当該為替手形が、Norton 及び Keith によって振り出され、被告 Tyson によって引き受けられたが、その為替手形の引受は、引受人が、手形振出人（Norton 及び Keiths）から、メイン州における土地を購入する際の対価としてなされたものであった。当時、土地バブルの最中にあり、Norton 及び Keith は土地購入のための会社を作り、被告 Tyson は、そのパートナーという立場であった。

　ところが、手形振出人は、その土地について何らの権原も有していなかった。そこで、裁判において、手形の引受人である被告側は、引受人によるその土地の購入は手形振出人の詐欺行為によって仕向けられたものであると主張し、また、原告の主張に対する抗弁として、振出人との土地取引における約因（consideration）に瑕疵があり、取引の相手方である振出人に対してのみならず、為替手形の振出人と引受人の土地取引の瑕疵について善意で、振出人の既存債務（pre-existing debt）の弁済として為替手形を譲り受けた為替手形の所持人である原告にも対抗できると主張した。

　ニューヨーク南部連邦巡回裁判所では、連邦最高裁による差戻し後、この争点に関する法律問題について 2 名の裁判官の意見が一致しなかったため、連邦最高裁判所の判断を求める意見確認（certification）がなされた。

　この事件における法律問題の争点は、まず、被告が、振出人との土地取引における約因の瑕疵の証拠を原告に対して主張することが可能で、それを証拠として提出できるかであった。そして、この争点は、原告・被告の主張によれば、さらに以下の二つに区別される。

　①既存債務が有価約因を構成するかどうかである。これは、振出人・所持人間の既存債務の弁済として手形を譲り受けることに有価約因が認められ、流通証券の所持人としての権利が認められ、保護が与えられるかという問題である。次に、②当該事件での判決準則は何によるべきか、すなわち、1789年裁判所法第34条（Section 34 of The Judiciary Act of 1789）の解釈の問題である。本事件について判決を下す際の準則は何によるべきであるのか。手形が裏書きされたニューヨーク州の判例法理によるべきなのか、

それとも、連邦裁判所が独自に判例形成できるのかが問題となった。1789年裁判所法（The Judiciary Act of 1789）は、「合衆国の憲法、条約または制定法（statutes）が特段の要求または規定をしない限り、諸州の法（laws）は、それらが適用される事件において、合衆国裁判所におけるコモン・ロー裁判での判決準則とされなければならない」と規定していた。Swift v. Tyson 事件で特に問題となったのは「諸州の法」（laws）の意味である。この争点に関しては、これまで本書が確認してきたコモン・ロー継受や、文明社会における商事法の位置づけに関する主張が原告、被告によってなされていた。被告側は、アメリカ固有の事情や社会の変化に基づき、コモン・ローはその継受に際して州による修正を被り、「諸州の法」（laws）には、州裁判所の判例法理も含まれ、連邦最高裁は州裁判所の判断に拘束されるとしていた。この論拠として、合衆国憲法では規定されていない、コモン・ロー上の刑事犯罪の管轄権（jurisdiction）が問題となった判例（United States v. Hudson. 11 U.S.（7 Cranch）32など）、ケントの『アメリカ法釈義』やストーリーの『合衆国憲法釈義』の植民地時代の各邦の法継受に関する記述などが引用されていた。原告側は、「諸州の法」（laws）には州の判例法理は含まれないとし、文明化された商業社会（civilized commercial world）の全ての国の人々は相互に深く利害関係を持つこと、商業や取引が為替手形とともに広く拡大している合衆国全体の裁判所たる連邦最高裁が商事問題に対処すべきであること、合衆国人民の理性や感情を制御できるのは連邦最高裁判事の学識、判断であることに加え、「文明人（civilized man）にとって、金銭の代替物の伝達を容易にし」、「金銭それ自体の目的に応じ、金銭の入金の収集に際して、裁判所の有害な障害を除くことほど有益なことはない」と、文明人にとっての、為替手形の流通の円滑化の重要性を指摘していた。

（3）　ストーリー裁判官による法廷意見[71]

　このような原告、被告の主張、控訴審の意見確認を受けて、Swift v. Tyson 判決の法廷意見を書いたのが、ストーリーである。以下が、ストーリー裁判官の法廷意見の概要である。

ストーリー裁判官は、本件の争点を明らかにする[72]。

「本件の争点とは、為替手形の引受人たる被告が、為替手形の引受の原因となった契約の瑕疵について、振出人に対して対抗できるのと同様に、為替手形の所持人に対抗できるかである。有価約因が認められる流通証券の善意の所持人は、先行する当事者間における契約の有効性を損なわせる事実を知らず、適切に裏書きがなされており、流通証券の期限到来前に当該証券を受け取っていれば、先行当事者の契約の有効性を損なわせる事実（瑕疵）には何らの影響も受けないということについて、何の疑いも無い。これは長く十分に確立した法理（doctrine）であって、流通証券の安全のために不可欠なものである。

　本件で実際に問題となるのは、流通証券に適用されることができる一般的な準則の意味において、既存債務が有価約因を構成するのかということである。

　ニューヨーク南部連邦巡回裁判所の意見確認にあるように、被告側主張では、1789年裁判所法の解釈として、「諸州の法」（laws）の意味に州の判例法理が含まれ、連邦裁判所が州裁判所の判例に拘束されるとする。（また）本件では、ニューヨークで手形の引受がなされ、手形の引受の原因となった契約はニューヨークの契約として扱われている以上、ニューヨーク州の判例法理が適用され、既存債務は有価約因を構成しないものとする。」

そこで、ストーリー裁判官は、ニューヨーク州の判例法理を考察する[73]。

「ニューヨーク州の判例では、例えば Warren v. Lynch 事件のように、

71）ストーリー裁判官の法廷意見については、*Id.* at 27-45. また、訳語については、浅香吉幹　前掲註68を一部参照した。

72）*Id.* at 28-31.

73）*Id.* at 31-34.

既存債務は、先行する当事者間の場合と同様に、為替手形の善意の所持人に裏書きされた為替手形に記載されている額を請求する権原を付与するのに十分な有価約因であると判示されている。そして、この法理は、ケント大法官によっても、Bay v. Coddington 事件において確認されており、また、『アメリカ法釈義』第3巻講義44においてもこの法理は展開されている。他方で、裁判官の中には様々な意見が存在し、既存債務は有価約因を構成しないとの意見の裁判官もおり、既存債務では不十分であるとの判決もある。少なくとも、現在の時点では、ニューヨーク州の判例が最終的に確定しているとは言えない。」

その上で、ストーリーはニューヨーク州の判例法理とは無関係に、一般商事法という独自の法領域を設定する。

「だが、ニューヨーク州の判例法理が完全に確定しているとしても、ニューヨーク州の判例法理が一般商事法（general commercial law）において確立された原理と異なる場合、連邦最高裁を拘束するのかどうか考慮されなければならない。ニューヨーク州裁判所はその判決を地域の制定法や実定的な（positive）、確立した、または古くからの地域的慣行（local usage）によって基礎づけることなく、その法理を商事法の一般的原理から導き出している。他方で、1789年裁判所法第34条は、連邦裁判所が、州裁判所の判決にそれが適用される事件すべてにおいて従うことを義務付けているルールであるとの主張がなされている。その論拠として、裁判所法第34条における「法」（laws）の文言が、州裁判所の判決をその意味の中に含めることが不可欠となる。通常の言葉の使用では、裁判所の判決が法（laws）を構成すると主張されることはほぼない。判決は、せいぜい法が何であるかの証拠であって、それ自体は法ではない。判決は、それに欠点があったり、誤っていたり、不正確であるとされる際には、しばしば裁判所自体によって再調査され、変更され、限定される。州の法は通常、州の立法部によって制定された準則や制定法か、法としての力を有する長く定着した地域の慣習を意味するものと理解されてい

る。これまで連邦最高裁が下してきた判決でも、裁判所法第34条は、厳密に地域的である州法、つまり、州の実定的な（positive）制定法、および、地域の裁判所で採用されたその解釈、および不動産（real estate）に対する権利、権原のような恒久的な地域性を有する物に対する権利、権原、その他、その性質上、動かすことができず（immovable）、地域限定的な事項にのみ適用されることができると、一様に考えられてきた。裁判所法第34条は、州裁判所が連邦裁判所と同様な機能を果たす場合、すなわち、契約や証書の正しい解釈が何であるか、当該事件を規律する、商事法の原理によって提供される正しい準則とは何であるかを、一般的類推あるいは法的類推に基づいて確認する場合、通常の契約やその他の証書の解釈、特に、一般商事法の問題など、地域の制定法や、定着して恒久的に適用されている地域の慣習に依拠することのないより一般的な性質を持った問題に対して適用され、適用するように意図されてきたものとは想定されていないのである。裁判所法第34条は、その正しい趣旨や解釈に基づけば、地域の制定法や先ほど述べた性質を有する地域の慣習にのみ適用され、商業的な性質を持った契約や証書には適用されないと述べることに何らの困難も無く、その正しい解釈や効果については、地域の裁判所の判決ではなく、商事法学（commercial jurisprudence）の一般的原理や法理において求められることになる。疑いも無く、商事法の州裁判所の判決もまた最大限の配慮や敬意を受けることになるが、州裁判所の判決が連邦最高裁の判断を拘束し、規律することになるような実定的な準則や確定判決となることはないのである。流通証券に関する法が、大部分において、単一の国ではなく、商業的世界（commercial world）の法であるということは、キケローの言葉であり、マンスフィールド卿によっても、Luke v. Lyde 事件[74]において採用されている。

　それ故、我々の目の前にある本件の問題について、商事法から導き出

---

74) Luke v. Lyde, 2 Burrow's Reports 882（1759）.

される正しい帰結に関する我々の意見を示す必要がある。当裁判所は、流通証券に適用されることができる前述の一般的な準則の意味において、既存債務は有価約因を構成すると述べることに何のためらいもない。自己より前の取引について善意の流通証券の所持人は、それを有価約因の対価として、取引やビジネスの通常の過程（in the usual course of trade and business）において受け取れば、自己より前の当事者間の抗弁事由（equities）に影響されることはない。既存債務の支払い（payment）または担保（security）としてそれを受け取ることは、取引やビジネスの通常の過程として認められている行為でもある。そして、新規購入の際の担保ばかりではなく既存の債務の支払いや担保のために流通証券を移転できることは、流通証券の信用、循環（circulation）をできるだけ広く可能にしたい商業社会の利益や便宜に適っている。債権者は、債権の実現・担保を容易にして、長期的信用の供与を可能にし、また、法的執行を先延ばしにすることができる。債務者もまた、流通証券をその価値と等しい現金に換えることができる。しかし、それと反対の結論、すなわち、流通証券による既存債務の支払いや担保において、自己に先行する当事者間のあらゆる抗弁が許されるとなると、そのような証券の価値や流通は消え、債務者は高率の割引で証券の譲渡を強いられることになる。そのような法理に基づいた場合、銀行に対する契約の更新、担保としてなされている流通証券に関するかなり多くの訴訟に何が起こるのか。アメリカや外国の銀行取引の半分以上を占めている流通証券の割引業務に致命的な打撃を与えることになるだろう。

　この問題は、連邦最高裁に何度も提起されているが、流通証券が所持人に譲渡された原因である債務が既存債務であれ、譲渡時点での契約であれ、所持人の契約について何ら違いはないと一貫して判示している（Coolidge v. Payson, 2Wheat. 66, 70, 73, Townsley v. Sumrall, 2 pet 170, 182）。イングランドにおいても同じ法理は、一貫して支持されている（Pillans v. Van Mierop, 3 Burr. 1664）。

　Pillans and Rose v. Van Mierop and Hopkins 事件は、本件よりも遥かに厳しい事件であるが、マンスフィールド卿は、同事件において、為

替手形を引き受ける単なる約束が為替手形の振出前になされ、既存債務の弁済のために振出がなされた為替手形が引受人を拘束するとの判決を下し[75]、その事件と信用状（letter of credit）の事件とを結びつけ、将来において支払われることになっている金銭に対してと同様に、既に支払われた金銭に対しても信用状が与えられてよいとし、原告に手形金を請求する権利を認めた。それ以後、Smith v. De Witt and Ryl 事件や De la Chaumette v. Bank of England 事件でのアボット首席裁判官（Lord Abbott）の傍論のように、傍論において反対が述べられることはあったが、一般的準則の意味の範囲内において、既存債務が所持人を保護するに足る有価約因ではないと裁判所が判断を下した事例は一件もないのである。」[76]

また、ストーリー裁判官は、以下のように、為替手形に関するイギリスの著作物や判例を踏まえる。ベイリー裁判官（Justice Bayley）も、「約因の欠如は、原告あるいは、被告・原告間の中間の当事者が善意で、有効な約因に基づき引き受けられたならば、部分的にであれ、主張されることはできない」とし、ここでベイリー裁判官が述べる「有効な約因」という用語は、手形の譲渡時に金銭、財物その他の支払いに対する現在の約因が存在する場合のみに当てはまるものではないということをはっきりさせる意図で用いられている、とする。そして、過去に対する担保、将来の責任のための手形の譲渡は、有効で有価な約因であるとする。さらに、エレンバラ卿（Lord Ellenborough）によって判決が下された、Bosanquet v. Dudman 事件（Bosanquet v. Dudman, 1 Stark. 1）や、エルドン卿（Lord Eldon）によっても同様にその法理が確認されている。その後の判例でも、既存債務の支払いまたは担保として、善意で手形を譲り受けた所持人は、有価約因を有する所持人であり、先行する当事者のあらゆる抗弁に対抗す

---

75) Pillans & Rose v Van Mierop & Hopkins（1765）3 Burr 1663.

76) Swift v. Tyson, *supra* note 70, at 34-41.

218　第5章　商業と統治

ることができるということを支持している、とする[77]。

　このように、ストーリー裁判官は、為替手形や約束手形に関する有益な書物の中で、既存債務は有価約因として認められているとする。そして、次に、以下のように、アメリカの判例法理を展開する。

「アメリカの裁判所においては、調査することができた範囲では、同じ法理が、普遍的（universally）ではないにしろ、一般的（generally）に普及している。Brush v. Scribner 事件では、コネチカット州の裁判所が、ニューヨークの判例を念入りに調査した結果、商事法の一般的原理に基づいて、既存債務が流通証券の善意の所持人に対して、自己より前の当事者に対抗できる有効な権原を移転させるのに十分な有価約因であると判示した。同じ準則がマサチューセッツ州でも採用され、維持されているのに何ら疑問の根拠もない。商業の発達している州において、頻繁に、ほとんど日常的に起こっていることについて沈黙しているのは、別の契約事例で権原を支持するのに有効で有価な約因を構成するものは、流通証券の事例においても、所持人の保護と流通証券の流通の促進と安全にとって不可欠なものとして十分な約因であるとされているものと想定されてよい。このように、既存債務の対価として流通証券を譲り受けた善意の所持人は、自己に先行する当事者間の抗弁事由について知らず、流通証券の期限前に受け取った場合であれば、自己に先行する当事者間の抗弁事由によって影響を受けない。」[78]

(4)　Swift v. Tyson 判決の再検討—コモン・ロー、商業、憲法

　前述のように、本判決では、商業社会における法のあり方、アメリカにおけるコモン・ロー継受、アメリカ法におけるコモン・ローの基礎的な性

---

77)　*Id*. at 41-43.
78)　*Id*. at 43-44.

3　Swift v. Tyson 判決の位置づけ—政治経済思想的文脈　**219**

格が論じられ、それに関連して、二つの問題が争点となっていた。ひとつ
は、1789年裁判所法第34条の解釈の問題であり、それを解く前提として、
アメリカにおけるコモン・ローの継受の論点が提示される。これまで連邦
裁判所の裁判管轄権が問題となった事例において、植民地時代以来のコモ
ン・ローの継受の問題が提起されたとして、本判決でも考慮に入れる必要
があることが、当事者の主張において示されていた。

　コモン・ロー上の訴訟に関する連邦最高裁の管轄権の問題を巡っては、
リパブリカン派のジョージ・タッカーは、その著書『ブラックストーンの
釈義』において、イングランドのコモン・ローがアメリカ全体で継受され
たとすると、連邦最高裁および連邦権力に付与される権限は無制限になる
と警告していた。

> 「これは、連邦裁判所の管轄（jurisdiction）の限界に関してだけではなく、
> 連邦政府に付与された権限の範囲の問題との関連でも極めて重要な問題
> である。というのは、もし、イングランドのコモン・ローが国家的な範
> 囲で、連邦において継受されたとすると、連邦裁判所の管轄権はそれと
> ともに存在することになる。言いかえれば、無制限（unlimited）となる。
> そしてまた、連邦権力の他の部門の法域や権限についてもそうなるに違
> いない。すなわち、それらの権力もそれぞれ同様に無制限となるに違い
> ないのである。」[79]

　タッカーにおいて特徴的なのは、コモン・ローが連邦レベルにおいて継
受されることについて、連邦裁判所の判例形成の権限や、法理とコモン・
ロー継受の関係に着目するというよりも、連邦権力の拡大の一環として捉
えていることである。

　これに対して、ケントは、アメリカの連邦レベルのコモン・ロー継受を
積極的に肯定し、このようなコモン・ロー継受論を1789年裁判所法第34条

---

79) Tucker, *supra* Chapter 1 note 36, Appendix 1 at 380.

の解釈との関係で論じた。ケントの『アメリカ法釈義』では、州裁判所の実践ではなく、アメリカ全体で継受されたコモン・ローによって連邦裁判所の実務がなされるとし、裁判所の判例形成や法理との関係においても論じられている[80]。

第2章で確認したように、ストーリーは、ケントと同様なコモン・ロー継受論を有しており、コモン・ローがアメリカ全体の判例法理であることを前提としていた。ストーリーは、Swift v. Tyson 事件において、タッカーら州権論者が批判する連邦裁判所の権限、連邦権力の拡大ではなく、あくまで判例法理の形成というロジックを用い、連邦最高裁の独自の判例形成権限を正当化する方向にあった。これに加えて、ストーリーは、「一般コモン・ロー」という新機軸を導入する。すなわち、コモン・ロー継受を前提にしながら、事件の性質によって連邦最高裁の自由な判例形成を基礎づける。タッカーは、州権論に立脚しながら、あくまで連邦裁判所の権限、管轄権について空間的な領域性（territoriality）の視点から論じていたが、ストーリーは、コモン・ローがアメリカ全体において基礎であるということを前提にしながら、管轄ではなく扱う事件の性質によって、「一般商事法」、「一般コモン・ロー」という連邦最高裁が判例を形成できる「法領域」を創出するのである。これは、合衆国憲法、連邦法ではないため、州に排他的に機能するものではなく、州にも判例形成の余地は残される。そして、不動産については、これまで確認したように、アメリカの土地の流動性を認識し、それを前提としながら、各州の不動産については州法に委ねつつ、他方で、この「一般商事法」の分野については、当時アメリカ社会において商取引の主要な手段であった為替手形、約束手形などの流通証券の最終的なルール形成を引き受けるものとするのである。

もうひとつの争点は、為替手形の対価として、既存債務が有価約因を構成するかどうかである。これはニューヨーク州裁判所の判例法理の理解を巡っても争われていたが、ストーリーはこれについては、Bay v.

---

80) Kent, *supra* Chapter 1 note 44, at 321.

Coddington 判決を先例とし、既存債務が有価約因を構成することを確認している。同判決を担当した裁判官でもあったケントの『アメリカ法釈義』講義44「流通証券について」では、「所持人の権利について」という項目で、流通証券の善意の所持人の保護の法理は、「流通証券の信用と循環を支える商業的な Policy に基礎を置く」とする。その上で、Bay v. Coddington 判決は、「通常の取引」（usual course of trade）において、有価約因のある取引を理由に流通証券が代理人、その他の者によって譲渡された場合、流通証券が詐欺行為によって譲渡されたものであるとしても、所持人がそれについて善意である場合には、真の所有者は所持人に対抗できないとしていた。

　だが、商事問題について、アメリカ連邦裁判所の独自の判例形成を認めた以上、ストーリーが本判決を直接理由づけるのは、ニューヨーク州の判例法理ではなく、Coolidge v. Payson 判決など、既に連邦最高裁において確立していた判例と、さらにその起源である、マンスフィールド卿が下した、Pillans and Rose v. Van Mierop and Hopkins 事件の判例法理である。

　ケントも、『アメリカ法釈義』において、Pillans 判決をマンスフィールドによる「広範な原理に基づいた」判決と評価していたことから、同判決における、当該為替手形が存在する前になされた引受の約束も、為替手形の引受と見なされるという法理を好意的に評価し、既存債務の有価約因性を認める方向にあったと考えられる。そして、ストーリーは、彼が本件よりも難事案であるとする Pillans 判決の中でマンスフィールドが示したような商事取引における約因法理の破棄には至らないが、「引受」概念の拡張を行う際に、Pillans 判決や Luke v. Lyde 判決においてマンスフィールドによって提示されていた、ストーリーやケントにおいて重要な認識枠組みであった「商業社会」に基づく理由づけを行い、「既存債務の支払いや担保のために流通証券を移転できることは、流通証券の信用、循環（circulation）をできるだけ広く可能にしたい商業社会の利益や便宜に適っている」という商業社会における流通証券の意義から正当化するのである。

　こうして、ストーリーは、1789年裁判所法第34条の解釈、すなわち連邦最高裁が独自に判例形成できるのかという問題と、既存債務が有価約因を

構成するのかというコモン・ロー上の法理に関わる問題の二つの争点に対して、「商業」、「商業的世界」という解答を出す。すなわち、商業に関する問題については、その問題の性質上、「一般的」なものであって、当然に連邦最高裁が独自に判例形成を行うことが可能であるとする論拠である。ここから、一般商事法、一般コモン・ローという領域が創出される。そして、これまでの章で確認したように、かかる「商業」、「商業的世界」という認識は、スコットランド啓蒙思想などの政治経済思想によっても裏付けられたものであった。

　本件のストーリーの理由づけにおいて、ストーリーとケントに共有されていたコモン・ローの継受の考え、「商業社会」の社会像、アメリカにおける「コモン・ロー」の多義性、原理の重視、コモン・ローの領域の創出、こういった要素が結実している。そして、かかるコモン・ローは、連邦最高裁によって基礎づけられた。

　また、この判決において、ストーリーは、『合衆国憲法釈義』においても批判していた、州権、連邦権力という、社会契約論を背景にした、「主権」の所在をめぐる対立が生じる論理の立て方ではなく、「商業社会」、「文明社会」という社会像を前提にし、コモン・ローに基づく法理形成と、これによる経済秩序の形成を示した。このように、これまで確認してきたストーリーの『合衆国憲法釈義』、「統治の科学」、「法理の進歩」で示された理論とSwift判決は通底するものであり、ストーリーの「憲法秩序」の構想の発現でもあった。そして、これはケントのそれとも通底していた。

　この判決が出された背景には、ジャクソン政権下で指名された判事が連邦最高裁の多数を占め、連邦最高裁主導の法形成に対する抵抗が減ったこと、彼らもまた経済発展を重視し、不況の深刻化による信用収縮の問題を考慮に入れていたことがあったと考えられるが、一般コモン・ローによる判例形成という、裁判官の法的営為によって、比較的柔軟に司法部を通じた連邦秩序の統一を図ろうとしたことで、州権に傾斜していた多数の裁判官の中でも、合意を得ることが可能となったと考えられよう[81]。また、この判決が受け入れられた社会経済的背景として、同時期にジャクソニアンのヴァンビューレン政権に代わり、合衆国銀行再建など国家規模の経済政

策を掲げるホイッグ党が有力になることから分かるように、市場革命の進展や交通網の整備などにより、連邦全体の統合的な経済社会が成立し始めていたことも挙げられるだろう[82]。そして、このSwift判決以後、一般コモン・ローの範囲は、不法行為法や雇用者責任など各種の法領域に拡大し、州制定法が存在する場合でも一般コモン・ローとして独自に判例形成がなされていくことになった[83]。

　ストーリーのこうした「商業社会」の法、超主権的な法の認識は、アメリカの連邦のみならず、国際通商まで広げられ、国際通商に関する考察を通じて、「憲法秩序」を正当化する道筋が示されている。次節では、ストーリーの『合衆国憲法釈義』における国際通商の記述を検討し、それを明らかにする。

4　国際関係と憲法秩序

(1)　合衆国憲法制定における「国際的文脈」に関する先行研究

　1788年のアメリカ合衆国憲法は、日本の多くの憲法学及び公法学のテキストにおいて、近代憲法の端緒のひとつとして挙げられている。だが、憲法制定にいたる経緯、その後の展開に関する説明としては、当時のアメリカの対外関係や国際的視点からそれがなされることはさほど多くない[84]。それに対して、本節は、合衆国憲法の制定とその展開の背景にあった国際的文脈、特に、国際通商に関する文脈を踏まえて、ストーリーの『合衆国憲法釈義』を検討する。

---

81) コモン・ローの超主権的性質がSwift判決の中核部分での全員一致に役立ったとするのが浅香吉幹　前掲註68(1)1675頁。また、他の要因を指摘しているのが、Freyer, *supra* note 67, *Forums of Order*, at 89, 93.

82) Watson, *supra* note 63, at 208-210. 紀平英作『奴隷制廃止のアメリカ史』（岩波書店　2022）68-69頁。

83) Swift判決以後のSwift法理の拡大については、Freyer, *supra* note 67, *Harmony and Dissonance*, at 45-100. 浅香吉幹　前掲註68。Michael S. Greve, *The Upside-Down Constitution*, Harvard University Press（2012）at 145-152.

224 第5章 商業と統治

　合衆国憲法制定の背景を巡っては、歴史学や政治思想史において従来から様々な見解がある[85]。古くは、『合衆国憲法の経済的解釈』において、合衆国憲法起草者たちの経済的利害関係に着目し、かかる経済的利害関係こそが合衆国憲法制定の大きな要因であったとする、チャールズ・ビアードの研究である[86]。他方で、これまで見たように、リベラリズムやデモクラシーと対比される「共和主義」（republicanism）という政治思想や政治文化のインパクトを強調したのが、バーナード・ベイリン（Bernard Bailyn）やゴードン・ウッド、J. G. A. ポーコックらの研究であった。こうした合衆国憲法制定に関する歴史研究の流れを概観したマックス・M. エドリングによれば、上述の流れに、新たな潮流を付け加えることができ、それが「合衆国憲法の国際的解釈」である。エドリングは、1980年代のピーター・オナフ（Peter S. Onuf）の著作や、ジャック・グリーン（Jack P. Green）の著作にはじまり、「新しいブリテン史」を唱え始めた70年代半ばから80年代以降のポーコックの論文や90年代から2000年代以降に出版された様々な著作を「合衆国憲法の国際的解釈」の範疇に含め、その内容を整理している[87]。以下では、まず、エドリングの説明を確認する。

　エドリングは、「合衆国憲法の国際的解釈」に資する数々の研究を引用

---

84) 日本の比較憲法学を代表するテキストともいえる、樋口陽一の『比較憲法』においては、合衆国憲法の形成に関し、「パリ条約によってイギリスとの講和が成立し、対内的な秩序安定と商工業発展をはかり、対外的な地位強化を目ざすという要請にこたえるために、より高度の政治的結合が求められるようになった」とし、国際的な視座から見た合衆国憲法形成の指摘がある。樋口陽一『現代法律学全集36　比較憲法　全訂第3版』（青林書院　1992）342頁。アメリカ法研究では、田中英夫『アメリカ法の歴史　上』において、連合規約時代に、対外的に統一した経済政策を取れなかったことや、アメリカ本土に残っていたイギリスの軍事拠点とインディアンの関係など、対外的な背景が詳述されている点は注目に値する。田中英夫　前掲序章註2　103-107頁。

85) *See*, Max M. Edling, Peace Pact and Nation: An International Interpretation of the Constitution of the United States, *Past and Present* 240(1)(2018) at 267-303. 斎藤眞『アメリカ革命史研究』（東京大学出版会　1992）439-457頁。

86) *See*, Charles Beard, *An Economic Interpretation of the Constitution of the United States*, The Macmillan Company（1913）. *Id*. at 271-279.

しながら、その視点から合衆国憲法制定の背景について以下のように展開する。

　英語圏の世界では、state という用語はデフォルトであったわけではなく、国際法（the law of nations）に由来するものであった。すなわち、植民地が、他の主権的な政治体に対して、自らを主権的な政治体の地位を有するものと想定していたことを指し示していたもので、アメリカ独立宣言における、「戦争を始め、平和条約を締結し、同盟を結び、通商を確立し、その他独立国家が当然の権利として実施できるすべての行為を実施する完全な権限を有する」、「自由かつ独立した states」という用語もこの文脈の中にあり、独立宣言は、この自由かつ独立した13の諸州が結合を示したものとする[88]。そして、エドリングは、モンテスキューの『法の精神』における連邦（federations）の説明を踏まえて、独立宣言において示されたアメリカの連合（united）とは、条約上の組織としてみなされるべきであるとする[89]。

　だが、エドリングのまとめるところによれば、独立後のアメリカは、いくつかの危機的な問題を抱えていた。西部において、独立後の大陸会議は、アメリカ・インディアンやヨーロッパからの移民に対して名目的な支配を及ぼしていたが、イギリスは、アメリカ大陸に軍事拠点を保ち、アメリカの国境線内に存在するインディアン国家と外交関係を有し、新生アメリカの領域を侵害していた。一方で、大西洋圏では、イギリス帝国の市場から旧植民地であったアメリカが排除され、輸出や海運の停滞を招き、経済不況を惹き起こしていた。さらに、独立戦争時の債務や、商業規制などを巡る諸邦（states）間の利益対立といった問題も噴出していた[90]。こうした諸問題の解決策として求められたのが、合衆国憲法制定であった。

---

87) Edling, *supra* note 85, at 281-303.　こうした、植民時代の大西洋圏を視座に入れた研究動向の紹介としては、五十嵐武士・油井大三郎『アメリカ研究入門　第3版』（東京大学出版会　2003）34-36頁。

88) *Id.* at 281.

89) *Id.* at 282.

90) *Id.* at 283.

226　第5章　商業と統治

　エドリングは、こうした憲法（constitution）の性質について、「平和条約」（peace pact）や、国家形成の道具とされる歴史的意味の憲法として説明する。現代の憲法という用語は、特別な権威を有し、下位法に優越する性質を帯びた、国家（state）の基本的な法秩序とされている。現代においては失われてしまった、憲法の歴史的意味とは、連邦条約としての憲法の観念であり、「いくつかの states が、その過程において政治的独立性を失うことなく、永続的な政治的存在に加入すること」であるとする。すなわち、連邦条約は、states を超える権威を有する制度を創出するものであった。その目的は、条約の当事者の集団的なアイデンティティや利益の保護であり、ユニオン（union）に加入した states に戦争を避ける手段や、アナーキーな国際社会における紛争解決の手段を提供するものだとする。1787年の合衆国憲法制定会議は、アナーキーをユニオンに置き換える動きであった[91]。

　そして、共和主義は、戦争という外的要因によって惹き起こされる、states の中央集権化によって危機に瀕することから、共和主義を保つためには、北アメリカの良好な国際環境の創出と維持が重要となり、そのためにもユニオンが必要となってくる。state 間の戦争の危険を防ぐことによって、連邦条約としての憲法は、諸州（states）の独立と共和政体を保護することになった[92]。国際法学者のヴァッテル（Emmerich de Vattel）の言葉にあるように、連邦条約は、条約当事者の主権を当該当事者が自発的に制限することを含むとしていたが、アメリカにおいては、憲法の起草者たちが国家的な統合と内戦という双子の危険を避けながら注意深く進むために、13州がひとつの nation-state に統合されることは意味しなかった。その結果、合衆国憲法には、第4編の連邦条項などのように、諸州の領域の完全性と自己決定を保障する規定が多数盛り込まれた。

　また、エドリングは、合衆国憲法制定時において、諸州の関心はその経

91）*Id.* at 285.
92）*Id.* at 286-287.

済的利益の保護に集中しており、諸州は潜在的に相互に対立する利益を有していたとする。連邦条約、平和条約としての憲法を維持するためには、条約の当事者たる諸州が、他州が正統な利益を有するものとし、利益を有する州同士の利益のユニオンの中で共存することが必要であった。特に、海運の利益を有する北部セクションと、奴隷に関する利益を有する南部セクションの対立は激しく、また、各セクションにまたがる農業的利益からは、アメリカの輸出のための海外市場の開拓や、ヨーロッパ移民のための土地の開拓、シーレーンや輸送ルートを開くことなどが求められ、西部を維持するためにも、より強い国家的政府が求められた。このような諸州の利益を調整するための規定も合衆国憲法に盛り込まれた[93]。州間の紛争は、州による競合的な関税の設定や、インディアンとの交易における競争を防ぐための、連邦政府における商業政策の独占化によって除去された。また、合衆国憲法は、州による紙幣の発行や、州による契約の侵害を規制した。州間の軋轢がエスカレートし、武力衝突とならないようにすべく、州から軍事同盟を結ぶ権限や、連邦議会の同意なく軍隊を維持し、戦争を行う権限を奪った。そして、州間の軋轢を裁定する機関として、連邦最高裁判所が設置された[94]。

　さらに、エドリングは、対外的な通商関係が合衆国憲法制定の背景にあったことを強調する。合衆国憲法制定時の大西洋圏の経済市場は、政治的、経済的な競争主体を、本国の市場や植民地から排除する商業国家の試みによって作られていた。こうした中で、経済的利益を促進するための効果的な手段とは、通商協定（commercial agreement）を結ぶことであったが、そのためには、特定の一つの国家（nation）が条約上の主体として見なされなければならなかった。しかし、合衆国憲法成立前の連合規約（Articles of Confederation）においては、アメリカはそうではなかった[95]。ここで、エドリングは、ダニエル・J. ハルセボシュの研究を引用し[96]、合衆国憲法制

---

93) *Id.* at 288-289.

94) *Id.* at 291.

95) *Id.* at 292-293.

定の目的とは、法的にも現実的な意味でも、国際社会の中で、ヨーロッパ諸国と対等で尊重に値する文明国として認められることであり、アメリカ合衆国が国際法に沿って存立することを示すことで、アメリカ例外主義の発露というものより、ヨーロッパ社会のアメリカに対するイメージを作り変える試みであったとする[97]。

　合衆国憲法は、独立戦争後に締結された連合規約の失敗を修正し、合衆国を条約上の主体とする試みであった。アメリカの諸邦の中には、独立後に締結された1783年のパリ条約の履行を拒否する邦があるなど、連合規約の下では、ヨーロッパの規範に沿って外交を行うのは不可能であることが

---

96) 法学の業績としては、このハルセボシュの一連の研究がその質・量ともに、エドリングが述べるところの「合衆国憲法の国際的解釈」の中心的位置を占めるものと考えられる。ハルセボシュの主要な研究としては、まず、Hulsebosch, *supra* Introduction note 20がある。同書の概略を簡単にまとめると以下のようになる。ニューヨーク州を主な検討対象として、旧植民地を支配していたイギリス帝国の構造を、イギリス帝国の官僚、植民地のクレオール・エリート、植民地の庶民層など、競合する権力の集合と捉え、この相互作用によって帝国が営まれ、クレオール・エリートたちがやがて自立を志向するに至り、帝国（empire）の中からstatesが生じ、やがて、クレオール・エリートたちはアメリカの独立を主導した。そうしたニューヨーク州のクレオール・エリートたちは、独立後には、アメリカにおけるnationalエリートを志向するようになり、そこでのnationalは、植民地時代の帝国的な（imperial）構造ないし、それよりも強い結合を志向したもので、こうした志向は、アメリカの法学を主導したジェイムズ・ケントら法律家にも受け継がれ、彼らの法学のテキストやコモン・ロー解釈を通じたアメリカの一体性の確保、すなわち「法の帝国」（empire of law）が企図されたとしている。近著では、国際投資や通商関係に関して、植民地時代においては帝国の法によって規律されていたものがいかにして国際法による規律に転換したのかを分析する、Daniel J. Hulsebosch, From Imperial to International Law: Protecting Foreign Expectations in the Early United States, *UCLA Law Review Discourse* 65 (142) (2018) at 4-18. また、合衆国憲法制定の背景には、大西洋を挟んだヨーロッパ中心の文明国の国際社会の中にアメリカ合衆国を参入させる意図があったとするのが、David M. Golove and Daniel J. Hulsebosch, A Civilized Nation: The Early American Constitution, the Law of Nations, and the Pursuit of International Recognition, *NYU School of Law, Public Law Research Paper* 10-58 (2010) at 101-228. このように、ハルセボシュは、他の論文も含めて、一貫して植民地時代以来の環大西洋圏の法構造から、アメリカ合衆国憲法やアメリカ法の形成の要因を明らかにしようとしている。

97) Edling, *supra* note 85, at 292-293.

明白となった。このままでは、アメリカを旧本国たるイギリスに対する依存状態から救い、アメリカの商業や国際的地位をヨーロッパの国々と対等にすることは不可能であった。したがって、合衆国憲法の下で、連邦政府は外交を独占し、州の外交に関する権限は抑えられ、戦争権限や商業を規制する権限を連邦が得た。また、国際紛争が多かった海事事件に関する管轄権を連邦最高裁判所が得た。州の紙幣発行権を規制し、契約に対する侵害を禁じる規定は、外国に対して、国際的条約の下での権利や国際法が尊重される安心感を与えた。そして、憲法や連邦裁判所の判決が、イギリスの商人や外交官たちに、将来においてもアメリカは国際法や商慣習法（law merchant）を順守するとの確信を抱かせ、これが、1794年にイギリスと結ばれ、独立戦争前のイギリス人の対米債権の保障などを内容としたいわゆるジェイ条約（Jay's Treaty）や、1795年のスペインとのピンクニー条約（Pinckney's Treaty）につながったとする[98]。

　以上が、エドリングがまとめた「合衆国憲法の国際的解釈」の内容であるが、この一連の研究蓄積に特徴的なのは、当時の環大西洋圏の政治経済構造を射程に入れながら、アメリカとヨーロッパ世界との相互作用のひとつとして、合衆国憲法やアメリカの連邦制の形成を読み解く点である[99]。

---

98) *Id.* at 294-295.

99) エドリングが引用した研究以外にも、2000年代以降、こうした研究が増えているのを確認できる。例えば、Mary Sarah Bilder, *The Transatlantic Constitution: Colonial Legal Culture and the Empire*, Harvard University Press（2004）. 同書によれば、植民地の法文化は、いつイングランドの法が適用され、いつ植民地のローカルな法や慣習が適用されるのかに関する、本国と植民地の対話の中で成熟した。独立後のアメリカにもこうした法文化の痕跡は残存した。例えば、植民地時代に存在した「イングランド法に一致するかどうか」という基準は、アメリカの裁判官によって設けられる基準に置き換わり、イングランド法は憲法に変わり、その経過は独立後に制定された各邦の憲法の中に確認できるとするなど、イギリス植民地は1776年のアメリカの独立によって終わったが、環大西洋圏の法文化はアメリカの土台をなし、影響を与え続けたとする。また、アメリカの連邦制の知的起源には、18世紀のイギリスの植民地帝国の構造に関する知見があるとするのが、Alison L. LaCroix, *The Ideological Origins of American Federalism*, Harvard University Press（2010）.

すなわち、合衆国憲法の形成とその諸規定を通じた国際市場への参入を視野に入れた対外関係の中で構築されたことを強調し、国際法的な観点、また、イギリス本国と旧植民地が織りなした法構造の残滓とその変化を重視する点を指摘できよう。そして、この観点から、憲法制定前後における、合衆国憲法と、それを基にした連邦と州の関係について、統一的な国家法としての憲法を基礎にしていたと捉えるよりも、国際法及びそれ国際関係から捉える視点が有力であったという指摘がなされており、建国初期の合衆国憲法の解釈や運用が、国際法的な要素をどこまで帯びていたのかを巡って論争となっている[100]。

(2)　国際通商と憲法

　ストーリーの『合衆国憲法釈義』にも、国際通商に関する叙述がちりばめられており、こうした国際的文脈の中にあった。これまで検討してきたように、立法、行政、そして司法も含めてジャクソニアン・デモクラシーの勢いが増し、デモクラティックな州権主義に傾いた1830年代において、フェデラリストの後継的位置に立って、連邦最高裁における数々の意見とともに、後代に残る体系書の形で、法学教育も射程に入れながらその教説の普及に努めたのがストーリーであり、そのための書が『合衆国憲法釈義』であった。

---

100) Max M. Edling, *Perfecting the Union: National and State Authority in the US Constitution*, Oxford University Press（2021）at 135-143. これに対して、アメリカの建国者たちが、国際法と憲法の関係について、国際法そのものというよりも、あくまで憲法を通じた国際法の順守を州に強制することを重視していたとするのが、David M. Golove and Daniel J. Hulsebosch, The Law of Nations and the Constitution: An Early Modern Perspective, *Georgetown Law Journal* 106（2018）at 1593-1658. また、合衆国憲法の起源について、条約類似の国際法的な要素を読み込む見解として、Anthony J. Bella Jr. and Bradford R. Clark, The International Law Origins of American Federalism, *Columbia Law Review* 20(4)(2020) at 835-940. さらに、この論考に対する批判として、David S. Schwartz, The International Law Origins of Compact Theory: A Critique of Bell & Clark on Federalism, *Journal of American Constitutional History* 4 （2023）at 629-668.

では、フェデラリストの主導によって作られた合衆国憲法の解釈におい
て、「国際的文脈」から見たとき、ストーリーは合衆国憲法をどのように
位置づけたと言えるのであろうか。フェデラリストが念頭に置いていたと
される国際通商の観点から、憲法をどのように解釈したのか。ストーリー
の合衆国憲法制定の要因論や、連邦制擁護論を読み解くことによって、国
際関係の観点から合衆国憲法の諸規定をいかに解釈し、国家形成を行おう
としたのか、明らかにすることができる。

　ストーリーの著書、『アメリカ合衆国憲法釈義』において、連邦の必要
性が強調されたのが、合衆国憲法の「前文」（The Preamble）の注釈であ
る[101]。「前文」の注釈は、基本的には、『ザ・フェデラリスト』（1788）[102]
において展開された合衆国憲法、連邦制の擁護論に沿っているが、それは、
合衆国憲法前文にある、「より完全な連邦制を形成すること」（form a
more perfect union）、「正義を確立すること」（establish a justice）、「国内の
平穏を保障すること」（ensure domestic tranquility）、「共同の防衛に備える
こと」（provide for the common defense）、「一般福祉を増進すること」
（promote the general welfare）、「我らと我らの子孫のために自由の恵沢をも
たらすこと」（secure the Blessings of Liberty to ourselves and our Posterity）
という文言の解釈との関係で述べられている。特に、これまで検討した
「合衆国憲法の国際的解釈」と密接な関連性を有し、しかも、ストーリー
の『釈義』の中核となる考察と関わってくるのは、最初の二つの「より完
全な連邦制を形成すること」、「正義を確立すること」の説明である。

　まず、ストーリーは、合衆国憲法制定後40年を振り返り、一般的には合
衆国憲法は受け入れられているが、連邦政府設立の理論や連邦政府の実際
の行動に疑問を呈する動きがあったとし、こうした動きは、政治的野心や
偏見、党派精神などによって動かされたものであるとして否定的評価を与
え[103]、合衆国憲法反対論の主な主張に対して批判を行う。

101）Story, *supra* Chapter 2 note 2, at 433-494.

102）*The Federalist, supra* Chapter 2 note 33.

103）Story, *supra* Chapter 2 note 2, at 449-450.

232　第5章　商業と統治

(i)　「より完全な連邦制を形成すること」と合衆国憲法

　ストーリーは、「より完全な連邦制を形成すること」という前文の文言
に関連して、合衆国憲法反対論を批判し、単一の国家的（national）な政
府は広すぎるので、連邦をいくつかの主権的なブロックに分解し、北部、
南部、中西部それぞれの連合を認めるべきとする主張を取り上げ、こうし
た連合は、連邦内の対立の原因となると指摘する[104]。そして、個々の連
合の保存のためにも、また、国家（nation）が公的自由を維持するために
も、広範で、効率的かつ迅速に動くことができる権限を国家的政府が有す
ることが不可欠であるとする。各州で利益や感情、野心、生産物、制度な
ど様々なものが異なり、対立心、商業についての対抗、領域を巡る嫉妬が
広がる場合、諸州を調整するのは国家的政府しかない。また、個々の州そ
れぞれがひとつの国家を構成するとなると、規模や歳入、人口、生産物、
利益において相違がある以上、対立を引き起こし、弱い州は強い州に服従
することになる[105]。ここでストーリーは、主権的な state の連合、すな
わち、国家連合ではなく、諸州の調和のための連邦政府の必要性を述べる。
　また、連邦政府反対派の論拠として、モンテスキューの『法の精神』に
よって示された、共和国に適するのは小規模な state である、というテー
ゼを取り上げる。これに対しては、モンテスキュー自身が示し、ハミルト
ンやマディソンによって『ザ・フェデラリスト』の中でも示されていた、
連邦共和国という統治形態を提示し、広大な領域において共和政が存立し
得ることを示す[106]。
　次に、ストーリーは、連邦政府の設立によって、全ての権利や利益の保
護のために条約について交渉するだけではなく、国際法（law of nations）
上の義務を尊重させることが可能になると指摘する。連合規約の下でさえ、
条約上の義務が公然と違反されていた。諸州がバラバラなままでは、各州
が自らの利益に従って、様々な国々と別々に条約を結ぶことになり、こう

104）　*Id.* at 452.
105）　*Id.* at 452-453.
106）　*Id.* at 455.

した条約は、国内外における嫉妬や対抗心を伴い、個々の州との交易の独占を求める国々の間で紛争を惹き起こす[107]。

さらに、個々の州は、独自に商業規制を行い、自らの利益を促進する一方で他州に対して侵害を行っていた。こうした状況の下で、外国が経済的にアメリカに付け入ってくる危険性があるとストーリーは指摘する。商業は、製造業、農業にとっても重要であり、そうした諸産業の密接な関連性を指摘する一方で、広域的で画一的な国内市場は、農産物価格の安定を生じさせ、農民にも利益があり、あらゆる外国の競争者に対して国内市場を排他的に握ることは、投資に対する恒久的な安定を生じさせ、その見返りを生み、農地の開発における資本の拡大を奨励する、とする[108]。

(ii) 「正義を確立すること」と合衆国憲法

続けてストーリーは、「正義を確立すること」という文言について検討する。ストーリーはここで、なぜ、国家的政府の設立に際して、司法の運営が突出した動機となるのか？と問題提起する。司法の運営には、市民だけではなく、外国 (foreign nations)、外国人 (foreign individuals) も深い関係を有している。だが、外国も外国人も、市民と同様な水準の完全な司法的救済を必ずしも得られるわけではない。隣接する州 (states) の市民は、互いの州の司法の運営に深い利害があり、非常に遠くにあるが同じ連合 (confederacy) に属している場合でも、互いの法の規定や実際の運用における不平等さによる影響を受けざるを得ない。あらゆる政府には、自分たちの市民を優先する自然な傾向があり、司法運営のみならず、法の構造においても不当な依怙贔屓がある。人民の偏見や情念、想定される侵害、現実の侵害、自由の法理についての包括的な見解よりも自分たちの利益や感情を優先させることによって、最も有害な企てが成し遂げられてしまう[109]。

---

107) *Id*. at 459.

108) *Id*. at 460-463.

109) *Id*. at 463-465.

234 第5章 商業と統治

　こうした状況は連合規約時代にも見られたもので、本国の権威に依存していた植民地時代でさえも、こうした不平等が諸邦のローカルな立法府において見られた。第一に、外国との関係においてである。連合規約の下では、主権的な交戦国としての戦争に関する一般的な権限、捕虜を捕らえることや、船舶や積み荷の拿捕という、国際法によって認められていた権限を有した。一方で、諸邦はそれぞれ別個独立に、捕獲された船舶に関する争いの審判を行う、捕獲審判所（prize tribunals）を指名する権限を保持した。連合規約の下での大陸会議は、連合規約の規定に従い、上訴裁判所を設立し、諸邦の裁判所はそれに従う義務があったが、上訴裁判所の判断は、それを履行させる権限がなかったため、無視された。中立国だけでなく、中立の個人は、合衆国憲法が制定されるまでは何の救済もなかった。また、1783年にイギリスとの平和条約が締結され、こうした条約は連合規約の下で、諸邦にも拘束力を及ぼすはずであったが、各邦議会や邦裁判所によって破られ、アメリカ側で履行ができず、何度もイギリスと戦争の危機が生じた。特に、イギリス（人）に対する債務の支払いについての条約の規定は、邦裁判所によって何度も無視された。こうした債務は、合衆国憲法が、諸州の議会や裁判所から独立した直接かつ適切な制裁手段を付与するまでは、履行されなかった。外国人に対する債務の問題に加えて、合衆国憲法制定までは公債を支払うための効率的なシステムが存在しなかった[110]。さらに、私的契約の神聖さを侵害する法が邦議会によって作られ、債務の支払いに際しては、価値の低下した紙幣信用を受領するように強制する法も広く作られている。分割払い債務の支払いにおいて、契約で定められていた本来の期間と異なる時期での支払いを認める法や、一定の期限ないし不確定期限を設け、債務の支払いを中断させる法、債務の支払いに際して、恣意的な財産評価に基づき、どれほど非生産的で望まれないものであっても、あらゆる種の財産の引渡しを認める法、一定期間または特定の状況において裁判所を閉鎖する法が存在した。こうした法の後には、恒久的な性

---

110) *Id.* at 465-467.

質を有する一般破産法が続いた。要するに、ローカルな裁判所は、そうした立法者の意思に従う義務があり、数少ない抵抗の事例においては、裁判官の独立性は、時代の気分によって犠牲にされた。よく知られているように、シェイズの反乱もこれと同じ原因から生じている[111]。

(iii) その他の文言について

「国内の平穏を保障すること」については、連邦制によって派閥、党派対立の危険性を緩和できるという、『ザ・フェデラリスト』第9編や第10編の連邦制の擁護の議論が繰り返されている[112]。この議論については、先述のように、「共和主義」思想やスコットランド啓蒙思想の影響など、様々な思想的起源が論じられているが、ストーリーは、様々な情念が派閥の発生原因となるとし、特に財産の不平等、債権者、債務者の関係から生じる派閥に警戒を示し、こうした派閥を制御するものとして、連邦の存在が必要とされるとしている。

「共同の防衛に備えること」については、平和の維持のためには、その備えが重要であり、共同防衛という共通の利害を有さない場合、州間の対立が深まること、単一の州の軍事力よりも共同防衛による方がより巨大で防衛に資することなどが指摘される[113]。

「一般福祉を増進すること」については、合衆国憲法において連邦の権限とされた内容に対する手段の行使が認められる必要があることが強調される。具体的には、連邦政府の存在は、租税の徴収、分配の便宜に資すること。農業を主な産業とする州、商業を主な産業とする州、製造業を主な産業とする州の利害対立を調整し、諸州がそうした産業の進歩を成し遂げるには連邦政府が必要であること。郵便などの情報流通システムにとって連邦政府が必要であること。外国との通商交渉においては連邦政府が統一的に交渉する方が優れていること。マネーが不足した場合には、単一の州

---

111) *Id.* at 467-468.
112) *Id.* at 471-475.
113) Story, *supra* Chapter 2 note 2, at 475-477.

236 第5章 商業と統治

よりも国家の信頼に基づく方がより安価で容易に借りることが可能である
こと。単一の州の狭い領域よりも、国家的政府の広い領域の方が、多様な
情報を集め、意見の多様性が生まれること。以上の理由によって合衆国憲
法及び連邦政府が擁護されている[114]。

(iv) 検討

　合衆国憲法前文についてのストーリーの解釈では、連邦制、国家的政府
の擁護がなされ、アメリカ国内の各セクションの調和のために連邦制が必
要とされること、『ザ・フェデラリスト』においてハミルトンやマディソ
ンが展開した連邦共和国の意義、そして、各州が独自に商業規制を行うこ
との弊害と、広域的な商業規制権限の有用性が指摘されている。

　しかし、『釈義』の合衆国憲法前文についての叙述で分量的にも比較的
多くの割合を占めているのが、州によって無視されていた国際法を順守す
るため、また、州外の債権者の権利を容易に踏みにじっていた州議会や州
裁判所の横暴を抑制するために、合衆国憲法により創設される国家的政府
が必要とされている点である。特に注目すべきなのは、合衆国憲法前文の
「正義を確立すること」、すなわち、連邦裁判所の存在の必要性との関係で
論じられていることである。第2章で確認したように、ストーリーの『合
衆国憲法釈義』の理論的な中核部分である、第3巻第3章「憲法の性質──
それは契約かどうか」、第4章「憲法的紛争における最終的な判断者、解
釈者は誰か」、第5章「憲法解釈のルール」において、合衆国憲法を社会
契約ではなく法として位置づけ、かかる憲法解釈を法の解釈として裁判官
の領分とし、政治部門や人民の「情念」によって憲法解釈が左右されるこ
とを戒めていたが、この論理は、憲法解釈のみならず、国際法や国際通商
の法に関してもその射程が及ぶということである。すなわち、人民の一時
的な「情念」によって支配された州議会が、私人の財産権を不当に奪うの
みならず、自らの州民の利益を優先すべく、国際法上の義務や、イギリス

---

114) *Id.* at 478-486.

を中心とする外国人の財産や債権を不当に侵害した経緯を踏まえ、国際的な法理の観点から、合衆国憲法によって創設された連邦最高裁判所によって、そうした州議会や州裁判所を抑制することが正当化されていた。

　ストーリーの叙述の展開は、先述の「合衆国憲法の国際的解釈」に照らした場合、より明瞭になる。ストーリーは、ケントと同じく、スコットランド啓蒙思想の発展段階論に依拠し、アメリカを「文明社会」＝「商業社会」として位置づけ、アメリカ法をそうした商業社会に適応させることを意図し、土地法の体系であったコモン・ローに、ローマ法や商事法の法理を取り入れ、商業社会の法として進化させる必要性を力説していたが、こうした企図には、広域的な商業社会のイメージが存在しており、その射程は連邦レベル、さらには、国際社会にまで及んでいたものと推定される。こうしたストーリーの思想は、前節で確認したように、ストーリー自身が法廷意見を執筆した Swift v. Tyson 判決において結実したが、同判決は、1789年裁判所法第34条の解釈を通じて、商事法分野に関する事件において、「一般コモン・ロー」、「一般商事法」に基づき連邦最高裁が自由に判例形成を行うことを認めた。そして、そこでの理由づけとしては、流通証券の流通性を阻害する法理は、アメリカのみならず、外国における銀行取引業務に対しても致命的な打撃を与えることになるという認識が示されており[115]、広く環大西洋圏を射程に入れていた。商事法は、商慣習法として、アメリカ建国以前のイングランドにおいても認識され、様々な国の商人間の商事取引を規律するための、コモン・ローに編入されるルールの体系として記述されており、国会主権の観点から国会制定法によって修正を被り、ローカルな慣習によって修正を被ることがあった。アメリカにおいては、1821年のニューヨーク州の判例において、流通証券や商業証券に関する商慣習法は州のみではなく連邦とすべての商業国の法であるとされていたが[116]、『釈義』における国際通商の認識と照らし合わせると、ストーリー

---

115) Swift v. Tyson, *supra* note 70, at 34-41.
116) Anthony J. Bella Jr. and Bradford R. Clark, *The Law of Nations and the United States Constitution*, Oxford University Press（2017）at 20-25.

執筆の法廷意見は、さらに進んで、連邦最高裁が、諸州から中立的な立場で、より広域的かつ国際的な視野に立つことを目指していたことが推測できる。

　以上のように、フェデラリストの後継者的な位置にあるストーリーにおいても、アメリカが大西洋の向こう側の「文明社会」＝「商業社会」に「文明国」として「参入」することが重視され、しかもそれを司法が主導することが強調されていたといえよう。

(3)　商業・主権・民主主義を巡る問題

　これまでのストーリーの叙述の検討では、国際的な商事法、国際法を合衆国憲法及び連邦最高裁が「媒介」し、州を統制していくことが模索されていたことが明らかにされた。

　では、そうした国際法、国際的な商事法を「媒介」するものとした合衆国憲法は、いかなる性質を有するものと観念されていたのか。先述の「合衆国憲法の国際的解釈」では、歴史的意味における憲法とされた、連邦契約としての憲法の観念に対していかなる立場であったのか。他方で、国家（nation）の法としての憲法は、ストーリーにおいてどのように観念されたのか。

　まず、合衆国憲法及びそれによって創設される連邦政府に対して警戒的であったリパブリカン派のうち、第2章で確認したように、ジョージ・タッカーは、『ブラックストーンの釈義』において、合衆国憲法について、社会契約の性質を一定程度有するとし、同時に、独立した主権的な州による連邦契約（federal compact）として位置づけていた[117]。そして、この立場は、タッカーやリパブリカン派における、州を基盤とした民主的自己統治を重視する論理と一貫したものと考えられる。すなわち、タッカーは、『ブラックストーンの釈義』において、アメリカの原理、特に、州政府の原理を民主主義として位置づけていたが[118]、それによれば、人民の自己

---

　117)　Tucker, *supra* Chapter 1 note 36, Appendix D at 141-146.

統治が貫徹する州を主権的な存在として、その州が当事者となって生まれ
たのが合衆国憲法であり、彼は、合衆国憲法を連邦契約とし、それを同盟
（alliance）や条約（treaty）とも等置していた。この立場からは、主権的な
存在として州（states）がまず存在し、合衆国憲法は、そうした州が相互
に結んだ条約に類似するものとみなされることになる。

　必ずしも州の自己統治に服さない、国際法や条約の順守を重視した連邦
派と、リパブリカン派の対立がピークに達したのが、独立戦争前のイギリ
ス人に対するアメリカ人の負債の支払いなどを定めたジェイ条約（Jay
Treaty）の調印を巡ってであり、反英感情を有していたリパブリカン派は、
第2章で確認したようにこの条約に反発し、民主主義的な志向を強めた
「民主共和協会」という自発的結社を各地に設立して政治運動を展開した。
これに対して、連邦派のジョン・アダムズ政権は、1798年に Alien and
Sedition Acts を制定し、これを抑制しようとした。一方、リパブリカン
派は、ヴァージニア決議（1798）、ヴァージニア・レポート（1799）、ケン
タッキー決議（1799）を通じて、州主権の論理を前面に示したが、タッカ
ーの理論はこうした動きを法学的に説明したものであった。このように、
これまで本書が検討してきたフェデラリストとリパブリカンの相克は国際
的な動きとも連動していた。

　これに対して、フェデラリストの後継者たるストーリーは、本書の第2
章で確認したように、社会契約理論が想定するような、人民の契約という
事実はどこにも確認できないとし、多数者意志の支配につながるとの理由
で合衆国憲法を社会契約の性質も有するとする、タッカーの論を否定す
る[119]。さらに、彼は、合衆国憲法を「連邦契約」、条約とする論も否定し、
合衆国憲法を、単なる連邦契約や条約ではなく、「ある行動を強いられる
前に、自らなすべきことを決定し、約束する」契約とは異なり、「決定や
約束がまったくなくとも、我々は行動するように強いられる」法の性質を

---

118) *Id.* Appendix B at 16.
119) Story, *supra* Chapter 2 note 2, at 279-292.

持った、「根本法」（fundamental law）として位置づけた。

　他方で、ストーリーは、合衆国憲法の性質として社会契約論を否定しながらも、アメリカの帝国（empire）の構造は人民の同意という強固な土台に依拠するとし、憲法とは、アメリカ人民の同意と批准に基づいて成立したもので、この同意と批准とは、一国（a nation）を構成する個人としての人民ではなく、個々の独立した州を構成する人民によってなされたものであるとする。そして、Martin v. Hunter's Lessee 判決[120)] で示されたように、最高裁判所の画一的な原理は、州の行為ではなく人民の原理であると述べる。ストーリーは、他の箇所でも随所に合衆国憲法は人民が創出したという論理を示しており[121)]、一見すると、民主的な自己統治の論理と親和的なように見える。だが、こうしたストーリーの論理の趣旨は、州権を封じることであり、州を契約当事者とする連邦契約ないし、条約として合衆国憲法の性質を捉える立場を否定し、広域的な連邦の存在及び権限が州に及ぶことを強調するためのものであった[122)]。このように、ストーリーは人民の同意による憲法の創出という論理を〈連邦 vs 州〉の文脈で用いるが、デモクラシーの意味においては、第2章で確認したように、むしろ、それを巧みに封じ込めようとした。例えば、ストーリーは、合衆国憲法の解釈に関して、一貫してその時々の民衆の「情念」によって支配されることを戒め、憲法の最終解釈権が連邦最高裁に帰属することを主張し、憲法解釈について世論によって憲法問題が決定されるべきとしたジャクソニアンの主張を否定するなど、民主的な政治に対して憲法解釈を隔離することを企図していた。そして、この論理は国際通商についても貫徹していた。

　以上のように、ストーリーの合衆国憲法解釈においては、州（states）の合意に基づく条約としての憲法ではなく、国家的（national）な政府、

---

120) Martin v. Hunter's Lessee, 14 U.S. (1 Wheat.) 304 (1816).

121) Story, *supra* Chapter 2 note 2 at §415.

122) 例えば、ストーリーは、連邦最高裁の判決が諸州の人民のみならず、諸州の意見に左右されることなく、諸州そのものに拘束力を及ぼすことについて、合衆国憲法は人民が創出したからである、という理由を用いている。*Id.* §382.

そして国家的な裁判所を創設する「根本法」として憲法が位置づけられていた。それによれば、合衆国人民は具体的な存在とされず、特に、国家的なレベルの司法では、民主的な自己統治の論理が棚上げされ、民衆の自己統治が及ぶ州レベルの議会や司法によって左右されずに、通商の安全、国際法の誠実な順守を行わせることが目指されており、国際的な視野を射程に入れた「法の支配」が企図されていた。このように、ストーリーの『釈義』においては、民主的な自己統治が棚上げされた国家的な司法と合衆国憲法（constitution）が、国際法や国際通商を支え、人民の民主的な自己統治の及ぶ州を規律することが、初期合衆国憲法の重要な機能であり、その性質を表すものとされた。さらに、国際法や国際的な商事法などの普遍的な国際的ルール、すなわち、「文明社会」の法と、国家の法として位置づけられながら、国家における people を具体化させず、民主的な自己統治の及ばないものとする憲法、民主的な自己統治が及ぶ州、この三つの関係の中で、合衆国憲法秩序が構想されていたとことを見出すことができるだろう。

　以上の検討が示唆するものとして、まず挙げられるのが、アメリカ合衆国憲法の制定及び、初期のその展開を方向づけたものとして、アメリカの国内的要因のみならず、国際関係の要因も大きかったことである。こうした合衆国憲法制定を背景に、ストーリーの憲法論には、国家統合のための憲法が、国際法や国際通商のあり方と結び付けられ、国際法や国際通商に関する法を順守し、「文明社会」の中に参入する資格を得るために「法の支配」を確立するという企図が存在していたと言えよう。そして、そこでは連邦裁判所が中心的役割を担うとされていた。

　合衆国憲法は、合衆国憲法に列挙された権限を連邦政府に付与し、そうした権限は州から移行された。しかしながら、19世紀前半になっても、依然として states の観念は強く、連邦の実力はまだ十全とは言えなかった。ストーリーは、national な法としての憲法を志向しながらも、合衆国憲法を人民が創出したものとし、それに、連邦レベルにおいて民主的な影響が及ぶのを回避しつつ、司法を通じた国際関係を視野に入れた憲法論によって、「法の支配」を模索していた。

終章

1 「最初期アメリカ憲法学」の「憲法秩序」の構想とその意義

　本書は、ストーリー、ケントというアメリカ法形成期を主導した法律家を主な対象として、彼らに共通する政治経済思想的なフレームワークを探りながら、そのフレームワークによって把握しなおされたアメリカのコモン・ローのあり方、そして、そうした政治経済思想に基礎づけられた「憲法秩序」の構想を検討してきた。

　彼らの「憲法秩序」の構想とは、スコットランド啓蒙思想などに見られる「文明社会」、「商業社会」の認識枠組みに基礎づけられたものであった。また、新しいデモクラティックな政治社会、経済社会の出現が認識され、そうした社会を統治するための構想がなされた。それは、人間の「情念」や「利益」の傾向という社会における人間の現実、経済社会における経済活動に着目しており、現実的な人間観に基づき政治秩序や経済秩序の構築を企図することを可能にした。ミシェル・フーコーは、ヒューム、スミスなどのスコットランド啓蒙思想の大きな意義として、それまでの「法学」においては把握できなかった「利害関心」を把握できた点を指摘する。フーコーは、18世紀までの法学が、「意志」という法的なカテゴリーと人間の利害関心を混同し、人間の利益や利害関心そのものに対する洞察が曇っていたことを指摘している[1]。さらに、フーコーは、スコットランド啓蒙思想が、それまでの法的な権利主体のカテゴリー、法的なカテゴリーによって把握しきれない、そこからはみ出る利害関心、利益への志向を有する主体としての人間の把握を可能にしたとするが[2]、かかるスコットラ

1）ミシェル・フーコー著、慎改康之訳『ミシェル・フーコー講義集成8　生政治の誕生―コレージュ・ド・フランス講義1978-1979年度』（筑摩書房　2008）336-337頁。

1 「最初期アメリカ憲法学」の「憲法秩序」の構想とその意義　243

ンド啓蒙思想から借りた認識枠組みを通じて、ストーリーやケントも、従来の法的な概念のみでは把握困難であった経済的な世界を認識することが可能になったとも考えられる。

　ストーリーの『合衆国憲法釈義』、ケントの『アメリカ法釈義』などの検討を通じて明らかにしたように、デモクラシーが台頭する政治社会に対して、ストーリーやケントは、スコットランド啓蒙思想を踏まえながら、民衆の「情念」（passions）や「党派」（parties）を直視し、それを踏まえ、制御するための統治の構想を模索していた。法学者、法実務家であったストーリーやケントは、このような人間の移ろいやすく、暴力的になりかねないデモクラシーにおける人民の「情念」のコントロールを憲法の主眼に置き、憲法を社会契約の文書としてではなく、法として位置づけ、画一的なルールに基づき司法解釈を行い、政治における「情念」から法解釈を「隔離」しようとする。こうして、統治や憲法問題に関する剥き出しの政治闘争を司法的紛争に置き換え、既存の法の解釈による司法的救済を通じて、「利益」の問題として制御し、馴致することが可能になる[3]。これは、憲法を「社会契約」ではなく統治の「根本法」として扱い、コモン・ローを基礎にした、明確で画一的な解釈のルールに基づく、裁判官の法解釈を通じて達成されるものであった。経済社会に対しては、アメリカ社会が文明社会の段階にあるとして、明確な規則、ルールに従い、所有権や契約に対する法の保護を重視し、それに基づいたうえで、流動性を促し、経済社会の発展が構想されていた。こうした、ストーリー、ケントらによって模索されていた「経済秩序」は、19世紀前半から中葉にかけてジャクソニア

2）フーコー　前掲書　338-341頁。

3）アメリカでは、法曹が民主主義に対して抑制的に機能し、政治問題が法的問題に置き換わる傾向があると指摘したのが、トクヴィル著、松本礼二訳『アメリカのデモクラシー　第一巻（下）』（岩波書店　2005）181頁。同書は、1830年代のアメリカを分析対象にしており、トクヴィルは、同書において、ストーリーの『合衆国憲法釈義』を引用している。また、トクヴィルは、アメリカ法を研究する際に、ケントの『アメリカ法釈義』のノートを作っていた。Alexis de Tocqueville, *Journey to America*, Anchor Books（1971）at 237-244.

244 終章

ン・デモクラシーという形で勃興してくる、自由放任主義的な経済思想に対して抑制的な役割を果たそうとしていた。

　ジャクソニアン・デモクラシーという政治、経済のうねりに対して、憲法典、そして、アメリカのコモン・ローをその基礎として「憲法秩序」を確立させ、政治、経済の領域において、「文明社会」の「法」によって、政治秩序と経済秩序を維持しようとしたのが、ストーリー、ケントらの構想であった。ここに、アメリカにおける立憲主義及び憲法学のひとつの源流を見ることできる。それは、合衆国憲法制定の「瞬間」から生じたわけではなく、18世紀以来の環大西洋圏の様々な知的資源を借りながら、それを憲法解釈の基礎にしつつ、アメリカン・デモクラシーとの相克の過程で、その基礎が形作られたと見ることが可能である。

　そして、ストーリー、ケントによって構想されていた「憲法秩序」にはもうひとつの重要な意義がある。それは、「主権」と「領域」的な権力の結び付きを超えた統治のメカニズムを意味するということである。主権概念という思弁的な理論に基づくのではなく、利益、経済活動といった事実レベルにおける州や地域の相互交流によって安定した政治秩序、経済秩序が構築されることを目指し、かかる経済活動のルールとなるような法を整備することによって連邦の一体性、安定性を確保しようとしたものであった。そして、「法の科学」によって整理されたコモン・ローによって、州という領域性と社会契約理論に基づく、デモクラシーと「主権」を超える司法の営み、法解釈や法理論の構築が可能となった。政治部門におけるデモクラシーの急進化、州権論への傾斜によってもたらされた憲法の厳格解釈の台頭によって、柔軟な憲法解釈が困難となったとしても、コモン・ローが管轄権、一般法理、個々の準則など多様な形をとって裁判所主導のルール形成を可能にする。場当たり的で、激情、情念に動かされる「政治」によって法が支配されることに抵抗しながら、法解釈に一貫性、安定性を与える秩序が構想されたのであった。連邦制国家であり、州ごとの主権の主張が強力であった19世紀中盤以降、主権論においては困難なアメリカの国家統一、合衆国憲法体制のロジックは、スコットランド啓蒙思想などの政治経済思想的な認識枠組みに依拠し、「利益」を目指した活動や商業活

動を通じて現実に存在する人々の相互交流を、連邦裁判所が形成するコモン・ローの法理が裁定し、円滑化を図るという構想の下で、模索されていたと推察することができる[4]。

上述のような政治経済思想的な認識枠組みが「憲法秩序」の基礎として、憲法解釈やコモン・ロー継受の説明に必要とされ、そうした説明を「原理」に基づかせることに留意しながら、法学体系書におけるテキストの形で示されたことの背景には、以下のような19世紀前半のアメリカの特殊状況があったと整理できる。まず、連邦制国家であるという特殊状況、法継受国であるという特殊状況である。この状況に対応するため、法の体系性、テキストによる法の体系的叙述、原理を基礎にした解釈が志向され、ストーリー、ケントの旺盛な著作活動に見られるように、理解しやすい形で、整理されたテキストによって法的知識を普及させ、州法や連邦法による法統一が困難であっても、法律家の知識を標準化させ、連邦レベルでの緩やかな統一性を図ることが目指されたと考えられる。そのため、テキストを通じて、商業社会への対応の必要性、社会への適応性、安定性の観点からも、法を原理に基づかせ、他方で、画一的な解釈のルールに立脚させることが志向されたのであった。

こうして、コモン・ローが公法、私法を横断的に基礎づけ、司法が法形成の重要な役割を担うという、司法国家の道筋が示された。

そして、本書が明らかにした初期合衆国憲法の憲法秩序の構想が現代の憲法学、英米法学に示唆する意義について、以下のように示すことが可能であろう。

本書が明らかにしたのは、合衆国憲法制定後、19世紀前半のアメリカにおいて憲法が実際に運用され、初めてその注釈や理論化がなされた時に、その政治経済思想的な認識枠組みに依拠しながら前提とされたのは、連邦

4）こうした、「商業」、特に、為替手形や動産の流通が国家の主権的権力の恣意的行使の抑制に通じるとの思想が、スピノザ、モンテスキュー、ヒューム、アダム・スミスらに一貫して存在すると指摘するのが、ハーシュマン　前掲第2章註35　69-79頁。

246　終章

制という特殊な制度の下で暮らし、「商業社会」、デモクラシーの中で生きる、「情念」や「利益」に突き動かされる人間像であったということである。このような最初期のアメリカ憲法学における「憲法秩序」の構想は、「自立した市民」モデルと異なり、個人の卓越性や自立性をさほど前提としない。人間の「情念」や「利益」への傾向という事実性に着目し、それに立脚して統治の基本構造を構築しようとしたものであったと言えよう。

　さらに、本書が明らかにした憲法像は、憲法上の主観的権利概念を軸に、裁判規範としての憲法の側面のみに傾斜した場合、必ずしも見えてこない、「政治秩序」、「経済秩序」の確立のための「統治」の「根本法」としての憲法という意義も有するものと考えられる。憲法上の主観的権利としての「人権」、あるいは、「憲法上の権利」の概念が憲法の中心を占める以前のアメリカ合衆国憲法の解釈の枠組みにおいては、所有権などの権利は主にコモン・ローの枠内で認められたものに留まり、コモン・ローを基礎にしたものであった。かかるコモン・ローの枠内で認められていた自由、権利は、それぞれコモン・ローの様々な法理によってこそ基礎づけられるが、他方で、同じコモン・ローの法理によって制約を受けるものでもあった。もともと、所有権、特に土地所有に関係する権利に関しては、コモン・ローによって保護を受けながらも、ノルマンコンクウェスト以来の封建的な諸原理、諸準則によって制約を被るものであった。他方で、封建的性質を一掃しようとするアメリカでは、イングランドにおけるコモン・ローから、その内実が変化を遂げ、土地の「流動性」、「自由譲渡」が基本的な Policy となる。だが、無秩序な過剰流動性を許容しては、「経済秩序」に支障が生じる。そこで、ケントやストーリーが「経済秩序」を支える認識枠組みとして想定したのが、「文明社会」、「商業社会」の思想であったと考えられる。「文明社会」の核心に所有権保護のシステムを構築したうえで流動性を保障する。また、手形取引のような商取引においても、「商業社会」における「流通」、「循環」という「経済秩序」の原理が想定され、それを基に、権利が基礎づけられ、他方で制約を被ることになる。

　以上のような憲法秩序の構想は、必ずしも憲法上の主観的権利を軸にすることはなくとも、自由で民主的な社会を前提にし、そういった社会を基

礎づける「秩序」を構成する憲法、すなわち「主観憲法」に対する「客観憲法」としての要素を示している[5]。戦後憲法学や英米法学、とりわけ、憲法学の分野では、戦前の公法学との比較において、特に政治思想としての「人権」と「憲法上の権利」を結びつけ、そういった主観的権利の側面に傾斜してきたとされる[6]。これは、第二次世界大戦後の日本の歴史的文脈を考えた場合、極めて重要な意義を有していたと考えられる。だが、このような主観的権利論のレンズだけでは捉えられない、「統治」の法としての憲法、「秩序の構成」としての憲法の可能性が、最初期のアメリカ「憲法学」の原型に存在する。

2　おわりに—共和政を支える憲法的公共性と「統治の科学」の核心

　これまで確認してきたように、ストーリーは、人民（the people）の情念、偏見、熱狂を警戒した。ストーリーはデモクラシーに対する警戒を持ち続け、他方で、合衆国憲法体制及び憲法秩序の保守と発展を図ったが、ストーリーのそうした立場にエリーティズムや人民の活動の軽視を見る向きもあり得るだろう。

　例えば、アッカマン（Bruce Ackerman）は、バークの所説に由来する、人民や抽象的な理論に警戒的な立場をバーク主義者（Burkean）として位置づけた。バーク主義者という用語は、様々な論者によって、様々な意味において用いられているが、比較的早期にその用語を用いたと考えられるアッカマンの示すところによれば、それは、コモン・ローの伝統、すなわち、裁判所や法実務を通じて積み上げられてきた具体的判断を重視し、抽象的な概念を拒否すること、人民の支配を警戒し、エリート同士による対

　5）こうした「主観憲法」と「客観憲法」の整理、それぞれの問題点と可能性については、石川健治「「基本的人権」の主観性と客観性」長谷部恭男ほか編『岩波講座2　人権論の新展開』（岩波書店　2007）3-22頁。また、20世紀以前の合衆国憲法は「客観法」としての憲法の側面が強いとの指摘をしているのが、奥平康弘　前掲序章註24　16頁。
　6）この点の指摘については、石川健治　前掲論文　5頁。

248　終章

話と統治に委ね、エリートは、人々の感情を看取し、漸進的に物事を進めることを基本とすることなどが特徴とされる。そして、アッカマンは、バーク主義者の問題点として、憲法のような高次法の形成や発展において果たす人民の役割の軽視を挙げる[7]。一見すると、人民の「情念」を警戒し、バークの所説をバックグラウンドとする「統治の科学」を提示するストーリーも、こうしたバーク主義者に含まれるように見えるかもしれない。しかし、これまで確認したように、ストーリーは、コモン・ローを重視するが、単なる過去の墨守ではなく、その革新と進歩を促し、コモン・ローを進歩のための道具として位置づけていた。さらに、ストーリーは、憲法秩序の形成・維持における人民の役割を軽視していたわけではない。共和政を根底において支えるのは、やはり市民であることを強調していた。

　ストーリーは、本書の第2章でも指摘したように、「統治の科学」の必要性を指摘していたが、それが述べられたのは、『合衆国憲法釈義』を公刊してほどなく行われたレクチャーにおいてであり、そこでは、市民の教育を通じて、「統治の科学」を普及させ、「統治の科学」に関する教育や議論を通じて、共和政体を担う公共精神を備えた市民性を涵養し、「統治の科学」を通じた思索や議論によって公共性を形成することを訴えていた。

　ストーリーは、そのレクチャーにおいて、アメリカにおける「公論」（public opinion）の威力を再確認する。他の国には教会や貴族制度といった突然の変化やイノベーションに対する人工的な障壁が存在するが、アメリカにはこれが存在しない。こうした人民の意思に反する障害物は何も存在しないため、変化は常に「公論」によって惹き起こされる。腐敗した野心を目覚めさせ、暴力的な党派を発生させるものには、共和政体に特有の原因が存在するとされ、それは、デマゴーグによるものであるとされる[8]。

　7）ブルース・アッカマン著、川岸令和・木下智史・阪口正二郎・谷澤正嗣監訳『アメリカ憲法理論史―その基底にあるもの』（北大路書房　2020年）18-24頁。Bruce Ackerman, *We the People Vol. 1: Foundations*, Harvard University Press（1991）at 17-24.

　8）Story, *supra* Chapter 2 note 40, at 626-627.

2　おわりに―共和政を支える憲法的公共性と「統治の科学」の核心　**249**

　もし、人民が、そうした有害な影響を拒絶するだけの、徳や強い意志、知性を常に持たないならば、公の事柄に関する指導を受けずに、憲法の原理を強い意志を持って維持しようとしないならば、帝政ローマの元老院のように、たとえ、外面的な共和政の機構は存在し続けても、政府それ自体が瞬く間にオリガーキーと化し、支配的な党派が際限のない力を得て支配するようになる[9]。

　だが、ストーリーは、政治主体としての人民を諦めてしまうわけではない。ストーリーによれば、共和国においては、人民の側にそれを維持するだけの警戒や努力が要求され、人民自らが政府のシステムを形作る知恵や、それを維持するだけの公共精神を有することを基礎にする以上、それを涵養しなければならない[10]。そこで、彼は、『合衆国憲法釈義』で示したような「統治の科学」の教育、すなわち、農業、商業、製造業という諸産業やリベラルアーツの発展や衰退の程度、各国の制度や習慣、気候、性質などの相違や、社会の変化を踏まえ、統治のあり方を企図する「適応の科学」としての「統治の科学」について、市民に教育を行うことに可能性を見出していた。

　ストーリーは、「統治の科学」を一般的な教育にとって不可欠の部門とすることによって、人民の大部分にとって「統治の科学」の習得が可能になり、ソフィストを打ち破り、腐敗を防ぎ、悪巧みを追い払い、愛国的なものに活力を与え、道徳的、宗教的なものを支えることになるとする[11]。ストーリーは、合衆国憲法について初等教育段階（common school）において教育することの必要性を力説し、合理的な能力と資格を有するインストラクターがいれば、通常の能力を有する14歳から16歳の少年ならば、それを完全に理解することができるとする[12]。

　また、「統治の科学」の教育の効果として、哲学的な思索と歴史につい

　9）*Id.* at 628.
　10）*Id.* at 624-625.
　11）*Id.* at 629.
　12）*Id.* at 629-630.

250　終章

ての思索を混ぜ合わせることで、それが相互の思索の利益となり、人や物事に関する包括的な知見を得て、精神を熟練させ、広げ、自由にする傾向を持つようになり、自らの狭い見方を超えるようになる。そして、人々は社会の日常の相互交流において新しい材料を得て、かかる交流が円滑になる[13]。こうして、ストーリーにおいては、「統治の科学」の教育を通じて一般市民が、自らを陶冶し、他者との相互交流を行い、知的基盤を形成し、共和政及び憲法を支える公共性が形成されることも企図されていた。

　さらに、ストーリーは、そうした教育は、若者や経験の浅い者がせっかちに飛びつく判断を抑制する強い傾向を有するとする。特に、若者は理論の単純さにこの上なく惹かれ魅了される。それは、重要な真理についてマスターしたと思い込むことからくる、自らの意見についてのプライドをくすぐる。経験を積めば、そうしたうぬぼれや幻想的な観念は訂正されていくが、そのスピードはゆっくりである。これに対して、「統治の科学」ほど、過度のうぬぼれや自信を抑制するのに有益な効果を有するものはない。若者は、そこで、抽象的な思索にはほとんど信頼を置けないことや、理論的には真実であっても実践的には有害であることや、よき政府が作動するためには、いかに複雑な機構が必要とされるか、どれほどの調整が必要か、安全な改善のための変化がいかにゆっくりであるかを悟る、とする[14]。

　こうして、ストーリーは、司法による法解釈・憲法解釈や憲法秩序の形成と維持のために、市民の教育の必要性を指摘し、司法による憲法解釈や法解釈の確立だけでは足りず、共和政体を支える根底には市民性が必要であることを認めていた。また、政治システムや経済システムの流動化によって、「財産と教養」を有する市民というかつてのジェントリーを支えた社会構造が揺らぐ中、憲法秩序を支える基盤として、ストーリーが事実上の開祖とも言えるハーヴァード・ロースクールにおける教育のみならず、普通の市民の教育にも活路を見出そうとしたとも言えよう。ストーリーは、

---

13) *Id.* at 635-636.
14) *Id.* at 636.

2 おわりに—共和政を支える憲法的公共性と「統治の科学」の核心 　251

デモクラシーの現実を見るとき、スコットランド啓蒙思想のビジョンであった、生産技術や商業の発達により、学芸（liberal arts）の発達を生み、無知が一掃され、人々が洗練され、法や秩序が達成されるという構図のみに依拠して、共和政を維持できるとは考えられなかったのである。

　ストーリーの『合衆国憲法釈義』や「統治の科学」のレクチャーからも明らかなように、統治の「複雑さ」を踏まえることがストーリーの「統治の科学」の核心であった。これは、そもそも共和政体自体が、専制と異なり複雑な統治形態であること、さらに、アメリカの共和政が立脚する連邦制や、アメリカにおける地域的な多様性からもその統治は複雑にならざるを得ないことを示す。この「複雑さ」を受け入れたうえで、それを、共和政の敵である専制の抑制や、統治に活かすことが企図されていた。「複雑さ」を通じた統治の有り様に対して、この「複雑さ」や「多元性」を問題視する理論もあり得るだろう。例えば、カール・シュミットは、多元主義的な統治や連邦制が、国家の運営を困難にする危険性を指摘したと位置づけられるが[15]、ストーリーの理論は、多元化をはじめから織り込み、それを前提に構築される憲法秩序の構想であったと言えよう。それは、政治的一体性を強調し、大衆の「喝采」を背景にした、政治的な「決断」を通じた統治とは対照をなすであろう。共和政の複雑さ、アメリカにおける地域的多様性、連邦制という複雑さの中で、それを受け入れ、前提とし、分断を防ぎ、商業社会の拡大と相互の交流により社会を前進させ、それを緩やかに統合する統治の学を模索したものであった。これは、連邦の分裂をもたらしかねない奴隷制に対して、人道的立場からは終始批判的でありながらも、法的判断においては、地域性に配慮しつつ、分断を回避すべく妥協的であったとされる[16]、ストーリーの行動にも示されており、最終的には、南北戦争という政治的決断が、内戦の悲劇を伴いながら、一挙に解決が図られようとしたことと対照をなすだろう。

15）林知更　前掲序章註39　101-102頁。
16）Newmyer, *supra* Introduction note 15, at 347-348.

252 終章

　そして、国制史的に見れば、ストーリーの憲法論は、以下のように位置づけられる。従来、政治社会を意味していた市民社会の概念は、18世紀に入り、商業社会の進展とともに経済領域が拡大し、諸個人の私的な関係を規律する経済社会としての市民社会の概念が台頭した[17]。そこでは、かつての政治社会としての市民社会や、古典的な共和主義の前提となっていた、「土地・市民・政治」の結びつきを支える社会的経済的基盤は変容を迫られ、経済領域の自律性がますます高まり、社会は流動化を始めた。こうした中で、いかに共和政が維持され、統治がなされ得るのか。それに対する答えは、共和主義に代表される、有徳な市民による政治社会としての市民社会の理想という歴史的なモデルとの対話と相克、一方で、新時代の経済社会、デモクラシー、アメリカの多元的状況という同時代的なものとの格闘の中で、憲法秩序の構想という形で練り上げられた。それは、近代社会における「法による統治」の学のアメリカにおける始まりでもあった。そして、ここからアメリカの近代憲法学が始まった。

　17）マンフレート・リーデル著、河上倫逸・常俊宗三郎編訳『市民社会の概念史』
　　（以文社　1990）13-15頁、51頁。

あとがき

　本書の執筆にあたって、来し方を振り返る機会を得て、これまで多くの方々のお世話になったことを改めて痛感した。特に、以下の方々に感謝申し上げたい。

　まず、戒能通厚先生には、研究テーマが拡散する私を辛抱強く見守っていただきながら、時に叱咤激励によって導いていただいた。酒席で何度となくご教授くださるイギリス法やコモン・ローのご卓見、ご尊父を含む「英雄時代」とでも言うべき時代の法学者、社会科学者たちにまつわるオーラルヒストリーの数々を拝聴できたのはこの上なく楽しい時間であった。ウイスキーの匂いとともに今でもその情景が思い出される。

　水林彪先生には、大学院でのゼミナールにおけるご指導はもとより、博士論文の審査をお引き受けいただくなど、ひとかたならぬご厚情を賜った。ゼミでは、先生によって繰り広げられるテキストの透徹した読解によって、ある時代の法やそれを支えるものが、頭の中で立体的に浮き上がってくる感覚を味わえたことは、その後の研究の支えとなった。先生の柔らかな物腰の中にある、真摯で厳しい学問への姿勢が思い出されるたびに、今でも思わず直立不動になる。

　楜澤能生先生には、法社会学に関する深いご見識をご教授いただいたことはもちろんのこと、大学院生活全般において様々なご相談に乗っていただいた。自分が教員という立場になって分かるが、当時どれほどのご負担となったことか、先生のご人徳に敬服するばかりである。

　亀本洋先生には、大学院在籍時からお会いするたびに激励のお声がけをいただいた。「激励するのは無料でできることだから」と屈託のない笑顔で先生は仰っていたが、前途が何も見えない院生にとって大きな励みになった。その後も折に触れて、ご配慮を賜っている。

　大学院在籍時のゼミや研究会にて、樋口陽一先生の謦咳に接することができたのは幸せなことであった。毎年の合宿では、ビール片手に今思えば恥ずかしくなるような不躾かつ拙い質問を頻繁にさせていただいたが、そ

れらひとつひとつを正面から受けとめられ、お答えいただけたことは、誠に有難いことであった。

　また、笹倉秀夫先生は、学部時代から、私の学問の扉を開いていてくださったおひとりである。

　学会や研究会でお世話になっている戒能通弘、清水潤、椎名智彦、会沢恒の各先生にも御礼申し上げたい。特に、戒能通弘先生には、多くの企画にお声がけをいただくなど、お世話になる一方である。

　また、すべての方々を挙げることはできないが、これまでお世話になった先輩、同輩というべき方々として、伊藤泰、小川祐之、横野恵、原口佳誠、高橋雅人、高山裕二の各先生にもこの場で御礼を申し上げる。特に高山さんには、修士一年時にたまたま出席した政治学研究科の授業で声をかけていただいて以来、お世話になり通しである。また、高山さんを通じて、現在、様々な領域で活躍されている方々もおられた研究会に参加できたことは得難い経験であった。

　日本評論社の柴田英輔さん、小川敏明さんにも厚く御礼申し上げたい。編集を担当いただいた柴田さんは、出版のイロハも分からない私に諭すようにご助言をくださり、出版まで導いていただいた。

　なお、本書は、千葉商科大学学術図書出版助成金の交付を受けて出版されたものである。昨今の厳しい日本の大学環境の中でも、こうした研究を支えるための制度を守ろうとする矜持に敬意を表するとともに感謝申し上げたい。

　最後に、常にレッセフェールを貫き、家産も先の見通しも全くない中で大学院進学を黙認してくれた母、期せずして、手段は違えども何かを表現することを互いの仕事とすることになった姉について記しておきたい。

　そして、共に多忙な中でも常に楽しく振舞い、支えてくれる妻・沙奈恵に心から感謝したい。

　2024年8月

大久保優也

初出一覧

本書は、以下の論文における研究成果を踏まえて、それらに新たに知見を加えて再構成し、書き下ろしたものである。

・「アメリカ連邦憲法草創期における constitution、common law、legalization of the constitution―1798年 Sedition Act をめぐる論争を中心に」早稲田法学会誌60巻2号（2010）53-103頁
・「アメリカ憲法におけるひとつの『基層』―ジョセフ・ストーリーとアメリカ法形成期におけるコモン・ローと憲法の位置（1）～（2・完）」早稲田大学大学院法研論集134号、136号（2010）23-43頁、55-81頁
・「草創期合衆国憲法における『憲法秩序』の構想―ケント、ストーリーと初期合衆国憲法の政治経済思想的基礎（1）～（4・完）」早稲田大学大学院法研論集146-149号（2013、2014）29-54頁、41-66頁、51頁-76頁、73頁-100頁
・「『統治』の法としての憲法と『法の支配』―ケント、ストーリーと初期アメリカ憲法学における『法の支配』の思想的起源」戒能通弘編『法の支配のヒストリー』（ナカニシヤ出版　2018）385-412頁
・「アメリカ法学形成期における三つの『釈義』と『土地』・『商業』・『市民社会』」水林彪＝吉田克己編『市民社会と市民法―civil の思想と制度』（日本評論社　2018）385-412頁
・「アメリカ合衆国銀行設立論争と2つの憲法像―「財政＝軍事国家」と憲法に関する準備的考察」千葉商大論叢56巻1号（2018）47頁-59頁
・「初期合衆国憲法の『国際的文脈』と state・nation・constitution」千葉商大論叢56巻2号（2018）107-120頁

事項索引

〈数字・アルファベット〉

1789年裁判所法 ················· 212, 213, 219
1837年の恐慌 ·························· 201, 208
1841年先買権法 ························ 147, 188
Alexander, Gregory S. →アレクサンダー，グレゴリー・S.
Alien and Sedition Acts →Sedition Act
Amendment →修正条項
Articles of Confederation →連合規約
association ··································· 187
bank war →銀行戦
Bilder, Mary Sarah ························ 229
Bill of Rights ····················· 96, 110, 121
Briscoe v. Bank of Kentucky 判決 ······· 201
Charles River Bridge 判決 ·········· 187, 189
Citizens United v. Federal Election
    Commission 事件 ······················ 172
corporation ································· 187
Craig v. Missouri 判決 ····················· 201
Dartmouth 判決 ·························· 183
Debt Recovery 法 ························ 145
democracy ································· 24
estate →不動産権
fundamental law →根本法
general commercial law →一般商事法
Gibbons v. Ogden 判決 →ギボンズ判決
Green v. Biddle 事件 ················· 143, 146
joint stock company ······················ 187
LaCroix, Alison L. ······················ 24
landed property →土地所有
law merchant →商慣習法
legal science →法の科学
Martin v. Hunter's Lessee 判決 ·········· 240
McCulloch 事件 ···························· 172
Osborn 事件 ······························ 172
passions →情念
peace pact →平和条約
personal property →人的財産
Pillans and Rose v. Van Mierop and Hopkins
    判決 ························ 179, 181, 221

Priest, Claire ························ 24, 146
principles →原理
property ····························· 131, 134
Providence Bank v. Billings and Pittman 事件 ····································· 192
public policy →公序
real property →物的財産
republicanism →共和主義
Rule in Shelley's Case →シェリイズ・ケース準則
science →科学
Sedition Act ··· 64, 92, 100, 104, 106, 110, 239
seditious libel ······ 94, 100, 104, 114, 117, 126
Swift v. Tyson 判決 ··· 169, 204, 210, 212, 218, 237
tenure →不動産保有条件
title →権原
union →ユニオン
United States v. Hudson and Goodwin ································· 116
Van Ness v. Pacard 事件 ·················· 148
ward →ウォード
Wrongs →不法（違反）行為

〈あ〉

浅香吉幹 ···························· 210, 223
芦部信喜 ································· 17
アダムズ，ジョン・クインジー ······ 53, 92, 105, 114, 204, 239
アッカマン，ブルース ···················· 247
アメリカ合衆国銀行 ······ 151, 156, 171, 173
『アメリカ合衆国憲法釈義』 ······ 27, 57, 118, 145, 151, 168, 171, 172, 206, 212, 222, 223, 230, 243, 249
『アメリカ法釈義』 ······· 27, 44, 117, 133, 180, 183, 186, 212, 214, 220, 243
アレクサンダー，グレゴリー・S. ··· 132, 142

〈い〉

市川正人 ································· 20
一般コモン・ロー ······················ 220, 237
一般商事法 ·························· 214, 220, 237
犬塚元 ································· 72
『イングランド法釈義』 ···· 27, 32, 58, 73, 101, 131, 134, 160, 173, 176, 183, 191

インズ・オブ・コート ……………… 27, 45

〈う〉

ヴァージニア決議 ………………… 64, 239
『ヴァージニア・レポート』 … 107, 110, 239
ヴァッテル, エメリッヒ・ド ……… 76, 226
ウォード ………………………………… 159
ウォートマン, チュニス ………………… 108
ウッド, ゴードン ………… 1, 23, 72, 85, 224

〈え〉

エクイティ ……………………… 49, 143
エドリング, マックス・M. …………… 224

〈お〉

奥平康弘 ……………………………… 16, 125

〈か〉

戒能通厚 ……………………………… 96, 151
戒能通弘 …………………… 35, 50, 133
科学 ……………………………… 33, 42
合衆国銀行→アメリカ合衆国銀行
『合衆国憲法釈義』 → 『アメリカ合衆国憲法
　釈義』
為替手形 ………………… 176, 177, 180, 221

〈き〉

ギボンズ判決 ………………… 78, 195
恭順に基づく政治 ………………… 90
共和主義 …… 11, 22, 24, 28, 71, 99, 136, 147,
　　　　　　　 162, 198, 224, 235
ギルモア, G. ……………………… 209
銀行戦 ………………… 171, 174, 188, 206

〈く〉

クック, エドワード ………………… 36, 183
グリフィン, スティーブン ……………… 86
クレイマー, ラリー ………………… 84
クロスウェル事件 ………………… 118

〈け〉

ケイムズ卿 ………………… 134, 145
権原 ………………………………… 132
限嗣相続制 ………………………… 136
限嗣不動産権 ……………………… 140

ケンタッキー決議 ………………… 239
ケント, ジェイムズ … 2, 27, 31, 44, 117, 133,
　140, 142, 180, 183, 195, 201, 214, 220, 228,
　243
憲法の最終解釈権→最終解釈権
原理 ………………… 42, 48, 182, 245

〈こ〉

公債 ………………… 159, 166, 173
公序 ………………………………… 148
公信用 ………………… 152, 159, 170, 173
公有地政策 ……………………… 146
公論 ………………… 108, 121, 248
国際法 ………… 225, 228, 230, 232, 236, 241
国制史 ………………………………… 26
国立銀行 ………… 154, 164, 168, 172
『国立銀行に関する報告書』 …………… 154
『国立銀行の合憲性に関する意見』 ……… 154,
　　　　　　　　　　　　　　　　162, 169
個人の絶対的権利 ………………… 102
国会主権 ………………… 40, 97, 126
国家連合 ……………………… 232
コモン・ロー … 27, 30, 34, 42, 46, 67, 74, 83,
　106, 122, 123, 132, 143, 155, 164, 168, 176,
　　　　　　180, 185, 196, 218, 243, 247
――継受 ……… 27, 30, 41, 57, 58, 80, 107,
　　　　　112, 122, 145, 160, 196, 218
古来の国制 ………… 51, 97, 126, 182
根本法 ………… 63, 73, 75, 80, 85

〈さ〉

最終解釈権 ……………………… 67
財政＝軍事国家 ……… 151, 160, 168, 170, 174
坂本達哉 ………………………………… 72
『ザ・フェデラリスト』 … 57, 64, 70, 169, 231,
　　　　　　　　　　　　　　　　　　235

〈し〉

ジェイ条約 ……………………… 229
ジェファソニアン ………… 2, 156, 174, 186
ジェファソン, トマス … 51, 74, 83, 137, 151,
　　　　　　　　　154, 158, 168, 169
シェリイズ・ケース準則 ………… 132, 140
ジェントリー …… 14, 22, 40, 89, 90, 105, 126
市場革命 ………………………………… 24

258　事項索引

自然法 ……………………………… 39
市民社会 ………… 20, 26, 90, 119, 173, 252
社会契約 ……………………………… 61
社会契約論 ……………… 8, 61, 78, 83, 88
ジャクソニアン ……… 2, 46, 147, 156, 171, 174,
　　　　　　　186, 188, 198, 202, 204, 230
ジャクソン，アンドリュー …… 171, 200, 206
州権論 ………………………………… 111
州際通商条項 ……………………… 205
修正条項 …………………………… 127
修正第1条 …………… 100, 104, 111, 116
主権 ………………………………… 88
出版の自由 ……………… 100, 106, 117, 120
シュミット，カール ……………… 251
準則 ………………………………… 49
商慣習法 …………………………… 229
商業 ………………………………… 130
商業社会 …… 28, 83, 130, 134, 174, 176, 181,
　　　　　　　　　　　　183, 216, 237
商事法 ……………………… 176, 177, 180
「商事法の成長」 ………………… 181
情念 …… 70, 78, 119, 130, 199, 233, 236, 246,
　　　　　　　　　　　　　　　　248
常備軍 ……………………………… 159
人的財産 ……………… 131, 134, 140, 183

〈す〉

スコットランド啓蒙思想 …… 15, 71, 141, 222,
　　　　　　　　　　　　235, 242, 251
ストーリー，ジョゼフ … 1, 27, 31, 45, 57, 72,
　118, 145, 151, 168, 171, 172, 181, 189, 194,
　　　197, 212, 220, 223, 230, 243, 247
スミス，アダム ……………… 15, 141, 160

〈せ〉

扇動法→ Sedition Act
占有 ………………………………… 142

〈た〉

第一合衆国銀行→アメリカ合衆国銀行
ダイシー，A. V. …………………… 124
第二合衆国銀行 …………………… 200, 205
高井裕之 …………………………… 17
タシュネット，マーク ……………… 5
タッカー，ジョージ …… 41, 61, 75, 83, 107,

　　　　　　　111, 119, 160, 183
田中英夫 …… 3, 189, 197, 198, 219, 224, 238

〈ち〉

治安法→ Sedition Act
長子相続制 ………………………… 136

〈つ〉

通常法化 …………………………… 85

〈て〉

適応の科学 ……………………… 77, 79, 83

〈と〉

統治の科学 ……………………… 79, 81, 248
「統治の科学」 …………………… 81, 222
統治の法である憲法 ……………… 82
トーニー，ロジャー・ブルック …… 14, 189,
　　　　　　　　191, 196, 200, 207
トクヴィル，アレクシ・ド ……………… 243
土地所有 …………………………… 136
トムソン，ジョン …………………… 113

〈な〉

中野勝郎 …………………………… 153
中山竜一 …………………………… 125

〈に〉

ニューマイヤー，R. ケント ………… 10, 198

〈は〉

ハーヴァード・ロースクール ………… 4, 45
バーク，エドマンド ………… 6, 81, 175, 247
ハーシュマン，アルバート ………… 71, 245
ハースト，ウィラード ……………… 197
パートナーシップ ………………… 174, 183
パウンド，ロスコー ………………… 6
橋川健竜 …………………………… 25
ハミルトン，アレクサンダー …… 151, 162,
　　　　　　　　　　　　167, 174
林知更 …………………………… 26, 251
ハリントン，ジェイムズ ………… 136, 152
ハルセボシュ，ダニエル・J. ………… 227

〈ひ〉

ビアード, チャールズ ………………… 224
樋口陽一 ……………………………… 224
「必要かつ適切」条項 …… 100, 157, 163, 168, 173, 205
人の絶対的権利 ………………… 117, 127
ヒューム, デイヴィッド …… 15, 52, 71, 120, 139, 149, 173
ピンクニー条約 ……………………… 229

〈ふ〉

フーコー, ミシェル …………………… 242
フェデラリスト …… 89, 90, 100, 104, 231, 239
物的財産 ……………………… 131, 134, 160
不動産権 ……………………………… 132
不動産保有条件 ……………………… 132
不法（違反）行為 ……………… 101, 117, 126
フライアー, トニー …………………… 210
ブラックストーン, ウィリアム …… 8, 27, 32, 58, 63, 73, 101, 118, 126, 131, 134, 173, 176, 183, 191
『ブラックストーンの釈義』 …… 41, 111, 183, 219, 238
フリードマン, ローレンス ……………… 24
ブリュワ, ジョン ……………………… 151
ブルック, ジョン・L. …………………… 90
文書扇動罪→ seditious libel
文明化 ………………………………… 130
文明社会 …… 28, 130, 134, 148, 212, 237, 244

〈へ〉

ヘイ, ジョージ ………………………… 113
ヘイル, マシュー ………………… 38, 49
平和条約 ……………………………… 226

〈ほ〉

法化 ……………………………… 2, 85
『法学提要』 …………………………… 38
放縦 ……………………… 102, 109, 114, 122
法人 …… 156, 163, 171, 174, 183, 188, 190
法の科学 ………… 30, 32, 41, 45, 55, 83, 244
法の支配 ………………………………… 72
「法理の進歩」 ………………… 49, 182, 222
ホーウィッツ, モートン …… 6, 189, 197, 209

ポーコック, J. G. A ··· 51, 130, 136, 152, 224
ホーフスタッター, リチャード ……… 202
ホーム, ヘンリー→ケイムズ卿
ホワイト, G. エドワード ………………… 12

〈ま〉

マーシャル・コート ………………… 204
マーシャル, ジョン …………… 14, 65, 204
巻美矢紀 ……………………………… 17
マクレーン, ジョン …………………… 200
マッカラック対メリーランド事件 ··· 65, 206
マディソン, ジェイムズ …… 64, 70, 107, 110
マレー, ウィリアム→マンスフィールド卿
マンスフィールド卿 ··· 50, 132, 177, 180, 215, 221

〈み〉

水林彪 ………………………………… 26
民主共和協会 ……………………… 91, 239

〈め〉

名誉革命 ……………………… 96, 126, 151

〈も〉

モンテスキュー, シャルル・ド …… 71, 137, 225, 232

〈や〉

約束手形 ……………………… 176, 177
安武秀岳 ……………………… 24, 206

〈ゆ〉

ユニオン ……………………………… 226

〈ら〉

ラフリン, マーティン ………………… 87

〈り〉

利益 …………………………………… 246
リパブリカン ……………… 89, 106, 114, 239
流通証券 ……… 177, 178, 180, 216, 221, 237

〈れ〉

レヴィー, レオナルド ………………… 106
連合規約 ……………… 79, 227, 232, 234

連邦共和国 ･･････････････････････････ 232
連邦条約としての憲法 ･･････････････ 226
連邦制 ･･････････････････････････ 28, 82
連邦政府 ･･････････････････････････ 232

〈ろ〉

ローマ法 ････････････････････ 48, 143, 181
ロック，ジョン ･･････････････････････ 149
ロバーン，マイケル ･･････････････････ 35

《著者紹介》
大久保　優也　千葉商科大学准教授
（おおくぼ　ゆうや）

●——略歴

徳島県生まれ。

2001年早稲田大学法学部卒業。早稲田大学大学院法学研究科博士後期課程学位取得　博士（法学）。

2016年千葉商科大学政策情報学部専任講師。2019年同准教授。

●——主要業績

・「『統治』の法としての憲法と『法の支配』—ケント、ストーリーと初期アメリカ憲法学における『法の支配』の思想的起源」戒能通弘編『法の支配のヒストリー』（ナカニシヤ出版、2018年）

・「アメリカ法学形成期における三つの『釈義』と『土地』・『商業』・『市民社会』」水林彪＝吉田克己編『市民社会と市民法—civilの思想と制度』（日本評論社、2018年）

・「アメリカ合衆国銀行設立論争と2つの憲法像—「財政＝軍事国家」と憲法に関する準備的考察」千葉商大論叢56巻1号（2018年）

・「初期合衆国憲法の『国際的文脈』とstate・nation・constitution」千葉商大論叢56巻2号（2018年）

・「コモン・ローの中の法社会学—パウンド「社会学的法学」における「社会」概念の検討」法社会学89号（2023年）

統治の法としての憲法──**初期アメリカ憲法学における憲法秩序の構想**

2024年9月25日　第1版第1刷発行

著　者——大久保優也

発行所——株式会社　日本評論社
　　　　　〒170-8474 東京都豊島区南大塚 3-12-4
　　　　　電話03-3987-8621（販売：FAX-8590）
　　　　　　　　03-3987-8592（編集）
　　　　　https://www.nippyo.co.jp/　振替　00100-3-16

印刷所——精文堂印刷株式会社
製本所——株式会社松岳社
装　丁——図工ファイブ

JCOPY 〈（社）出版者著作権管理機構　委託出版物〉

本書の無断複写は著作権法上での例外を除き禁じられています。複写される場合は、そのつど事前に、（社）出版者著作権管理機構（電話03-5244-5088、FAX03-5244-5089、e-mail：info@jcopy.or.jp）の許諾を得てください。また、本書を代行業者等の第三者に依頼してスキャニング等の行為によりデジタル化することは、個人の家庭内の利用であっても、一切認められておりません。

検印省略　©2024 OKUBO Yuya

ISBN978-4-535-52786-7　　　　　　　　　　　　　Printed in Japan